독특한건
매력이지
잘못된게
아니에요

독특한건
매력이지
잘못된게
아니에요

모기룡

행복우물

머리말

～～～

사람들이 내게 전공을 물어볼 때마다 나는 '어떻게 하면 간단한 말로 대강이라도 파악할 수 있게 설명할 수 있을까'를 생각하면서 긴장하기 시작한다. 내 전공은 '인지과학'이고, 자신의 전공과 무관한 일을 하는 사람들도 많지만, 나는 인지과학자라 할 수 있을 정도로 전공 안에서 여전히 길을 찾으면서 살아가고 있다.

심리학은 많이 알려진 학과이자 학문이고 '심리'의 의미는 비교적 이해하기 쉽다. 그러면 '심리'와 '인지'의 차이점은 뭘까. 심리는 마음의 상태나 내용이고, 인지는 마음의 시스템이다. 즉 마음의 작동방식, 체계이다. 우리는 지각(知覺)하거나 안다는 의미로 '인지한다'라고도 종종 쓰는데, 인지과학, 인지심리학은 그 저변에 있는 시스템을 연구한다.

'융합', 'AI(인공지능)', '뇌과학' 같은 최근에 미래 비전으로 각광받는 것들로 인지과학을 소개하면 더 인기를 얻을 수 있겠지만, 솔직하고 담담하게 표현하면, '철학, 심리학, 뇌과학, 컴퓨터 과학 등 여러 학문들이

협동하고 융합해서 인간의 마음을 연구하는 학문'이라 할 수 있다. 철학은 인문학에 속하고 심리학은 거의 자연과학에 가깝고 뇌과학과 컴퓨터 과학, 생물학은 자연과학이다. 그 밖에 언어학, 인류학도 중요한 부분을 차지한다. 너무 많은 것들을 포괄한다는 점은 장점이자 단점이다. 장점은 앞에서 언급한 융합의 매력 뿐 아니라 편향되고 고립된 관점에서 벗어날 수 있다는 점이고, 단점은 좁은 분야의 깊이 있는 전문성이 의심받을 수 있다는 점이다.

나는 그 장점에 이끌려서 인지과학을 선택했다. 실용성 같은 생각은 별로 하지 않았다. 나는 호기심 같은 지적 욕구 때문에 철이 없게도 대학에서 철학을 전공했고 연구를 하다보니 철학의 관점도 깨고 싶어서 인지과학을 선택했다.

철학을 전공할 때부터 깊은 곳에 품어왔던 목표는 정신적 문제를 해결함으로써 다양한 고민들과 삶의 실제적 문제를 해결할 수 있을 것이라는 기대였다. 나의 개인적 고민도 그렇고 대부분의 고민들은 정신과 생각의 변화로 개선될 수 있는 것이다. 생각(정신)은 힘이 있는데, 그것을 과학적으로 뒷받침 하는 것이 인지과학이다. 보이지 않는 것도 객관적으로 존재할 수 있고, 그것이 물질세계도 바꾼다. 철 지난 유물론적 세계관은 이미 깨어졌다.

나는 그간 인지과학에 대한 연구를 진행하며 다양한 심리적 문제, 철학적 문제, 소통, 비교문화를 비롯한 다양한 아이디어들을 기록해 왔다. 그리고는 '언젠가는 책들로 쓸 수 있겠지' 라는 막연한 생각으로 보관 중이었다. 그러다 그동안의 매너리즘을 깨는 심정으로, 현재를 정리할 필요성을 느꼈다.

이 책은 다양하지만 인생의 궁극적인 고민들이라 할 수 있을 정도로 어려운 문제들에 접근한다. 그러나 이 책이 그 최종적 해답은 아니다. 다만 그 완전한 해답을 얻기까지는 너무 오랜 시간이 걸릴 것이기 때문에, 현 상황에서 이제까지 없었던 접근과 연구의 중간 과정을 제시하는 것이다. 수많은 사람들 중에 나와 같은 고민을 하는 사람들도 있을 것이고, 스스로 자신의 독특함을 어떻게 정당화시켜야 하는 사람들도 있을 수 있다. 이 책의 주제들 중에 일부분이라도 발전적인 깨달음에 도움이 된다면 더 이상 바랄 것이 없겠다.

이 책은 장마다 독립적인 주제를 담고 있기 때문에 목차를 보고 관심이 가는 장을 골라서 읽어도 무방하다. 자유롭게 하고 싶은 이야기를 잔뜩 써놓은 책을 내면서 이것이 변명으로 족할지는 모르겠다.

평범함   ☆
독특함

3장. 나를 보는 또다른 나

4장. 자유와 우리의 미래

1장.
독특함
또는정
신질환

독특함, 정신질환과 매력의 사이에서

그간의 진로를 돌이켜보면 나는 꽤 독특한 길만 골라서 걸어왔던 것 같다. 고등학교 때까지는 선택의 여지가 없었으므로 남들과 마찬가지로 평범한 인문계 고등학교를 졸업했지만, 대학교에서는 철학과를 선택했다. 나는 98학번인데, 지금도 그렇지만 철학과를 졸업하면 어떠한 진로를 가야하는지가 불분명하고, 돈을 버는 실용적 측면에서 유리한 점이 별로 없었다. 오히려 지금은 철학, 논리 공부가 입학에 도움이 된다는 법학전문대학원이 생기고, 인문학이라는 개념이 그때보다 좀 더 관심을 받기 때문에 약간이지만 좀 더 나아졌을 수 있다.

고3 즈음부터 서점에서 나는 무슨 말을 하는지 도통 이해할 수 없는 철학 서적을 뒤적이기 시작했다. 왜 그랬는지는 정확히 모르겠지만, 호기심이 컸던 것 같다. 대학 입시 준비를 해야 했던 시기이기는 했지만 논술이라던가 입시에도 도움이 될 수 있다는 변명으로 어려운 철학 책을 볼 명분이 있었는데, 특히 그중에서도 난해한 개념들이 많이 등장하는 현대 철학을 소개하는 책이 눈에 띄었다. 내게는 그곳에 기술된 개념들이 정복해야 할 산처럼 느껴졌다.

나는 그 난해한 개념들을 정복하고 싶었고, 철학과를 가고 싶은 마음이 생겼다. 철학과는 앞에서 말한 것처럼 전공에서 배운 것들이 생계에 도움이 될 일이 거의 없기 때문에 극소수의 사람들만 전공하고, 그래서 그것만으로도 독특하다고 할 수 있을 것이다. 내가 다닌 학교의 철학과 정원은 한 학년에 20명 정도였다.

학부 4학년 때에는 언어철학을 공부하면서 언어의 궁극적인 문제에 대해서 관심이 생겼다. 그리고 동시에 우리가 외국어를 배우는 것이 어려운지를 파헤쳐 보고 싶었다. 때마침 같은 학교에 커뮤니케이션학과가 있었는데, '심리언어학'을 가르치시는 교수님이 있었고 나는 그분 강의를 듣고 대학원에 갔다. 그 전공은 철학과보다도 훨씬 소수이고 독특했다. 내가 받은 석사학위 증명서를 보면 '문화정보콘텐츠학'이라고 되어있는데, 이 용어는 별로 중요하지 않은 가공된 명칭일 뿐이고, 실제로 전공한 것은 심리학과 언어학이 결합되어 있는 심리언어학이었다. 간단히 설명하면 언어를 구사하고, 소통하고 학습하는 데 있어서 심리학을 도입한 것이다(언어심리학과 거의 같지만 약간 다르다).

나는 아직까지도 가장 어려운 학문 중 하나가 심리언어학이라고 생각하고 있다. 왜냐하면 공부의 범위가 너무나 넓기 때문이다. 언어학도 어려운데 거기에 심리학(실험과 통계학, 뇌과학 포함)까지 배워야 한다. 그런데 언어는 매우 다양하다. 즉 한국어, 영어, 일본어 등 다양한 언어들에서 '한국인이 영어를 배울 때'처럼 언어끼리의 짝도 생기고, 그 특징까지 연구한다.

그리고 나는 또다시 독특한 학문, '인지과학'을 선택했다. 인지과학은 인간의 마음에 대해 심리학, 철학, 생물학, 컴퓨터 과학 등 매우 다양한 학문들을 융합해서 탐구할 수 있는 학문이고, 그 학문 자체의 설립 역사가 수십 년 정도이다. 철학은 결국 인간의 마음에 대해 탐구하는 것인데, 나는 그러기 위해서는 다양한 학문들을 접하고 융합시킬 수 있는 인지과학을 전공으로 택하는 것이 좋겠다고 생각했다. 인지과학 전공이 있는 대학은 국내에도 네, 다섯 군데 정도밖에 없었다. 참고로 석사과정에서 꽤 힘들게 공부했던 것이 박사과정에서 도움이 되었던 것 같다(아니면 운이 좋았는지도 모른다).

이렇듯 이제까지 나는 소수의 길, 독특한 길을 걸어온 것 같다. 박사학위를 취득한 뒤에도 취직하지 않고 빨리 눈에 띄는 성과를 내고 싶어서 연구를 하고, 계속 책을 쓰는 일도 일반적이지 않은 선택이다. 이러한 인생 여정을 겪게 된 것은 내가 정말로 하고 싶었던 것을 하려는 선택이기도 했고, 어쩌면 다른 일을 하지 못하는 운명이었을 수도 있다. 나는 운명의 문제에 관심이 많은데, 그에 대해서도 이 책에서 이제까지 연구하고 생각한 내용을 적어볼 것이다. 어찌 되었든 내가 독특한 사람이거나 독특한 것을 좋아하는 사람이라는 것은 사실인 것 같다.

Ø

인류의 역사는 독특함과 평범함 사이의 투쟁이다. 평범함은 대체로 주류와 기득권을 형성한다. 반면에 독특함은 소수이다. 소수이기 때문에 독특하고, 소수는 다수에 비해서 힘이 없다. 물리적으로도 힘이 없고, 민주적으로도 물론 그렇다. 민주주의는 다수의 의견에 따르는 제도

이므로 단지 민주화가 되었다고 해서 소수의 권리가 강화되지는 않는다. 민주주의의 '발달'이 다수의 의견을 중시여기는 것인지, 소수의 의견을 중시여기는 것인지는 모호하다. 그래서 소수의 의견이나 다양성이 억압받는 집단주의, 전체주의체제도 얼마든지 민주적일 수 있는 것이다. 다수의 힘을 강조하는 경향은 민주주의라는 이름으로 얼마든지 정당화될 수 있다. 독특함과 평범함 사이의 투쟁에서 독특함을 보호하고 소중하게 여기는 것이 사회적 발전이자 미덕이라면, 민주주의는 그것과 전혀 무관하거나 어쩌면 반대로 나아갈 수도 있는 것이다.

나는 민주주의 이념이나 그 제도를 나쁘다고 할 마음이 없다. 왜냐하면 민주주의와 독특함을 소중히 여기는 태도는 양립할 수 있기 때문이다. 그것이 민주주의의 한 방향이고, 다른 한 방향은 민주주의의 '다수의 힘'이라는 형식을 중시하는 것이다. 다만 이 후자의 방향은 '독특주의'와 충돌할 것이다.

우리는 민주주의가 절대적으로 옳은 것이라 생각할 수 있다. 나도 다른 체제에 비해서는 그렇게 생각하기도 한다. 그런데 앞에서 본 것처럼 민주주의는 소수의 주장, 즉 독특함을 보호하는 방향으로 발전할 수도 있고, 소수를 억압하는 방향으로 나아갈 수도 있다. 이 후자의 방향으로 나아가는 것이 절대 선은 아니다. 만약 민주주의가 절대 선이라고 생각하는 사람이라면, 자신이 선이라고 생각하는 것이 어느 쪽인지를 따져볼 필요가 있다. 흥미롭게도 민주주의는 다수의 힘을 중시하는 방향으로 나아가는 것이 얼마든지 정당화된다. 그러한 형식의 정당성을 가리키는 의미로 쓰일 수 있기 때문이다. 자신이 바란 것이 정말로 그것일까? 나는 민주주의의 '발전'이 절대선이라고 생각하지만, 그런 방향으로의 발전(?)은 발전이라고 부르기가 싫다.

어쩌면 다수의 의견이 중요하다는 것을 강조하는 측에서는 다수의 의견이 아무리 강력해도, 소수의 의견이나 독특함도 보호될 수 있다고 주장할지도 모른다. 예를 들어 다수가 동성애에 대한 너그러운 마음을 가지게 되면, 다수의 인정으로 소수의 동성애자의 인권이 보호될 수 있다는 주장이 있다. 그런데 그러한 몇 가지 사례를 들면서 다수가 소수를 보호할 수 있다는 것은 자만 또는 오만함이고, 아니면 거짓말이다. 무소불위의 독재자는 종종 민간 시찰을 다니면서 만난 불쌍하고 가난한 사람들에게 자금을 지원한다. 그것을 보고 독재자가 가난한 사람들을 구원하는 훌륭한 사람이라 볼 수는 없다. 그처럼 결국 다수는 다수의 입맛에 맞는 소수만을 선택적으로 도울 뿐이다.

그리고 다수는 생각이 바뀔 수 있다. 즉 어떨 때는 동성애를 보호해줬다가 마음을 바꿔서 동성애를 탄압할 수도 있다. 뭐든 간에 당시 '다수'의 생각이니까 민주주의 논리로 괜찮지 않을까라는 생각을 할 수도 있는데, 과연 그것이 정말로 다수의 생각인지도 불분명하다. 하나의 조직처럼 구성되어 있는 다수에게는 소수 우두머리의 생각이 하향식으로 전파된다. 그러한 조직적 공동체를 다수라고 이름붙이고 포장할 수 있는 것이다. 민주주의는 한 표씩의 동등한 영향력이 있어 보이지만, 사실 다수를 형성하는 개인들 간에는 영향력의 현격한 차이가 존재한다. 그 다수에 속한 영향력 없는 개인들은 자신이 속한 조직의 생각과 담론을 거부할 힘이 없다. 많은 사람들은 영향력 있는 사람의 생각에 그저 따를 뿐이다. 이것은 힘(영향력)의 차이에 의해서 다른 방도가 없는 일이기 때문에, 사람들은 그러한 수동적인 따라감 또는 휩쓸림을 자신이 선택했다고 스스로를 위안한다.

만약 다른 주장을 하는 사람이 생기려고 하면 단결해야 한다고 주장할 것이다. 단결을 시키는 좋은 방법은 집단의 '적'을 상정하는 것이다. 적을 만들어서 단결하지 않으면 우리가 적에게 패한다고 인지시키고, 분열시키는 세력은 적의 편, 매국노로 볼 것이다. 전체주의 집단에서 대체로 벌어지는 일이다. 결국 중요한 것은 다양성이 보장되는, 다양성이 존재하는 사회이다.

Ø

독특한 사람은 과거에 흔히 '광인'으로 여겨지기도 했다. 독특한 사람과 광인과의 경계는 불분명하다. 미셸 푸코가 쓴 《광기의 역사》는 광인이 사회적 규정에 의해, 즉 다수(담론)의 규정에 의해 정해지는 개념이라고 설명하고 있다. 일리 있는 점도 있으나, 사실 광인, 즉 정신질환자가 완전히 그렇게 식별되는 것은 아니다. 시대와 사회에 따라 억울하게 정신질환자로 규정될 수 있지만, 치료해야할 정신질환은 분명히 존재한다. 단지 소수이기 때문에 억울하게 분류되는 것이 아닌, 정확한 정신질환이란 아마도 다수의 따돌림과 무관하게 그 자신이 정신적 문제로 인하여 분명한 고통을 겪고 있고, 스스로 고치기를 희망하는 경우일 것이다(또는 자기통제력을 심각하게 상실한 경우일 것이다).

그렇게 정신질환이 사회적 변동과 무관하게 존재한다고 가정할 때에도, 여전히 독특한 사람은 정신질환에 더 취약하고, 그것을 가졌을 확률이 더 크다. 왜냐하면 그들이 원래 정신의학적으로 정상이었더라도 다수에게 따돌림을 당하고 사회적으로 고립되게 되면, 그로 인해 처음에는 정상이었더라도 정신질환을 가질 확률이 커지기 때문이다. 사회적 고립은 신체적, 정신적 문제를 낳는다. 길거리에 보이는 노숙자들은 다양한 정신질환을 앓는 경우가 많은데, 정신질환을 가졌기 때문에 노숙자가 되는 경우도 있지만, 노숙자 생활을 하면서 겪는 따돌림과 사회적 고립으로 인해 정신질환이 생기게 되는 경우도 많다.

그래서 독특함으로 인한 사회적 고립은 그에게 커다란 불행을 낳는다. 독특한 사람은 '미쳤다'라고 치부되는 경우가 많은데, 만약 따돌림과 고립이 심해지면 실제로 그 증상이 악화된다. '독특'이라는 단어로 책을 검색해보면 정신질환, 정신장애 관련 서적이 주로 나오는 것을 볼 수 있다.

다만, 독특함의 의미는 '스페셜(special)'로 볼 수 있는데, 과연 그것이 나쁜 뜻만 있을까? 스페셜은 좋은 것을 뜻할 수도 있다. 그 뿐 아니라, 어쩌면 '오리지널(original)', 즉 독창적인 것으로 볼 수도 있다. 그렇게 보면 더욱 좋은 뜻이 있어 보인다.

독특함은 사회적으로 나쁜 평가를 받기도 하지만, 어떤 독특함은 장점이 될 수도 있고, 매력으로 다가오기도 한다. 어떤 평가 기준에서 뛰어난 모습을 보여서 독보적 위치에 있을 때의 독특함(예를 들어 서울대 합격하기, 1등 하기)을 제외하고, 독특함 그 자체가 매력이 될 수 있다는 뜻이다. 이러한 경향이 정말로 존재하는 것일까? 이것은 독특한 사람이 다수에 의해 광인 취급을 받거나 따돌림을 받아 불행해지는 현상과는 반대되는 것이고, 모순적인 원리이다.

그런데 실제로 심지어 자신의 본래 모습보다도 더욱 독특하게 보이려는 사람들도 있다. 단지 개인적 취미라기보다는 그것이 어쩌면 이득이 될 수도 있기 때문이고, 그것은 '주목받기' 효과 때문일 수도 있다. 주목을 받는 다는 것은 대체로 자신에게 이익이 되는 경우가 많다. 비즈니스 현장(예를들어 입사 면접 시험 등)을 보면 알 수 있다. 지원자들은 조금이라도 주목을 더 받기 위해 엄청난 비용을 투자한다.

몇 년 전부터 젊은이들 사이에서 '어그로 끌다'라는 말이 쓰이고 있는데, 이 말의 뜻은 공격적인 도발을 하거나 심지어 다수에게 불쾌한 감정을 만드는 등, 수단 방법을 가리지 않고 주목을 끄는 행위를 말한다. 그 이유는 오직 자신을 주목하게 만들어서 스스로를 홍보하기 위함이다. 또한 젊은 층에서는 '4차원 코스프레'를 하는 이들도 생겨나고 있다. 여기서 '4차원'이란 그야말로 독특하고 특이한 행동과 사고방식을 말한다. 그리고 '코스프레'란 본질은 그렇지 않는데 일부러 그렇게 꾸미는 것을 의미한다. 즉 그가 사실은 4차원이 아니더라도 이를 동경하고, 그렇게 보이고 싶어 하는 것이다. 그 이유는 물론 그런 행위가 어떤 이익으로 작용하기 때문일 것이다. 그것은 대체로 '매력'과 관련이 있다. 왜냐하면 젊은 층에서 그러한 현상이 많이 나타나고 있는데, 젊은이들 사이에서는 매력이 특히 중요하기 때문이다.

Ø

독특한 사람이 그로 인해 매력을 가진다는 것이 사실일까? 나의 경우에는 독특한 것에서 분명 매력을 느낄 수 있다. 물론 나의 주관적 느낌을 반영한 것이지만, 단지 나만의 생각이나 경향성은 아닐 것이다. 생물학이나 진화심리학적으로 설명하면 그러한 경향의 보편성을 이해할 수 있을 것이다.

'매력'이란 설명하기 어려운 끌림, 호감을 뜻한다. 성적인 것과 무관한 취향도 표현하지만, 흔히 성적인 끌림의 영역에서 우리는 매력이라는 개념을 사용한다. 아마도 성적인 끌림은 매우 감성적이고 본능, 본성과 관련이 많은데, 그 부분은 이성적으로 설명하기 어려운 부분이 많기 때문일 것이다. 물론 성적인 상대방을 찾는 것이 아니라, 어떤 제품이나 연예인, 동료에게도 매력이라는 개념을 쓸 수 있다.

독특함이 매력이 되는 이유는 그 독특함의 내용 자체가 호감을 주는 것이기 때문일까? 그러나 앞에서 서울대 입학하기나 1등하기의 독특함을 제외한 것처럼, 지금 우리가 말하는 독특함이란 그 내용에서 뛰어난 것을 의미하지는 않는다. 그것은 너무 당연히 이해할 수 있는 것이므로 독특함의 매력이라 볼 수 없다.

우리가 가정하는 독특함에서는 다수의 생각이나 취향과 달라서 이상하게 보이고, 따돌림이나 핍박을 받을 수 있는 면도 포함된다. 즉 독특함은 손해를 볼 위험성도 가지고 있는 것이다. 이것이 어떻게 매력이 될 수 있을까?

생물학과 진화심리학적으로 '핸디캡'이 오히려 매력으로 작용할 수 있음을 설명할 수 있다. 핸디캡이란 불리한 조건을 뜻한다. 독특함이 손해의 위험성을 가지고 있는 것이라면, 그 위험은 핸디캡이다.

수컷 공작새의 길고 화려한 꼬리털을 떠올려보자. 수컷은 그 꼬리털을 크게 펼치면서 암컷에게 구애를 한다. 암컷이 그 커다랗고 화려한 꼬리털의 모습에 매력을 느끼지 않았다면 그러한 꼬리털은 생겨날 수 없었을 것이다. 그런데 왜 암컷은 수컷의 긴 꼬리털에 끌릴까? 단지 아름다워 보여서? 그 설명은 매력 있어서라는 말과 다를 바 없고, 아무런 추가 정보를 주지 않는다. 문제는 그 커다란 꼬리로 인해 빠른 이동이 어렵고, 눈에 잘 띄어서 포식자에게 잡아먹힐 확률이 더 크고, 다른 유용한 곳에 쓸 에너지를 그것을 만드는데 소모한다는 것이다. 즉 그 꼬리는 개체의 생존에 있어서는 핸디캡이 되는데, 공작의 암컷은 그런 핸디캡을 가진 수컷을 더 많이 선택해서 그러한 성 선택의 일련의 과정에 의해 공작의 꼬리가 점점 길어지게 되었다.

핸디캡 이론의 창시자 자바히(Amotz Zahavi)에 따르면 핸디캡을 보여주는 행동은 오히려 반대급부로 그 개체의 좋은 점이 있음을 알리는 것이라고 한다. 왜냐하면 핸디캡이 있음에도 잘 살 수 있다는 것은 그것을 상쇄하는 뛰어난 장점이 있음을 알리는 지표이기 때문이다. 비슷한 예로, 실력이 상대보다 뛰어난 장기 선수는 차, 포를 떼는 핸디캡을 가지고 시작할 수 있고, 실력이 뛰어난 권투선수는 한 손을 쓰지 않는 핸디캡을 갖고도 경기를 할 수 있다. 그처럼 어쩌면 핸디캡은 오히려 뛰어난 점이 있음을 알리는 신호가 될 수 있다. 이러한 신호의 쓰임에 대해 공작새 등 몇몇 종들만 갖는 특이한 사례가 아닌가라는 반문을 할 수도 있겠지만, 인간도 독특함이나 핸디캡이 매력의 일부가 될 수도 있다. 다만 그 방면으로 극도로 진화한 공작새의 예를 통해, 그것이 자연적 본성 속에서 매력적 요인이 되는 원리를 알 수 있다. 핸디캡을 관찰하는 이성(그리고 동성)은 아마도 '쟤는 뭘 믿고 저렇게 할까? 믿는 구석이 있나?'라는 생각이 들게 될 것이다.

그래서 독특함이 핸디캡이 된다면, 그 자체로 이성을 끄는 매력이 될 수 있다. 즉 사회에서 모난 돌이 정을 맞고 독특함이 핍박받는다는 원리가 고정 상수여도, 오히려 그 문제점으로 인해 독특함이 매력이 된다는 것도 고정 상수가 된다. 과거에 폭력이 난무하던 시대에는 위험성이 너무 커서 그 매력이 현실의 장벽에 가로막히는 경우가 많았지만, 지금은 그런 위험성도 적다. 이러한 점은 인간에게 있어서는 공작의 경우와는 다르게, 남녀의 차이가 거의 없어 보인다. 독특함의 핸디캡을 가져도 살아갈 수 있는 '그 밖의 강점과 배경', '강한 정신력'은 남녀에게 모두 적용될 것이다. 예를 들어 '개성 있는 사람'에게 매력을 느끼는 데 있어서는 남녀가 크게 다르지 않다. 이는 성적인 매력 뿐 아니라 직장생활이나 일상에서 느끼는 매력에도 똑같이 적용된다.

그러므로 독특함에 대한 자신감을 가져라.

마광수 교수는 왜 불행했을까?

독특한 사람이라 하면, 나는 마광수 교수가 제일 먼저 떠오른다. 그의 안타까운 삶의 행적으로 인해 그 독특함이 더욱 각인되었는지도 모른다. 그는 독특함으로 인해 핍박을 받은 대표적 인물이 되었다. 나는 우연히 학교에서 홀로 걸어가는 그를 본 적이 있다. 잠깐 스쳐지나가는 모습을 보았을 뿐인데도, 그의 의기소침해 보이는 걸음걸이는 우울한 인상을 풍겼다. 그로부터 약 3년 뒤 그가 자택에서 스스로 목숨을 끊었다는 소식을 들었다. 그는 오랫동안 우울증을 앓고 있었다고 한다.

우울증은 지속적인 불행의 감정 또는 그런 생각이 만드는 병이라 할 수 있다. 특히 그 상태에서 앞으로 행복해질 희망이 적다고 느낄 때 더욱 심해지고 위험해진다. 그는 비록 소설 《즐거운 사라》의 음란성을 이유로 꽉 막힌 시대에 법적 처벌을 받기는 했지만 많은 명성을 누리며 방송 출연도 종종 했고, 베스트셀러를 포함해 책도 많이 팔렸으므로 팬도 있었을 테고, 명문 대학 국문과 교수라는 높은 사회적 지위도 있었을 것이다. 이렇게 행복할 수 있는 유리한 조건을 많이 가졌는데, 그는 왜 그렇게 불행했던 것일까?

1989년, 초등학교 4학년이던 나는 TV에서 이상한 제목을 가진 책이 베스트셀러 순위에 올랐다는 소식을 접했다. 그 책은 마광수가 쓴 《나는 야한 여자가 좋다》라는 에세이집이었다. 하지만 그 책을 읽은 건 최근이었다. 마광수가 대중적으로 알려지기 시작한 시점은 이 책이 출간되고 나서부터였다. 여기에는 그의 파격적인 사상이 담겨있고, 내가 보기에 이 책에 담긴 그 파격적 사상은 그가 겪게 된 불행의 결정적인 씨앗과 같았다. 이 책에서 그는 어떤 혁명을 꿈꾸었는데, 그 혁명 시도는 결국 좌절되었고, 학계와 문단에서 왕따가 되어 전공수업도 맡지 못하고 교양수업만 해야 했다. 책을 내면서 추천사를 동료 국문학자들에게 의뢰했는데 대부분 거절당했다. 그래서 그동안 쓴 시를 모은 앤솔로지 형식의 작품집 《마광수 시선》에는 동료 교수나 평론가들의 추천사가 없다. 점차 대중적 인기와 영향력도 줄어들어가고 희망도 줄어들어갔을 것이다. 그가 어떤 혁명을 꿈꾸었고, 왜 실패했는지를 살펴보자.

Ø

마광수는 《나는 야한 여자가 좋다》에서 자신의 사상을 '유미주의적 쾌락주의'라고 정의했다. 다른 말로 하면 육체적, 성적 쾌락주의다. 그는 이렇게 쓰고 있다. "나도 처음엔 정신적인 사랑을 찾아 헤매었다. 그러다가 그것이 결국 환영에 불과한 것이라는 사실을 깨닫고, 사랑은 결국 '육체의 접촉에 의한 그때그때의 순간적 황홀감'이라고 생각하게 되었다." 그리고 그는 여성의 긴 손톱을 유달리 좋아하는 페티시즘이 있음을 밝히고 있다. 페티시즘은 특정 물건에 성욕을 느끼는 것을 뜻하는데, 그가 그 용어를 사용함으로써 우리사회에도 널리 알려지게 되었다. 더구나 그는 마음보다 외모의 아름다움을 가꾸는 게 더 중요하다고 강조하기도 했다.

마광수는 독특한 취향과 독특한 사고방식을 가진 사람으로 볼 수 있지만 문제는 그러한 개인의 독특함을 사회에 적용되는 사상으로 전환할 때 발생한다. 그는 사회적 변혁을 꿈꿨다. 그는 독특함이 인정받는 사회를 꿈꿨는데, 그것을 최종적 목적으로 해서 한 방편으로 성적 쾌락주의를 강조한 것인지 아니면 자신의 성적 쾌락주의를 인정받기 위해서 사회적 변혁을 꿈꿨는지는 알 수 없다. 그러나 그 시도는 계란으로 바위치기였다. 파격적인 주장을 통해 주목을 받고 대중적으로 널리 알려졌지만, 주변인들, 학자들 사이에서 그는 기피 대상이 되었다.

성적 쾌락주의나 외모지향주의는 사회적으로 보편적인 사상으로 받아들이기는 매우 어렵다. 다시 말해, 모두가 보편적으로 가지면 좋은 생각과 행동 양식이 되기는 어렵다. 단지 사회가 보수적이라서가 아니라, 기존에 사회를 지탱하고 발전해나가는 원동력이 된 중심적 사상과 충돌하는 점이 많다. 이에 대해 아마도 그는, 모두가 자신과 같은 사상을 가져야 한다는 것이 아니라 이러한 생각과 취향도 인정받는 자유로운 다원주의 사회를 의도했던 것 같다. 그는 책에서 "도덕보다는 본능을, 이성보다는 감성을, 획일보다는 다원을 소중하게 생각해야 할 것이다"라고 썼다. 그리고 어쩌면 그의 행위는 자유롭고 다원적인 사회로 바꾸기 위해 일부러 파격적인 행동으로 '시위'를 하는 행동적 전략의 의도가 있었는지도 모른다. 그는 모두가 육체적 쾌락만을 추구하며 살기를 추천하지 않았다. 그는 책에서 다음과 같이 쓰기도 했다. "대학생들은 좀 더 생산적인 방황을 해야 한다. 많은 교양서적들을 읽고, 깊은 사색과 회의를 해보고, 정신적인 갈등과 정신적인 편력을 경험해봐야 하는 것이다. 인생문제에 대하여 심도 있게 사색해보고 절망에도 빠져봐야 한다."

그러나 문제는 그 의도를 대중과 학자들에게 설득하는데 실패했고, 많은 사람들은 그의 사상이 전파, 전염되어서는 안 되는 것으로 보았다는 것이다. 즉 그가 독특함의 내용을 강조하면서 그 내용의 보편적 전파를 추구하는 것처럼 보였다는 것이 문제다. 누군가 어떤 '주의'와 같은 사상을 주장하면 사람들은 자신들이 똑같은 생각을 가져도 좋은가, 보편적이 되어도 좋은가를 검토하게 된다. 물론 모든 '주의'가 보편성(모두가 가짐)을 지향해야 하는 것은 아니다. 그렇다면 그 구분을 해주고, 보편적이 되어야 할 주의를 따로 설정해야 할 것이다. 그런데 그의 파격적인 독특함과 유미주의적 쾌락주의를 그렇게 다뤄야 하는지, 아니면 좀 더 높은 차원의 자유주의와 다원주의를 주장한 것인지 구분이 애매해진 것이다.

그에게 필요했던 방식은 낮은 차원의 독특성만을 강조할 것이 아니라, 좀 더 높은 차원의 추상화(abstraction)를 추구하는 것이었다. 그렇게 추상화된 사상으로 설득을 했다면 그의 사상이 좀 더 받아들여졌을 가능성이 높다. 예를 들어 내가 이 책에서 주장하는 것처럼 '독특성', '독특주의'는 추상화된 것이다. '독특성'이 가리키는 것은 특정한 사례가 아니다. 마광수는 독특하지만, 독특성이 마광수를 가리키는 개념은 아니다. 독특한 사례들은 매우 다양하게 존재한다. 그렇게 다양한 사례들에서 공통적으로 추출되어 추상화된 것이 독특성이다.

27

그가 성적 쾌락주의를 매우 강조한 배경에는, 당시 학계와 최신 경향에서 그것을 뒷받침할 만한 조류가 있었다는 점도 작용했다. 그것은 프로이트(Sigmund Freud)의 정신분석학과 포스트모더니즘이다. 그는 프로이트 이론을 자주 인용했다. 특히 리비도(Libido)라고 하는 성적 욕망이 심리와 행동의 근원이라는 점을 그는 자주 인용한다. 그리고 20세기 중후반에 유행했던 포스트모더니즘 경향은 기존 모더니즘의 이성적인 것에 반발해서 감성과 본능을 중시하는 흐름이다. 그의 행적은 그러한 포스트모더니즘의 표현일 수 있다.

그런데 특히 당시의 '과격한' 포스트모더니즘은 기존의 이성적인 모든 체계를 해체, 파괴하려는 움직임을 보였다. 모더니즘의 이성주의에서 진화한 다음 단계를 포스트모더니즘으로 보고 의미를 부여할 수 있지만, 과격한 해체주의는 지나친 것이었으며, 그러한 급진적인 것은 21세기에는 사라진 한때의 유행에 그쳤다(포스트모더니즘이 전부 틀린 것은 아니고 과격한 부분이 축소됐다). 그리고 프로이트의 이론도 20세기 말부터는 인기를 잃었다. 칼 포퍼(Karl Popper)를 비롯해 많은 과학철학자들이 그것의 비과학성을 지적했고, 보다 과학적인 심리학이 그것을 점차 대체해갔다. 즉 마광수가 자신의 사상의 정당성을 뒷받침하는 두 가지 조류인 프로이트 이론과 포스트모더니즘의 해체주의는 한때의 유행으로 점차 쇠락해져 갔고, 그것이 주류의 영향력을 가졌던 시대는 20세기와 함께 지나갔다.

Ø

마광수가 직접 밝힌 유미주의적 쾌락주의, 특히 그의 여자 손톱에

의 페티시즘은 흔히 말하는 '변태'로 보이기 쉽다. 대체로 우리는 이에 대해 안 좋은 인식을 가지고 있지만, 마광수는 '변태'에 좋은 의미를 부여하려 시도했다. 그는 "권태는 변태를 낳고 변태는 창조를 낳는다"라는 말을 하기도 했다. 그러나 그의 이러한 시도도 별다른 성과를 거두지 못했다. 여전히 변태에 대한 좋지 않은 인상은 줄어들지 않았다. 자신을 두고 '변태'라는 말을 들으면 일반적으로 기분이 좋지 않을 것이다. 보통 '변태'는 성적으로 독특한 취향에 적용되지만, 최근에는 간혹 그 밖의 다양한 독특한 취향에도 폭넓게 적용되어 쓰이기도 한다. 그래서 변태의 의미에 대해 고찰해 볼 필요가 있다.

'변태'는 이상성욕이라는 의미 이외에, 성장하는 곤충의 변태처럼 형태가 변화한다는 의미를 가진다. 한자가 같고, 사실 그러한 형태적 변형의 의미가 본래의 의미이고 이상성욕이라는 의미가 나중에 파생되어 생긴 것이다. 유행어처럼 쓰이기 시작한 의미가 점차 일반적인 의미로 굳어졌다.

변태가 이상성욕의 의미로 널리 사용되기 시작한 것은 대체로 일본이 시초인 것으로 보인다. 일본어로 변태는 '헨타이'이고, 일본 대중문화를 많이 접한 젊은이들도 이 말을 많이 알고 있다. 일본은 한국에 비해서 성적으로 훨씬 개방적인 나라다. 사생활에서 어떤지는 확실치 않지만, 산업적 측면을 보면 확실히 그렇다. 변태, 독특한 성적 취향과 관련해서도 훨씬 많이 드러난다. 대히트작 어린이용 만화 《드래곤볼》에도 여자 팬티를 좋아하는 일종의 변태 캐릭터가 등장하기도 한다(그것은 팬티 페티시즘이다). 그래서 일본에서 변태(헨타이)라는 말이 더 자주 쓰였는지도 모르겠다. 흥미로운 점은 그러한 일본 사회에서도 변태는 통상적으로 부정적인 의미를 가지고 있다는 것이다. 사전적으로 (이상성욕이라 해도) 부정적인 의미가 붙어있는 것도 아닌데, 자동적으로 사람들은 좋지 않은 느낌을 갖는 것으로 보인다. 한국이나 일본이나 대체로 다르지 않다.

어쩌면 마광수의 자발적인 변태(?) 선언은 예술적 퍼포먼스인지도 모른다. 문학은 일종의 예술이고, 그는 미술가로서도 활동한 예술가이다. 예술은 독특함의 매력을 자유롭게 뿜낼 수 있는 영역이고, 특히 현대 예술, 포스트모더니즘 경향의 예술은 매우 파격적일 수 있다. 그런 경우라면 어느 정도 인정받을 수 있다. 그러나 예술적인 퍼포먼스가 허용되는 것은 한정된 작업 공간 안이다. 그것과 외부와의 경계가 무너지면 예술적 퍼포먼스로만 보는 게 아니라 비난 받기 쉽다. 마광수의 경우는 상당히 애매하다.

변태를 나쁘게 보고 비난하는 태도가 잘못된 것일까? 내가 보기에 우리가 그러한 부정적인 감정을 없애기는 미래에도 어려워 보인다. 아니, 불가능해 보인다. 물론 단지 기분 나쁜 감정을 가진다는 것과 실제로 비난하는 것은 다르다. 기분 나쁜 것과 말로 비난하는 것, 강제로 못하게 하는 것, 폭력을 동원해서 막거나 처벌하는 것들 간에는 커다란 실질적 격차와 스펙트럼이 존재한다. 즉 변태라고 해도 그냥 놔둬도 되는데 과도한 언어폭력을 가하거나 불필요한 법적인 제재를 해서는 안 된다. 단지 기분이 나쁘다고 해서 과도한 처벌을 하는 것은 전혀 다른 문제이다.

변태에 대한 사회적 처벌이 약한 편인 일본에서도 부정적인 감정이 존재하듯이, 그러한 감정은 문화적이라기보다는 보편적 개인의 본성에 담긴 감정에 가까운 것으로 보인다. 그래서 그러한 감정이나 인식을 완전히 바꾸라는 주장은 통하지 않을 것이다. 다만 사회적 처벌이나 따돌림을 줄이는 방향으로 언급해 볼 수는 있을 것이다. 물론 과거에 용인이 되지 않던 정신질환이나 동성애가 현대에 와서는 그에 대한 부정적인 감정이나 차별이 대폭 줄어들거나 사라진 사례가 있다. 하지만 '변태'는 매우 폭넓은 사례에 적용될 수 있는 추상적 개념이고, 그 중에 '과도한 변태'는 분명히 자연스럽게 기분 나쁜 느낌을 주는 측면이 있을 것이다. 그러므로 변태라는 용어에서 부정적인 느낌을 완전히 제거하기는 매우 어렵다.

그런데, 그러면 어떠한가? 누군가가 자신의 행동을 보고서 기분이 나쁘고, 더 나아가 자신을 싫어하고 미워할 수 있다는 것이 그렇게 중요한가? 그것은 개인의 선택이다. 몇 년 전 '미움 받을 용기'라는 제목의 책이 엄청난 베스트셀러가 되었다. 어떤 행위로 누군가에게 미움을 받더라도 또 다른 누군가에게는 사랑과 지지를 받을 수도 있다. 다만 나는 변태를 좋게 보자거나 그 부정적인 느낌이 잘못이라고 말하는 것이 아니다. 어떤 변태적 행위는 사회적 처벌이 필요하기도 하다. 타인에게 실제적 피해를 입히는 경우가 그러하다.

'변태'라는 말을 들으면 부정적인 감정이 들기 때문에, 그런 말을 듣기를 꺼려하는 것도 당연하고 자연스럽다. 자신이 변태임을 인정한다면 그것을 감수해야 한다. 만약 떳떳하다면 '미움 받을 용기'처럼 용기를 가져도 된다. 그런데, '독특함'은 변태 개념과는 다르다. 왜냐하면 변태처럼 부정적 감정이 자연스럽게 생기는 개념이 아니기 때문이다. 물론 실제 사례에서는 경계가 애매한 부분도 있지만, '독특함'이라는 용어의 의미를 잘 생각해보면 나름의 장점이 많이 담겨있다.

Ø

　'독특한 것을 좋아하는 사람'과 '독특한 사람'은 같을까? 같지 않을 것이다. 여기서 '독특한'을 다른 말로 바꿔보면 쉽게 알 수 있다. '재미있는 것을 좋아하는 사람'과 '재미있는 사람'은 같은 의미가 아니다. '예쁜 것을 좋아하는 사람'과 '예쁜 사람'도 같은 의미가 아니다. 이 세 가지는 언어 구조적으로 같고, 또 전자가 후자를 좋아한다는 것도 같다. 그래서 전자는 후자를 지지하고 양성하고 활성화시킨다. 그러나 그러한 관계가 있을 뿐, 전자와 후자가 같지는 않다.

　그런데 독특한 것의 경우는 그와 다르다는 의견이 제시될 수 있다. 독특한 것을 좋아하는 것 자체가 독특한 성향이라는 것이다. 그렇다면 독특한 것을 좋아하는 사람은 독특한 사람이라 할 수 있다. 이에 대해서 논란이 있을 수 있다. 과연 독특한 것을 좋아하는 성향은 소수의 독특한 성향인가? 그런 경우가 많이 있다. 예를 들어 굉장히 튀고 이상하게 생긴 옷을 좋아하는 사람은 소수이다. 특이하고 이상한 맛이 나는 음식을 좋아하는 사람도 소수이다.

　그러나 사실 살펴보면 꽤 많은 경우에, '많은 사람들이' 독특한 것을 좋아한다. 특히 산업이 발달한 사회에서 문화가 개입된 상품의 경우에 그런 것을 많이 볼 수 있다. 평범한 것은 흔한 것이므로 대중들에게 인기를 얻지 못한다. 오히려 독특한 것일 때 신선하고, 물론 실패할 수도 있겠지만, 성공할 확률이 크다. 책, 음악, 디자인 등 문화 상품에서 독특한 작품을 출품해보라. 당선되고 출판되고 인기를 얻을 확률이 크다. 대중들에게 큰 인기를 끌고 있는 불닭볶음면도 사실 독특한 제품이다. 짜장면이나 스파게티처럼 기존에 있던 음식을 인스턴트로 만든 제품은 많았지만, 이 제품은 완전히 새로운 것이었다. 너무 매워서 초기에는 소수 사람만 먹을 것이라고 예상했지만 지금은 엄청난 인기를 얻고 있다. 그렇게 강한 매운 맛을 좋아하는 사람은 독특한 사람, 더 나아가 변태적 성향일까? 고통을 즐기는 것을 변태라고도 할 수 있는데, 매운 맛은 고통에 가깝다.

독특함은 평범하고 진부한 것들 사이에서 살아남는 경쟁력으로 작용한다. 그것은 눈에 띄기 쉽고, 호기심을 자극하고, 도전적이고 개척적이고 실험적인 면에서 호감을 일으킨다. 그래서 독특한 것을 좋아하는 것이 특이하거나 소수의 일이 아니며, 그것을 좋아하는 것이 독특한 성향이라고 볼 수는 없음을 알 수 있다.

그런데 대체로 이것에 동의하더라도, 독특한 것을 좋아하는 사람은 곧 독특한 사람인 것 같다는 '직관'이 우리의 마음속에 꿈틀거린다. 그 이유는 '독특한 것'이라는 말의 의도에 '많은 사람들이 좋아하지 않는' 독특한 것이라는 의미가 포함되어 있다는 전제를 가지는 경우가 많기 때문이다. 만약 거기에 그러한 숨은 의미나 의도가 있다면, 즉 '많은 사람들이 좋아하지 않는' 독특한 것을 좋아하는 사람은 독특한 사람일 것이다. 그런데 이러한 숨은 전제를 억지로 붙이는 것을 애초에 의도한 것은 아니었다. 독특한 것을 많은 사람들이 좋아할 수 있고, 그러면 독특한 것을 좋아하는 사람이라고 해서 독특한 사람은 아닌 것이다. 즉 그런 숨은 전제는 쓸데없는, 비논리적인 선입견이다.

그런 직관의 의미는 엄밀히 말해, '독특한 것을 좋아하는 사람'이 아니라 '독특하게' 좋아하는 사람이라고 표현해야 할 것이다. 그러면 그러한 '독특하게' 좋아하는 사람에 대해 따져보자. 그런 사람이 정말로 독특한 사람일까? 그것도 아닐 수 있다. 왜냐하면 마음속으로 독특한 것을 좋아해도 겉으로 그것을 표현하지 않고 평범한 사람으로 보이는 경우가 있기 때문이다. '몰래'(다수가 좋아하지 않는) 독특한 것을 좋아하는 경우도 있다. 그런 경우에는 사회적으로 독특한 사람으로 평가받지 않을 수 있는데, 이 경우에 그를 '독특한 사람'으로 봐야하는지는 애매하다. 사회적 평가가 그렇지 않기 때문이다. 비유하면, 어떤 초콜릿의 중심부에 신맛의 알맹이가 감춰져 있는데, 사람들이 초콜릿의 겉 부분만을 느끼고 삼켜서 그 신맛을 모를 경우에 그 초콜릿이 신맛을 가지고 있다고 할 수 있는지는 애매하다. 이 문제에 대해서는 의견이 갈릴 것이다.

본질주의 관점에서 보면, 그 초콜릿은 신맛을 가지고 있고, 남들이 좋아하지 않는 독특한 것을 좋아하는 사람은 '남이 모르더라도' 독특한 사람이다. 나는 과학적 관점에서 이 해석을 더 선호한다. 내가 다르다는 결론을 내릴 것으로 예상했을지도 모르지만, 그렇지 않다. 포장으로 인해 남들이 보기에 독특함을 모를 수는 있어도, 자신은 자기의 독특한 면을 알 수 있다. 내가 최종적으로 말하고 싶은 것은 독특한 사람이 용기를 가질 필요가 있다는 것이다. 다수가 좋아하지 않는 독특한 것을 좋아하는 사람이 스스로 자신이 독특한 사람이라는 것을 인정하고, 또 사회적으로 그러한 평가를 받아도 괜찮다는 용기를 가져야 한다는 것이다.

앞에서 언급한 것처럼 다수가 독특한 것, 독특한 사람을 좋아하는 사례는 많다. 그런데 흔히 다수가 좋아하지 않는 독특한 것은 숨기고 싶어 하는 경향이 있다. 그것은 스스로 '독특한 사람'이 되기 싫어하기 때문이다. 그런데 자신이 독특한 것(독특함)을 좋아하는 취향이라면, 독특한 자신도 좋아해야 할 것이다. 모순적이 되어서는 곤란하다. 자신을 사랑하기를 원한다면, 독특한 자신을 인정하고 표현하라. 그러한 표현은 자신을 지지하는 것 뿐 아니라, 다른 독특한 사람들까지 지지하고 자유롭게 만드는데 도움을 준다.

틀린 것도 할 수 있는 자신감

우리는 흔히 자신감 부족을 느끼고, 많은 경우에 자신감을 가진 다면 보다 성공적인 결과를 얻을 수 있을 것이라 기대한다. 최근에는 자존감에 대한 관심도 커졌다. '자존감'이라는 말은 오래전부터 있었던 '자신감'과는 달리, 최근에 널리 쓰이기 시작한 단어다. 왜 사람들은 자신감과 자존감을 원할까? 자신감과 자존감은 비슷한 점이 많고 관련성도 많은데 좀 더 어려운 개념인 자존감은 잠시 뒤에 설명하기로 하고, 우선 자신감과 유사한 사례를 살펴보자.

영화 〈아이 필 프리티〉(I Feel Pretty)의 여자 주인공 르네는 자신의 통통한 몸매에 자신감이 없어서 스스로를 자책하고, 사회생활에서도 성공적이지 못했다. 그녀는 살을 빼기 위해 헬스장에서 운동을 하다가 넘어져서 머리를 다쳤는데, 그 이후로 갑자기 자신감이 급격히 상승하는 변화가 일어났다. 그녀는 스스로가 엄청나게 아름답다고 생각하기 시작했고, 활력과 적극성이 커지는 등 모든 행동에 자신감이 붙었다. 그러한 행동의 변화는 주변 사람들의 호감을 높였고, 직장에서도 승진을 거듭했다. 그녀의 자신감에 매력을 느낀 남자친구도 생겼다. 그녀는 사실 딱히 예쁘지 않은 외모이지만, 주변 사람들은 스스로 예쁘다고 생각하는 그녀의 자신감에서 호감을 느끼게 되었다. 영화의 끝 부분에 다시 머리를 다쳐서 정신이 돌아오기는 하지만(자신감 과잉 상태가 사라짐), 최종적으로 어떻게 마무리 됐는지는 스포일러이기도 해서 접어두겠다.

자신감의 장점 중 하나는 이렇듯 그 자체로 다른 사람들이 좋게 볼 수 있다는 점이다. 다만 '잘난 척'에 대한 거부감이 있다면 좋지 않게 볼 수도 있지만, 실제로는 그만큼 잘나지 않았는데도 잘났다고 떠들어도 위의 영화에서처럼 괜찮은 경우도 많다. 오히려 실제로 잘났는데 자기가 잘났다고 떠들면 겸손하지 못하다고 욕먹을 수 있다. 잘나지 않았는데 잘났다고 떠드는 것이야말로 '진정한 또는 순수한 자신감'일 것이다. 그것을 '근자감', 즉 근거 없는 자신감이라 말하기도 하지만 사실 타인이 볼 때 근거가 정말로 없는지를 확실히 알 수는 없다. 숨은 근거가 있을 수 있기 때문이다.

대체로 자신감이라는 것은 그 근거나 명분이 불명확하다. 근거가 없을 수도 있고, 어딘가에 있을 수도 있다. 스스로도 잘 알 수 없다. 그 영화에서 머리를 다쳐서 자신감을 얻게 된 르네의 경우도 근거가 있는지, 아니면 근자감(근거 없는 자신감)인지는 애매하다. 대체로 근자감에 가까워 보이는데, 그 영화의 중요한 함의는 '자신감이란 바로 그런 것'임을 알려주는 것이었다.

그러니까 자신감이란 명확히 잘났다는 근거에서 나오는 것이 아니며, 근거가 모호한데도 존재하는 것이다. 우리는 흔히 자신감이 뛰어난 능력이나 성공했던 경험으로 인해 생기는 것이라고 생각한다. 그러나 그렇게 생겨난 자신감 같은 것은 지극히 당연하고 자연스러운 상태이다. 사실 그것은 자신감이라기보다는 능숙함이나 자기만족감에 가깝다. 뛰어난 실력을 가졌다면 오히려 겸손한 것이 더 좋아 보일 수 있다. 우리가 가지고 싶어 하는 순수한 자신감은 그런 것이 아니다. 우리는 자신감을 가짐으로써 잠재력을 극대화시키거나 남에게 좋게 보이는 '창조적' 효과를 바란다. 그래서 근자감 같은 것을 가질 필요가 있다. 자신감은 대체로 근자감이다.

Ø

하지만 단지 근자감을 가지라고 말하면 위험할 수 있다. 근자감에 약간 부정적인 감정이 생기는 이유는 우리가 쉽게 알 수 있듯이, 사회적인 부작용이 있기 때문이다. 그것은 '허세'와 유사한 점이 많은데, 허세는 주변사람들에게 안 좋게 보일 수 있다. 다만 허세는 경우에 따라 긍정적인 효과를 낳기도 한다. 허세와 자신감은 구분되지만 그 경계는 모호한 부분이 있다. 그래서 허세로 인해 자신감의 장점도 종종 누릴 수 있는 것이다.

허세와 근자감의 대표적 문제점은 오해를 일으킨다는 점이다. 타인의 입장에서는 과대 홍보, 과대 포장과 같다. 그리고 자기 자신으로서는 현실에 대한 냉철한 판단력이 떨어지고 착각에 빠질 수 있다. 즉 근자감은 종종 현실 인식을 떨어지게 만드는 부작용을 낳는다. 예를 들어 앞선 영화에서 르네의 생각이 현실과 일치하지는 않는다. 자신의 능력을 과대평가하게 되면 자만을 낳고, 오히려 실제 성공 확률을 낮출 수 있다.

자신감을 쉽게 가지기 어려운 주요 이유 중 하나는 그 부작용 때문이다. 자신감이 근거가 부족해도 마음먹기에 따라 가질 수 있는 것이라면 생각만 하면 가질 수 있을 텐데, 우리는 그 부작용으로 인해 어떠한 마음가짐이 '좋은 자신감'인지를 구분하기 어렵게 된다. 그리고 허세나 근자감의 부작용을 경험하고 자신감 같은 것을 함부로 가지면 안 된다는 학습을 하게 된다.

그러면 '자신감과 유사해 보이는 것들' 중에서 좋은 자신감이 아닌 것들을 제외시켜보자. 허세와 비슷한 것으로 '호언장담'이 있다. 이것도 허세처럼 마음만 먹으면 가질 수 있고 드러낼 수 있는 것이다. 하지만 부작용이 많고 우리가 원하는 진정한 자신감과는 달라 보인다. 허세든 호언장담이든, 때에 따라 (포장을 해서) 개인에게 유리한 효과로 작용할 수도 있는데, 우리가 자신감을 가지려는 이유는 주로 그러한 이유 때문이라기보다는 자신의 잠재력을 더 크게 발휘하거나 행동이 개선됨으로 인해 성공과 행복의 증대를 바라기 때문일 것이다.

'긍정적임'도 자신감과 같지 않다. 물론 긍정적 마음, 긍정심리학이 유익한 경우가 있고(주로 너무 부정적인 마음 고치기, 우울증 같은 상태에서 필요할 것이다), 자신감과 많은 부분에서 관련이 있지만, 지금 우리는 바랄만한 정확한 자신감의 개념을 찾아내기 위하여 부작용이 있거나 오해의 소지가 많은 것들을 제외시키고 있다. 과도하게 긍정적인 마음은 호언장담과 허세의 부작용을 낳는다. 더구나, 평소에 긍정적이고 희망적인 자세를 가지지만 자신감이 부족한 사람이 있다. 그래서 긍정적 마음과 자신감은 다르다.

'자아도취'도 자신감이 아니다. 그것은 자신을 그저 과도하게 사랑하는 나르시시즘이거나 자신의 상태, 자신이 이룬 성과를 스스로 매우 높이 평가하는 것이다. 그것은 부작용도 있고, 자신감도 다르다.

'자화자찬'도 자신감이 아니다. 이것은 타인들에게 자신의 상태와 업적을 과도하게 포장하고 미화하고 선전하려는 의도를 갖는다. 이것은 우리가 말하는 자신감이 아니며, 타인에게 부정적 감정을 불러일으키고, 종종 비도덕적이 될 수도 있다.

'우월감'도 물론 자신감이 아니다. 자기우월감은 자아도취나 자화자찬에 매우 가깝고, 선민의식이나 거만함의 부작용이 있다. 그것으로 좋은 자신감의 효과가 생기지는 않는다.

그러면 자신감은 대체 무엇인가? 이제까지 우리가 제외한 것들에서 보이는 특징은, 자신의 능력과 성과, 미래를 좋게 부풀린다는 것이다. 이렇게 근거 없이 부풀리는 것은 자신감이 아니다. 근거 없이 성공할 것이라고 믿는 것은 막연한 희망을 갖는 것일 뿐이다.

자신감은 남들이 부러워하거나 우러러볼만한 좋은 것을 과시하는 것이 아니다. 오히려 자신감은 '좋음', '좋은 게 좋다'에 대한 상식을 깬다. '좋지 않은 결과도 괜찮다', '성공하지 않아도 좋다'라고 생각해보자. 그것이 자신감이다. 실패에 대한 두려움의 반대가 자신감이다.

그러니까 근거 없이 성공할 것이라고 믿는 것이 자신감이 아니며, 허세나 자만심, 혹은 긍정주의일 뿐이다. 순수한 자신감은 성공과 실패에 연연하지 않는 것이다. 물론 성공을 바랄 수도 있다. 하지만 자신감은 그 '근거'를 과거든 미래에든 성공에 두지 않는다. 성공한 기억 때문에 생기는 것이 자신감이 아니며, 실패를 많이 했어도 생길 수 있는 것이 자신감이다. 그리고 미래에 성공할 것이기 때문에 생기는 것도 아니다.

만약 성공에 자신감의 근거를 두면, 실패를 한 만큼 그의 자신감은 상실될 것이다. 그런데 우리는 모두 어떤 부분에서는 성공하고 어떤 부분에서는 실패한다. 예를 들어 국어 시험은 잘 봤는데 영어 시험을 못 본 경우, 그리고 다른 분야는 잘되고 있지만 좋아하는 여자에게 차인 경우 등, 우리는 항상 일부의 영역에서 실패한다. 이렇게 성공/실패에 의존하는 감정은 자신감이 아니다. 이것이 자신감의 전부라면, 자신감의 창조적 효과란 없다. 특히 실패한 부분에 영향을 받아 자신의 자신감이 떨어지게 되고, 그로 인해 (자신감을 가졌다면 발휘했을) 잠재력을 발휘하기 어렵게 된다. 앞서 자신감이 일종의 근자감이라고 한 것은 결과적인 성공/실패에 근거를 두지 않기 때문이다.

일반적으로 자신감이 없는 사람은 의기소침하고, 자신의 행동에 제약을 많이 두고, 너무 신경을 쓰고, 사소한 것에 집착하고 전전긍긍하게 된다. 반면에 실패를 하든, 남에게 욕을 먹든 말든 과감하게 행동할 수 있는 상태는 자신감 있는 상태이다. 이것을 다른 표현으로 바꾸면, 자신감은 '겁이 없음'에 가깝다. 이것과 앞에서 말한 허세, 자아도취, 우월감, 긍정적인 자세 등의 차이에 대해서 알 수 있을 것이다. 허세나 자아도취에 빠진 경우 오히려 실패를 두려워할 확률이 크다. 성공에 집착함으로써 전전긍긍하며 신경을 너무 많이 쓸 수도 있다. 반면에 자신감은 겁이 없는 것이며, 그것은 실제 다양한 상황에서 '긴장하지 않음'으로도 나타난다. 자신감이 없으면 긴장을 많이 하게 되고, 그러면 대체로 좋은 퍼포먼스가 나오지 않는다.

물론 항상 모든 영역에서 겁이 없는 것이 좋은 건 아닐 수 있다. 고소공포증, 뱀 공포증, 귀신 공포증 등, 공포증은 분야에 따라 매우 다양하게 나타난다. 겁이 어느 정도 있는 것이 인간적이기도 하다. 그리고 긴장이 너무 없어도 일이 잘 안될 수 있다. 자신감을 어떤 분야에서 얼마만큼 가질 것인지는 자신의 선택일 뿐이다.

Ø

그러면, '자존감'은 무엇일까? 이 용어는 원래 한국과 동양에는 없었던 것이다. 동양에 오래전부터 있었던 '자신감'과는 다른 의미이다. 영어로는 'self-esteem'인데, 서양에서 오래전부터 흔하게 쓰이는 말이다. 이것을 번역해야하는데 기존에 뜻이 통하는 마땅한 말이 없어서 '자존감'이 새로 만들어졌다. 그래서 사실 자존감은 문화적 요인과 관련이 많다. 서양 문화에서 자존감을 강조하고, 동양에서는 별로 중요하지 않게 보기 때문에 특별히 인식을 하지 않았던 것이다. 그래서 동양 사람들이 서양 사람들에 비해 평균적으로 자존감이 낮다고 한다.

최근에 자존감 관련 서적이 베스트셀러에 오르는 등 우리나라에서도 자존감에 대한 관심이 많아진 것 같다. 어쩌면 자신감과 혼동하기 쉬운 측면도 작용했는지 모르지만, 자존감에는 장점이 있다. 다만 자존감이 많으면 많을수록 절대적으로 좋은 것은 아니다. 만약 그렇다면 동양에 그러한 개념이 없었을 리가 없다. 자존감은 너무 적으면 안 좋고, 있으면 좋지만, 너무 크면 부작용이 생긴다. 전통적인 동양 문화는 '겸손함', 즉 '자신을 낮춤'을 강조하는데, 이것은 자존감과 거리가 멀고, 오히려 자존감을 줄이는 작용을 할 가능성이 크다. 물론 겸손함에는 장점이 있다. 자존감이 커질수록 안 좋아지는 점 중에 하나는 겸손함이 줄어든다는 것이다. 그리고 '오만함'과 '자기중심성'이 커진다는 것이다. 물론 오만하다고 할 정도의 상태는 자존감이 과해서 생기는 부작용이다.

그러나 동양 문화는 그동안 자존감과 거리가 멀고 그것을 줄이는 쪽으로 나아갔고, 그 분야로 특화되어 있었으므로, 우리에게 부족한 자존감을 보충할 필요가 있을 것이다. 한쪽으로 치우치면 좋지 않다는 중용의 이치로도 그 필요성을 설명할 수도 있다. 사실 적당한 자존감은 국제화된 시대를 살아가려면 필요하기도 하다. 그러나 '자기중심성'이 너무 없어도 좋지 않다. 자신을 세상의 중심으로 삼는 태도는 많은 측면에서 좋을 수 있고, 어느 정도 필요하다. 그것이 꼭 부도덕할 정도로 이기적인 것도 아니다.

근대 이후 서양은 동양과 달리 자존감을 부추기는 교육을 실시해왔다. 예를 들어 "너는 특별하다", "너의 생각이 중요하다" 이런 가르침으로 자존감을 부추겨왔다. 그런데 재미있게도 서양의 일부에서는 이러한 경향을 비판하기도 한다. 유튜브의 "Why Self-Esteem Is Self-Defeating(왜 자존감은 자멸인가)"이라는 제목의 동영상에서, 미국의 칼럼니스트 맷 월시(Matt Walsh)는 마치 유니콘이 존재하지 않는 것처럼 자존감은 존재하지 않는 환상이라고 말한다. 그리고 근거 없는 나르시시즘에 불과하다고 말한다. 그렇다면 자존감 개념이 존재하지 않았던 동양이 옳았던 것으로 볼 수 있을까? 그러나 맷 월시도 자신이 자존감이 낮은 사람이 아니라고 서두에 말하는 걸로 봐서, 자존감이 적은 게 좋다는 말을 하는 것은 아니고, 자존감을 강조하는(클수록 좋다는) 사회적 경향을 비판한 것이었다.

자존감은 앞에서 살펴본 것처럼 자신을 높이는 것이고, 자신을 세상의 중심이라고 생각하는 마음 상태이다. 이것이 커지면 점차 나르시시즘과 '자뻑' 경향이 나타난다. 이것이 과할 때의 부작용은 굳이 자세히 설명하지 않아도 될 테지만, 냉정하게 바라본 대표적 문제점은 현실성이 떨어지게 되고, 자신에 대한 오해를 할 수 있다는 것이다. 반면에 장점은 자신에 집중하고, 특히 자신의 내면에 집중함으로써, 굳센 의지와 끈기, 회복력을 가질 수 있다는 점이다. 대체로 자신에 대한 사랑을 동반하거나 그와 비례하는데, 그것은 자신을 돌보는데 장점이 있다.

자존감은 자신감에 비해서 자아도취, 우월감과 관련이 많다. 그리고 '자존심'과도 관련이 많다. 굳이 따지면 자존감은 자기 위주의 자존심이다. 자존감이 높은 사람은 자신이 세상의 주인공이라고 생각하고, 자신의 느낌과 생각을 중요하게 여기고, 자신의 관점에 집중한다. 더 나아가 자신이 세상에서 가장 귀한 존재라고 생각한다. 이것은 겁이 없고 실패를 두려워하지 않는 개념인 '자신감'과는 약간 다르다.

Ø

자존감이 큰 사람은 덜 불행하고 덜 상처를 받을까? 자존감의 대표적 장점은 실패나 상처를 겪었을 때 회복력에 도움이 된다는 점이다. 그런데 실패와 상처의 아픔은 회복되기 전에 발생하는 일이다. 나중에는 괜찮아지더라도 그 상처를 겪을 당시의 고통은 클 수 있다. 즉 자존감을 병에 대한 치료제에 비유하면, 병에 걸렸을 당시의 고통의 크기나 그 불행의 발생 빈도는 치료제와 무관하다. 치료제로서의 자존감이 따로 있을 수 있고, 어쩌면 고통을 예방하고 미리 감소시키는 '백신'과도 같은 자존감이 따로 있는지도 모른다. 그것이 우리가 더욱 바라는 형태일 수 있다.

어떤 자존감이 자아도취나 우월감, 미래의 자신에 대한 막연한 긍정과 같을 때, 만약 실패를 한다면 그 실망감과 배신감은 오히려 더 클수 있다. 왜냐하면 당신이 생각한 스스로의 높은 모습과 현실과의 불일치, 그 괴리를 겪게 되었을 때 충격이 그만큼 커지기 때문이다. 기대가 크면 실망도 큰 법이다. 그리고 자신감에 비해서 자존감이 실제 실패의 빈도를 줄어들게 만드는 효과도 적다.

오히려 더 큰 실망과 더 큰 고통을 불러일으키고 나중에 치유해주는 자존감이 아니라, 백신처럼 처음부터 고통을 적게 겪도록 만드는 자존감이 있다면 더욱 좋을 것이다. 그러한 자존감은 실패의 고통에 대한 두려움이 적기 때문에, 불안감도 줄어들고, 더 자유롭게 활동할 수 있게 만든다. '불안'은 현대인의 다양한 정신질환의 가장 큰 원인 중 하나이다. 불안은 그 자체가 고통이기도 하다. 치료제와 같은 자존감이 있더라도 불안은 있고 어쩌면 클 수도 있다. 하지만 백신과 같은 자존감이 있다면 불안이 적다.

자아도취와 우월감 같은 '나르시시스트의 자존감'을 가진 사람은 불안을 가지는 경우가 많다. 그는 자신이 우월하고 사랑받을 만하다고 믿는 자신의 그 생각까지도 사랑하므로, 그 생각을 좀처럼 바꾸려 하지 않고 믿음은 고착화된다. 그리고 그 믿음이 깨질까봐 불안해진다. 그가 실패를 하거나 현실을 깨닫고 고통을 받을 때 어쩌면 그 자존감으로 인해 곧 회복될 수 있을지 모른다. 하지만 회복되기 이전의 충격과 고통은 클 것이며, 그는 그러한 고통을 겪을까봐 매일 불안을 안고 살게 된다.

불행과 불안을 줄이고 자신을 자유롭게 만드는, 백신과도 같은 자존감은 자신감과 결합된 형태일 것이다. 앞에서 진정한 자신감은 실패를 두려워하지 않고 겁이 없는 것이라고 설명했었다. 자존감은 '주체성'의 크기와 비례한다. 주체성은 타인의 말에 휘둘리지 않고, 주관이 뚜렷하고, 오직 나의 판단에 따라 행동하는 것이다. 그런데 주체성을 가지고 있다고 하는 사람, 즉 자존감이 있다고 하는 사람도 두 부류로 나뉠 수 있다. 하나는 '나는 항상 올바른 것을 해야만 한다'라는 강박이 있는 부류와, 다른 하나는 '나는 올바른 것을 하지 않아도 괜찮다'라고 생각하는 부류다. 둘 다 주체적일 수 있다. 그러나 전자는 불안하고 자신감이 없을 수 있지만, 후자는 불안하지 않고 자유로우며 자신감이 있다. 즉 전자는 어떤 높은 기준을 설정하고 자신이 그러해야 한다고 생각하는 것이고, 후자는 자신감과 결합된 자존감이다.

겁이 없고 '어떻게 되어도 괜찮다'라고 방식의 자신감은 개인적 성공/실패의 차원일수도 있고 어쩌면 도덕적 올바름/잘못의 차원일수도 있다. 결론적으로 말하면, 어떠해도 상관없다는 것이 진정한 자신감이다. 이런 생각을 가지지 않고, '나는 항상 올바르고 흠결 없고 합리적인 생각과 행동만 해야 한다'라는 집착적 태도에서 어떻게 자신감을 가질 수 있을까? 나는 그런 경우를 상상도 할 수 없다. 그런 태도를 가진 경우에는 경직되고 불안하며 자신을 가두고 옭죄는 행동만 하게 될 것이다.

Ø

어떤 사회적이거나 절대적인 기준에 자신을 맞추는 것이 정녕 '주체적'인 것일까? 주체성은 근대 이후 서양에서 특히 발달했다. 앞에서 설명한 것처럼, 서양에서 자존감을 부추기고 중요하게 여겨왔는데 그것은 주체성의 장점과 관련이 크다. 서양철학은 '주체적 관점'을 중요하게 여겨왔다. 그것은 곧 '자신의 관점'이다. 그것이 서양 학문과 과학의 발전에도 도움이 되었다. 서양은 주체성을 중시하는 철학을 계속 발달시켜왔는데, 현대에 그 정점에서 나타난 철학이 '실존주의'다. 실존주의는 주체성이 더욱 강화되어 사회적 도덕과 진리, 합리성의 기준까지도 무시할 수 있다. 실존주의의 사례에서 알 수 있듯이, 진정한 주체성과 자존감은 어떠한 객관적이거나 사회적인 평가기준을 뛰어넘거나 무시할 수 있어야 한다. 물론 그것이 싫다면 주체성과 자존감을 적절한 수준으로 조절해야 한다, 자신의 선택이다(그래서 꼭 자존감이 높을수록 좋다고 할 수는 없다).

생각해보자. 자신이 알고 있는 사회적 기준이라는 것은 정확한가? 예를 들어 '이 장소에서 이러한 행동을 하는 것은 큰 실례가 된다'라는 말이 전제로 삼고 있는 기준은 정확한가? 대강 통용되는 기준은 있겠지만, 문제는 그 대강의 기준이 항상, 모든 상황에서 옳다고 생각하는 태도이다. 어떤 기준에 자신을 맞추려고 하는 사람은 자신이 현실에서 그 기준에 대해 정확히 알고 있다고 가정하는 사람이다. 그런데 그것은 오만일 수 있다. '나는 잘 알고 있다'라는 편협한 마음을 가진 사람이다. 오히려 겸손하지 못한 사람이다. 그런 점에서, 잘못된(틀린) 것도 할 수 있는 사람이 오히려 겸손한 사람이 될 수 있다. 나르시시즘의 자신감과 자존감이 아니라면, 자신감과 자존감을 지닌 사람도 겸손할 수 있다. 그들은 자신이 틀릴 수 있다는 열린 마음을 가지고 있다. 그렇다고 해서 자신의 생각과 행동을 가두지는 않는다. 틀릴 수 있다고 생각하더라도 그것을 안 하는 것이 아니라, 하는 용기가 진정한 자신감이다.

자신감(그리고 자신감과 결합된 자존감)은 아이 같은 것으로 볼 수도 있다. 아이는 종종 주변 사람들에게 피해를 끼친다. 어느 날 고길동의 집에 들어와 같이 살게 된 아기공룡 둘리는 아이 같은 마음을 가지고 있다. 어린이들은 그 만화를 보면서 항상 둘리를 야단치는 고길동을 나쁘게 보지만, 나이가 들어가면 고길동의 편이 되고 둘리를 나쁘게 본다고 한다. 둘리가 얹혀사는 주제에 집을 엉망으로 만들고 자고 있는 고길동의 뒷머리를 밀어버리는 등 각종 민폐를 끼치기 때문이다. 둘리보다 〈크레용 신짱〉이 더 익숙한 사람이라면, 짱구의 예를 봐도 좋다. 아무 거리낌 없이 어른들을 당황하게 만드는 행동을 하고, 우연히 고깃집에서 짱구와 짱구엄마는 친구의 엄마와 합석을 하고 같은 불판을 쓰게 되었는데 친구 엄마가 주문한 최고급 고기를 다 먹어버린다. 친구의 엄마는 차마 그것이 자기 것이라고 말을 못하고 화장실에서 토끼인형을 때리면서 분을 삭인다.

자신감을 가지려면 둘리와 짱구 같은 태도를 갖자. 물론 그와 똑같이 명백한 민폐를 끼치라는 말이 아니다. 둘리와 짱구의 어린이 같은 태도에는 자신감이 있다. 그 자신감이란 '아는 것만 하는 것이 아니라 몰라도 하는 것'이다. 더구나 지금의 인류는 과거 사람들에 비해 올바른 지식을 훨씬 많이 알고 있다. 예를 들어 우리는 지구와 생태계, 진화론, 세균, 전기 등에 대해 잘 알려진 세상에서 살고 있다. 그것을 모르고 마음대로 해도 그 알려진 과학이 마음대로 뒤집히지는 않는다. 사회에 큰 영향을 주지 않는다는 뜻이다. 일부러 틀린 것, 잘못된 것을 하라는 것이 아니라, 잘 모르더라도 잘못될 수 있고 틀릴 수 있는 것을 할 수 있어야 한다. 그것이 자신감이다.

중요한 사실은, 잘 모르면서도 잘 안다고 생각하라는 말이 결코 아니다. 어린아이처럼 모르는 상태에서도 가질 수 있는 것이 자신감이지

48

만, 앎(지식)에 근거 없는 자신감을 가지면 나쁜 일이 생길 가능성이 크다. 예를 들어 "무식한 사람이 신념을 가지면 무섭다"라는 말이 있는데, 이는 모르면서 안다고 생각하는 사람이다. '신념'은 위험할 수 있고, 신념을 가지려면 잘 알아봐야 한다. 자신감은 신념에 의한 행동이 아니다. 신념에 의한 자신감 있어 보이는 행동은 자유로운 것이 아니라 그 신념에 의지한 것이다. 그는 그 신념을 바꾸지 않으려고 애쓰고, 결국 틀린 것으로 드러나면 큰 충격을 받는다. 그래서 불안하기도 하다.

자신감은 '실수나 실패할지 몰라도 할 수 있는 용기'이다. 그래서 새로운 것이나 예측하지 못한 것을 두려워하지 않는다. 익숙하고 잘하는 것에 대한 자신감은 굳이 자신감이라고 부를 필요도 없다. 그것은 자부심이나 자만심과도 같다. 진정한 자신감이란 새로운 환경, 자신에게 익숙하지 않은 것, 새로운 분야에 자신 있게 도전하게 만드는 힘이다. 즉 자신의 지평을 넓혀주는 것이다. 자기애나 신념에 얽매인 행동은 그것을 만들어주지 않는다. 오히려 자신을 가둘 수 있기 때문이다.

대학을 졸업할 때까지 나는 주로 서양철학을 좋아했다. 그 이유를 지금 생각해 보면 서양철학이 논리적이고 이성적이어서 그럴듯해 보였고 납득이 잘 되었기 때문이었다. 그리고 근대 이후에 동양을 압도한 문명을 일으킨 서양의 지혜는 장점이 크다고 생각했었다. 게다가 실용적 발전을 이룩하지 못한 동양철학, 특히 조선시대를 지배했던 유교의 폐단에 대한 반감도 있었다. 다만 호기심과 함께 철학 전공에 대한 의무감으로 동양 철학을 배우기는 했다. 수업을 듣고 나서 처음보다 반감이 줄어들었지만 여전히 그 필요성을 느끼지는 못했다. 오히려 그보다 한참 뒤, 과학과 사회, 현실에 대해 많은 것을 알게 되면서 동양철학의 깊은 곳에 실제로 중요한 것들이 있음을 깨닫게 되었다.

동양(동아시아)철학은 유불선, 즉 유가, 도가, 불가가 대표적이다. 각각 '교'가 붙어서 종교와 비슷한 형태로 바뀌거나 그렇게 보기도 하는데, 종교와 대립적인 철학을 추구하는 서양철학을 종교에 빗대면 그들은 화를 낼 테지만, 동양철학은 약간 신비적인 측면도 개입될 수 있고 궁극적으로 학문과 종교의 통합까지 추구하므로 별로 화를 안내는 것으로 보인다. 그런데 정말로 종교라 해도 되는 불가(불교)를 제외한 유가와 도가는 전형적인 종교와는 거리가 멀다. 왜냐하면 전형적인 종교는 현세보다 내세(사후세계나 다음 생애)를 중요하게 여기는 경향이 있는데, 유가와 도가는 내세에 관심이 없고 현세를 매우 중요하게 여기기 때문이다. 공자는 사후세계에 대해 생각할 필요도 없다고 말했고, 노자와 장자도 현세에서 잘 사는 법에 대해 말했다.

동양 사람들은 종교도 현세의 복을 위해 믿는 경향이 많다. 그것을 '기복신앙'이라고 하는데 유교에서 조상을 숭배하는 것, 도교의 양생술과 도교 사원은 자신과 가족, 후손들의 현세적 이익을 기원한다. 불교도 (소승불교가 아닌) 대승불교가 널리 퍼진 이유는 대체로 부처님이나 보살이 많은 사람들의 현세적 이익(복)을 줄 수 있다고 믿고, 대개 자신의 복을 빌기 위해 절에 가기 때문이다.

중국에는 도교 사원이 많지만 우리나라는 도교 사원이 거의 없고 대체로 불교 사원만 있다고 할 수 있는데, 그래도 중국 뿐 아니라 한국인의 정서에도 도교의 정서가 들어있다. 왜냐하면 도교(도가)는 사실 동양 문화와 사고방식의 정수이기 때문이다. 그래서 우리가 동양 사람이라면 도교 문화를 가지고 있다고 할 수 있다. 도가철학은 서양 문화, 서양적 사고방식과 대비되는 '동양적인 것'을 가장 특징적으로 발전시켜 담고 있는 철학이다. 왜 도가가 유가에 비해 더욱 동양적인가라고 하면, 유가가 도가보다 '이성'을 중시하기 때문이다(서양철학 관점에서는 이성으로 안보이겠지만). 도가는 보다 모호하고 신비적인 면이 크다.

조선시대의 영향으로 흔히 우리는 유교가 가장 큰 영향력이 있었다고 생각하지만, 유교는 사회적 법률과 윤리학을 담당하고, 도가는 보다 저변에서 자연의 이치에 대한 이해와 그것을 활용한 개인의 처세에 치우쳐져 있다. 특히 그 이론서는 삶의 '비법'과도 같다. 노자의 책은 매우 짧은데, 마치 암호화 된 듯 넓고 깊은 의미를 담고 있다. 그 의미를 잘 이해하면 삶에서 성공하고 행복해지는 비법을 얻을 수 있다.

도가철학은 노자의 사상이 대표적이고 그의 책《도덕경》에 도가의 핵심이 모두 들어있는데, 그 밖에 장자도 유명하고, 더 추가하자면 양주라는 사상가도 존재한다. 도가사상은 앞서 말했듯이 이성적으로 설명하기 어렵고 신비적인 요소가 많다고 알려져 있는데, 그렇다고 해서 정말로 신비주의를 추구하거나 미신적인 것은 아니다. 그렇게 보이는 이유는 도가 철학이 이성적인 논리로 과정을 설명하는 것이 아니라, 직관과 통찰에 의해 깨달은 자연의 이치를 함축적으로 설명하고 있어서 이해하기 어려울 뿐이다. 그런데 현대 철학과 과학의 관점에서 보면, 매우 현명한 이야기를 하고 있다. 도가철학은 현실적이지 않다거나 자연 속에서 조용히 사는 삶을 추구한다는 오해가 많다. 사실 도가는 현실에서 성공하는 방법, 이기는 방법을 알려주는 철학이다. 즉 굉장히 현실적이다. 근대 서양에서 발달한 이성적인 사고로 가질 수 없었던 좋은 지혜를 어떻게 도가철학이 마련해주는지를 살펴보자.

Ø

우리는 무엇을 가장 바랄까? 돈을 많이 벌거나, 원하는 이성을 사귀거나 등 구체적인 예들은 너무나 많고 다양하다. 그러한 욕망들을 좀 더 추상화시켜서, 다양한 소망들을 한 번에 요약해서 말할 수 있는 공통적인 욕망이 무엇인지 생각해보자. 예를 들어서 어떠한 소원이든 다 들어주는 마법의 요술 램프 같은 것이 있다면 정말 좋을 것이다. 그 램프는 무한정 사용할 수 있는데, 자신이 의도하고 바라는 대로 그대로 현실에서 이루어지게 만든다. 그것을 다른 말로 대체하면, '내 뜻대로 이루어짐'을 원하는 것이라 할 수 있다. 우리는 대체로 내 뜻대로 이루어지는 것을 원한다.

물론 마법의 요술램프는 판타지 속 이야기이고, 우리는 꿈과 욕망이 매우 많지만 현실적으로 그 중에 매우 일부만 이룰 수 있고, 더 많은 것을 이루려고 힘든 노력을 한다. 어떻게 하면 내가 원하는 것을 이룰 수 있을까가 삶에서 가장 중요한 문제일 것이다. 도가철학은 이 문제를 푸는 데 도움을 준다. 그렇기 때문에 도가철학은 매우 현실적인 철학이고 놀라운 비법이라고 할 수 있다.

도가철학이 주는 놀라운 지혜란, '이루려 하면 오히려 이룰 수 없다'는 것이다. 그러므로 이루고 싶다면 이루려는 마음을 버리는 게 좋다는 것이다. 이 말은 이해하기가 어려울 것이다. 그리고 모순적으로 보이기도 한다. 어떤 것을 이루는 것이 좋은데, 왜 그 마음을 버렸을 때 이루어지는가? 바라지 않을 때 바라는 것이 이루어진다는 것은 말이 안 돼 보인다. 그런데 이에 대해 이해가 되지 않는 것은 이것을 단순한 언어 논리로 생각하기 때문이다. 도가철학은 언어 논리를 중요하게 보지 않는다. 우리는 세상과 정확히 일치하지 않는 언어 논리로 세상을 판단해서 억측과 오해를 자주 한다.

도가철학은 이런 식으로 애매모호한 설명을 하기 때문에 언어 논리로 이해하게 되는 우리로서는 해석하기가 어렵다. 그러면, 최대한 언어 논리로 이해할 수 있게 설명해보겠다.

'이루다'의 두 가지 경우가 있다. 하나는 '의도한 대로' 그대로 이루어지는 것이고, 다른 하나는 결과적으로 좋게 이루어지는 것이다. 이 두 가지는 대체로 우리가 모두 바라는 것이라 할 수 있다. 그런데 이 두 가지를 구분할 수 있다면, 도가철학의 논리를 이해할 수 있다.

'뜻한(의도한) 대로 그대로 이루어지기'를 한 마디로 요약하면, '통제력'(control)이다. 우리가 앞에서 보았듯이 내 뜻대로 세상이 이루어지는 것이 바로 통제력이다. 그래서 우리는 세상에 대한 자신의 통제력을 높이는 것을 마치 마법의 램프를 가지는 것처럼 삶에서 가장 중요한 일로 생각할 수 있다. 특정 이성과 사귀고 싶다는 마음은 내 뜻이고, 그대로 실현되기를 바란다. 돈을 버는 것도, 좋은 대학에 합격하는 것도 그렇다. 내 뜻대로만 세상이 이루어진다면 완벽한 삶을 살 수 있을 것 같다.

과연 그럴까? 만약 정말로 내 뜻대로 모든 것이 이루어지는 마법의 램프 같은 것을 갖는다면, 완벽할지도 모른다. 하지만 실제 세계는 그렇지 않다. 실제 세계는 마법의 램프가 없고, 오히려 통제력을 바라고 통제력을 높이려고 하면, 설령 통제력이 증가하더라도 성공적인 결과나 성공적인 이룸이 발생하지 않는 경우가 많다. 도가철학은 그러한 실제 세계의 이치를 말하고 있다. 다시 말해, 실제 세계에서는 통제력의 향상이 결과적 이룸과 일치하거나 비례하지 않는데, 도가철학은 그것을 말하고 있다.

도가철학의 핵심 사상을 한마디로 요약하면 '무위자연(無爲自然)'이다. 인위적으로 뭔가를 하려 하지 말고, 자연 상태로 놔두라는 것이다.

여기서 자연은 무위하면 되는 것이므로, 중요한 것은 '무위'다. 인위적이지 않음이란 사람의 손길이 미치지 않는 것이거나 과학기술이 개입되지 않는 것을 말하는 것이 아니다. 자연을 개발하지 말고 천연 밀림 상태로 놔두고 숲속에서 원시인처럼 살라는 말이 아니다. 발달된 도시에서도 무위자연을 실천하면서 살 수 있다. 무위는 '통제하지 말라'는 뜻이다. 그럴 때 오히려 잘 살 수 있게 된다고 도가는 가르친다.

"이루려(얻으려)하면 이룰 수(얻을 수) 없다"와 비슷한 말은 《도덕경》 48장에서 찾아볼 수 있다. "무위로써 이루지 못할 것은 없다(無爲而無不爲 무위이무불위)"라고 쓰여 있는데, 유위로 하는 것보다 무위로 하는 것이 오히려 더 잘 이룰 수 있다는 뜻이다. 여기서 '위'라는 것은 인위적이라는 뜻이기도 하고 이루려 한다는 뜻이기도 하다. 즉 이것은 바로 그 뜻이다.

Ø

통제와 통제력의 증가가 왜 이룸의 증가와 다른지에 대해 살펴보자. 참고로 내가 이것을 깨닫게 된 계기는 도가철학을 공부해서라기보다는 심리학과 인지과학을 공부했기 때문이다. 도가철학은 자연의 이치를 설명하는데 왜 심리학이 등장하는가라는 의문을 가질 수도 있는데, 심리학이 중요한 역할을 할 수밖에 없다. 왜냐하면 이루려 하는 마음을 갖는 것과 그런 욕망 상태는 심리이기 때문이다.

앞에서 우리는 통제력을 높이기를 바란다는 말을 했었는데, 정말로 그럴까를 따져볼 필요가 있다. 결론은 서양적 사고방식에 치우치면 그러겠지만, 동양적 사고방식을 가진 사람에게는 그것이 중요하지 않다는 것이다. 그리고 실제로 동양이든 서양이든 통제력을 강하게 바라지 않는 사람들도 많다(서양인이라고 모두 서양적 사고에 치우친 건 아니고 그 역관계도 마찬가지다). 심리학 연구로도 밝혀졌다. 통제력을 강하게 바라지 않는 사람들이 성공과 행복을 강하게 바라지 않는 것은 아니다. 성공과 행복을 강하게 바라면서도 통제력과 무관할 수 있다는 것이다. 왜냐하면 통제력이 그것과 무관할 수 있기 때문이다.

통제력을 강하게 바라는 사고가 왜 서양적 사고인지 살펴보자. 저명한 철학자 버트런드 러셀(Bertrand Russell)은 《서양의 지혜》에서 이렇게 쓰고 있다. "살아남는다고 하는 문제는, 첫째로 인간이 자연의 힘을 자기 자신의 의지에 따르도록 해야 한다는 것을 의미한다." 즉 자연을 통제하는 것이 생존에도 필수적이고, 인생에서 가장 중요하다는 것이다. 그러나 동양에서 잘 사는 법은 자연을 통제하는 것이 아니고, 자연과 조화를 이루면서 상생하는 것이다. 그로 인해 단지 결과적인 이익을 추구하는 것이다. 반면에 통제력은 일방적으로 자신의 의지대로만 이루려는 것이다. 앞에서 서양 문화가 '자존감'을 부추기는 경향이 있음을 설명했는데, 그것은 자신의 생각이 옳다고 믿는 것이고, 통제력을 중요하게 여기는 것과 일맥상통한다.

우리가 바라는 결과적 성공, 행복은 자신이 통제하지 않아도 남들이 도와줌으로써 이룰 수도 있다. 즉 저절로 이루어질 수도 있다. 그게 더 이익인 경우도 많고, 실제 성공에서 그러한 작용이 많이 발생한다. 행동경제학을 창시한 공로로 노벨경제학상을 수상한 심리학자 대니얼 카너먼(Daniel Kahneman)은 성공을 하는 데에는 운의 도움이 매우 중요하다고 말한다. 심심풀이 같은 말이 아니라, 연구의 결과로 《생각에 관한 생각》(Thinking, Fast and Slow)에 쓴 말이다. 여기서 운이란 도박이 아니라 자신이 인지하지 못하거나 통제하지 못한 곳에서 발생하는 것을 뜻한다. 대니얼 카너먼은 비로소 동양의 지혜에 접근한 것 같다.

통제력은 결과적 이익과 다르다. 통제력은 자신의 의지대로 이루는 것인데, 그 전제는 '자신의 의지'가 올바르고 가장 합리적이라는 전제를 해야 한다. 과연 그것이 사실인가? 그것을 어떻게 보장할 수 있는가? 자신의 의지대로 되어도 나중에 후회하는 경우는 많다.

자신의 뜻대로 어떤 일이 이루어졌을 때에도 그것이 정말로 좋은 것인지는 확실치 않다. 예를 들어 내가 학교에서 싸움짱이 되기를 간절히 원하고 노력해서 싸움짱이 되었다고 해보자. 그것이 정말로 좋은 걸까? 싸움짱보다 다른 일을 하는 게 더 나을지도 모른다. 내가 롤렉스 시계를 너무 사고 싶어서 결국 큰 돈을 주고 구입했다면, 그게 최선일까? 좋을 수도 있지만 최선은 아닐 수 있다. 우리는 뜻대로 한 일, 뜻대로 이루어진 일이 나중에 되돌아보면 괜히 한 일이 될 수도 있고 종종 그 일을 한 것을 후회하기도 한다. 그리고 새옹지마처럼 그 일이 전혀 예상치 못한 결론으로 이어질 수도 있다. 자신의 의지나 판단이 완벽하지 않기 때문이다.

그렇기 때문에 통제를 하기 위해서는 올바른 의지를 먼저 마련해야 한다. 그것은 '올바른 계획세우기'와도 같다. 그것만 해도 노력과 비용이 드는 일이다. 통제력을 그다지 바라지 않는 사람들은 올바른 계획세우기 같은 노력과 비용을 줄이면서 환경(타인, 자연 등)의 도움으로 더 손쉽게 이득을 취한다. 사실 자신의 통제와 무관한 환경의 도움은 모든 일에서 중요하다.

의식적이든 무의식적이든 나의 의지가 나를 올바른 방향으로 이

끄는지를 알기는 매우 어렵다. 완벽하게 알기는 불가능하다. 자신의 인생이 배이고 의지가 항해사라고 해보자. 그 항해사가 배의 항로를 가장 잘 알고 있다고 어떻게 보장할 수 있겠는가? 그 배가 가장 성공적이기 위해서 그 항해사의 뜻대로만 항상 이루어져야 한다고 할 수는 없다.

우리는 어떤 것을 얻으려 하는 마음, 의지, 욕구를 의심해봐야 한다. 이는 동양철학(유.불.선)의 공통적인 경향이다. 대체로 서양철학은 타인의 말을 의심하고 동양철학은 자신의 마음을 의심한다. 둘 다 필요한 점이 있다. 그런데 '서양적' 관점을 고집하면, 자신의 뜻대로 이루는 것이 최고라고 생각하고, '통제력'과 '이룸 또는 성공'을 구분하지 못하고 하나라고 생각한다. 그리고 앞의 것만 바라기도 한다. 그러면 오히려 결과적 성공에 방해가 될 수 있다.

그렇다고 물론 통제력을 모두 버릴 수는 없다. 어떤 의지는 불필요해도, 어떤 의지는 꼭 이루고 싶은 꿈일 수 있다. 그 꿈이 자신의 결과적 이득과 충돌하지 않는다면, 당연한 말이지만 꿈은 이루는 것이 좋다. 그런데 그 꿈을 이루는 데에도 통제력이 방해가 될 수 있고, '무위'가 도움이 된다는 것을 도가는 가르친다. 그 꿈을 이루는 것이 '넓은 의미의 결과론인 통제력'이라면, 자신의 세세한 의지에 따르는 통제력은 방해가 된다. 즉 이루려 하면 이룰 수 없게 된다.

그 원리에 대해 좀 더 구체적으로 따져보자. 그 넓은 의미의 통제력(꿈을 이룸)을 성공시키기 위해서는 과정에서 그것을 이루기 위한 '올바른 절차'를 따라야 하는데, 의지의 세세한 통제력은 앞에서 말했듯이 그 과정을 가장 잘 만든다고 볼 수 없다. 더구나 그 과정에서 환경의 도움도 필요하다.

꿈꾸는 결과를 이루기 위해서는 '최적의' 절차가 필요하다. 그 최적의 절차란 의식적 통제와 같은 자신이 알 수 있는 절차만으로 되는 것이 아니라, 환경 등 모든 조건을 이용하는 일이 필요하다. 그것을 이용하는 과정에서 자신의 의지와 통제력은 고집과 집착을 버리고 '유연하게' 작동해야 한다. 그것이 무위이고, 무위로써 더 잘 이룰 수 있는 것이다.

노자는 부드러움과 유연함을 강조했고, '물과 같아질 것'을 강조했다(上善若水 상선약수). 그것이 강함을 이기고, 더 좋은 결과를 만든다. 왜냐하면 그것이 더 최적에 가까운 과정을 만들기 때문이다. 과정의 실용성, 실용주의도 그 예이다. 실용주의는 쓸데없는 과정의 엄격한 절차에 집착하지 않는다. 그것이 더 좋은 결과를 낳는다는 건 기업과 산업 현장에서도 볼 수 있다. 그리고 그 과정에서 창의적 아이디어도 나타난다. 비효율적인 관료체계를 팀 단위로 바꾸거나 의견 소통이 잘되도록 격식을 줄이고 고정적인 연공서열제도를 없애는 움직임도 그 예이다. 어떤 이념을 위해서 그렇게 하는 것이 아니라, 결과가 좋게 나오기 때문에 그렇게 하는 것이다.

무위의 장점은 일상적인 일이나 작은 일에서도 찾아 볼 수 있다. 운동을 할 때, 말을 할 때, 노래를 부를 때도 잘하려고 애쓰는 마음에 자신이 무엇을 하는지, 어떻게 할지를 하나하나 의식하면서 하면 더 못하게 된다. 의식을 줄이고, 여유롭고 유연한 마음가짐과 몸 상태를 가졌을 때 그것을 더 잘하게 된다. 그것이 최적의 절차에 가깝기 때문이다.

상대방과의 대결 상황에서도 무위를 써보라. 무위는 '법칙이 없음'을 의미하기도 한다. 법칙은 어떤 패턴이 있는 것이고, 패턴을 노출시키는 것이다. 상대에게 패턴을 읽히면 지게 된다(가위바위보만 생각해봐도 된다). 이기기 위해서는 자신의 패턴을 줄이고 타인의 패턴을 읽어야 한다. 이렇게 무위가 더 많은 성공을 낳는다는 것은 자연의 이치다.

Ø

《도덕경》에서 내가 가장 좋아하는 장을 소개하고자 한다. 다른 곳에도 중요한 말들이 많이 쓰여 있지만, 나는 제48장이 그 책과 도가철학의 핵심이 가장 많이 담겨있는 부분이라고 생각한다. 그러면서 짧다는 점이 장점이다. 전문은 아래와 같다.

爲學日益, 爲道日損. (위학일익, 위도일손)

損之又損, 以至於無爲. (손지우손, 이지어무위)

無爲而無不爲. (무위이무불위)

取天下, 常以無事. (취천하, 상이무사)

及其有事, 不足以取天下. (급기유사, 부족이취천하)

첫째 줄은 다음과 같이 해석된다. "학업(배움)을 위하면 날마다 더 해지고, 도를 위하면 날마다 덜어진다" 이 구절로 인해, '도'는 학업이나 배움과는 다른 성격의 것이라는 점을 알 수 있다. '도'는 물론 도가철학의 핵심이자 비법을 담고 있는 것인데, 그 특징을 말하고 있다. 둘째 줄은 "덜고 또 덜어내면 무위에 이른다"는 뜻이다. 그래서 도가철학의 도는 어떤 '무에' 이르는 것, 무위를 뜻한다. 어떤 것을 계속 덜어내니까 당연하게도 무에 가까워지는 것이다.

그런데 얼핏 이 구절은 공부나 학습을 하지 말라는 뜻처럼 보이기도 해서 위험해보이기도 한다. 학습을 나쁘게 본다면, 실제로 자기계발의 기회를 놓칠 수 있고, 이 말은 부작용이 너무 커 보인다. 하지만 잘 따져보고 다른 장들에 쓰여진 말까지 종합해서 보면 이 구절은 꼭 그런 뜻이 아니다. 여기서 나타나 있는 것은 단지 학습과 다른 도의 특징을 말했을 뿐이다. 그리고 여기서 '학'이 모든 학습과 배움 전체를 뜻한다고 볼 필요도 없다. 다만 우리가 흔히 하게 되는 공부의 방식, 주로 암기와 언어논리적 사고에 가까울 것이다.

그리고 중요한 점은, 비교를 했을 뿐 늘려가는 학의 방식이 완전히 틀렸다거나 없애야한다고 말하지 않았다는 점이다. 늘려가는 방식이 '유(有)'이고, 덜어내는 방식이 '무(無)'라고 했을 때, 노자는 유가 전부 틀리고 무만이 옳다고 했을까? 그렇지 않다. 노자는 '유무상생(有無相生)'을 강조했다(도덕경 제2장 참조). 유와 무는 하나만 살아남는 것이 아니고, 서로를 보완하면서 공존하고, 그럴 때 완벽해진다. 태극 문양에서 음과 양의 관계를 생각하면 된다. 다만 도가철학의 도와 무위가 '무'의 지혜를 강조하고 그것이 핵심적 특징이라 할 수는 있어도, 유가 모두 틀리다는 이론이 아니다. 다만 우리가 대체로 유를 더 많이 떠올리고, 앞에서 말한 것처럼 의식으로 통제하려는 경향이 강하기 때문에 그에 대한 주의를 주는 측면에서, 그리고 도가의 특징적 장점이므로 무를 강조할 뿐이다. 그래서 유무상생의 원리에 따라 '학'도 필요하다고 할 수 있다. 무위와 무의 방식은 공부와 이성의 방식이 아닌 지혜이다. 이렇게 유와 무를 함께 습득할 때, 호연지기가 되고 전인격적 계발이 된다.

'유'와 '무'가 논리적으로 모순이 된다고 해서 둘 중 하나만 선택할 필요가 없다. 둘 중에 하나만 옳다는 생각은 이미 언어 논리에 빠진 편견이다. 서양 철학의 중요한 선구자인 파르메니데스는 논리적으로만 따져서 "있는 것은 있고, 없는 것은 없다. 그러므로 세상은 있는 것만 있고 새로운 것이란 존재하지 않는다"라고 말했는데, 도가와 완전히 다른 생각이다. 유무상생을 이해하는 방식은 이성 같은 유의 방식이라기보다는 이성과 논리의 편견이나 한계를 없앤 무의 방식이다. 유는 세상의 부분적 이치일 뿐이다. '전체적 이치'는 결국 무, 무위라고 볼 수 있는 것이다. 그래서 그 다음 줄에는 앞에서도 언급했던 "무위로써 이루지 못할 것은 없다"라고 적혀있다. 앞에서도 말했듯이, 이렇게 만드는 최적의 절차는 모든 조건을 잘 활용하는 것인데, 거기에는 유만 있는 것이 아니라 무의 방식까지 필요하다. 유가 유만 있는 것이고, 무위가 유와 무를 함께 활용하는 것이라고 했을 때, 전체적으로 보면 무위가 더 유리한 것이 된다.

《도덕경》제48장의 마지막 두 줄은 도가의 정치철학의 핵심적 내용이 담겨있다. 도가철학은 결코 사회나 정치와 무관한 철학이 아니다. 사실 도덕경에는 정치철학의 비중이 매우 크며, 사회와 정치에 대한 내용을 다루고 있다. '취천하 상이무사'는 "천하를 다스리는 자는 일을 만들지 말아야 한다"는 뜻이고, '급기유사 부족이 취천하'는 "만약 일을 벌여서 백성을 번거롭게 한다면 천하를 다스리는데 적합하지 않다"는 뜻이다.

무위의 원리는 정치와 사회를 운영하는 원리에도 물론 적용된다. 어떤 인위적인 의지로 사회를 통제하면 사회는 발전하지 못하고 풍요롭게 될 수 없다. 반대로 통제와 간섭이 없으면 더 발전하고 풍요로워지고 행복해진다. 그것은 무위자연이 좋은 결과를 낳는다는 원리이다. 다른

장(제17장)에서는 "가장 훌륭한 위정자는 있는지 조차 모르는 것"이라고 했다. 백성들 모르게 통제하라는 말이 아니라, 통제와 간섭을 하지 말라는 뜻이다.

도가의 정치사회철학에는 '자유주의'가 담겨있다. 자유주의라고 하면 흔히 서양의 사상이라는 생각이 퍼져있는데, 동양철학, 특히 도가의 사상에는 분명히 자유주의가 있다. 이에 대해서는 뒤의 '동양에서의 자유주의와 개인주의'에서 보다 자세히 다루게 될 것이다.

2장.
철들기와
마음의문
사이에서

철들기는 사라졌다

~~~~~~~~

어린 시절에는 자주 들었지만 최근에는 들어보지 못한 말이 있다. "철들었다"는 말이다. 당시에는 어쩌면 내가 어렸거나 젊었기 때문에 주변에서 그런 말을 많이 했을 수도 있다. 하지만 내가 느끼기에 나이와 무관하게, 과거 10~20여 년 전만 해도 "철들다"라는 말을 사회적으로 지금보다 더 많이 썼다. 지금도 안 쓰이는 건 아니지만, 빈도가 과거에 훨씬 많았다.

현재 철든다는 말은 어린아이가 어른스럽게 행동할 때 종종 쓰일 것이다. 그런데 과거에는 (20세기와 그 이전) 어린이는 물론이고 성인에게도 흔히 쓰였다. '철들다'라는 말에서 '철'은 단지 나이가 먹었다고 '드는' 것이 아니다. 철든 사람은 성품과 행동에서 어떤 원숙한 경지를 이룬 사람을 뜻하기 때문이다. 여기서 '철'은 계절을 뜻하는 순수 우리말이라는 설이 있는데, '철학'에도 쓰이는 '밝을 철(哲)'의 의미와도 상당히 유사하다. 그래서 나이가 아무리 많이 들어도 철이 안 들었다고 말할 수 있다. 다만 '철들다'는 철학과 거의 관계가 없다(사주팔자가 철학과 관계가 적은 것처럼). 우리가 아는 것처럼 철든다는 것은 간단히 말하면 어른스럽다는 뜻이다. 즉 어린이 같지 않다는 뜻이다. 그리고 일반적으로 그것을 상당히 좋게 보았다.

왜 어린이 같지 않은 것을 현명함 같은 좋은 의미와 연결시켰을까? '어리다'는 성숙하지 않다고 볼 수 있다. 그런데 과거 우리나라에서는 특히 어리다는 것을 '어리석다'와 거의 비슷한 의미로 보았다. 《훈민정음》에는 '어린 백성'이란 구절이 나오는데, 그 뜻은 '어리석은(무지한) 백성'이라는 뜻이다.

어린이가 나이를 먹어감에 따라 지식과 경험이 쌓이고 성숙해져가므로, 한 사람만 놓고 봤을 때 어른이 되면 일반적으로 더 현명해진다는 것은 납득된다. 다만 몇 가지 문제가 있는데, 그것을 한 사람이 아니라 '일반화'해서 어른이 어린이보다, 나이 많은 사람이 나이 적은 사람보다 현명하다고 한다면 틀릴 수 있다. 어리석은 어른도 있고 그보다 똑똑하고 지혜로운 나이 적은 사람도 있기 때문이다. 이를 간과하고 나이가 어리다고 해서 너무 무시한다면 사회적 문제가 발생할 수 있다. 혹은 그것이 사회적 문제인지 별로 고려하지 않고 장유유서제도를 예의범절로 강화했을 수도 있다. 마치 회사에서 연공서열제도가 어떤 문제가 있는지 별로 고려하지 않고 관례적으로 시행하는 것과도 같다.

그런데 사실 장유유서와 무관하게, 공자도 나이 어린 사람에게도 배울 것이 있다고 보았고, 물론 나이 어린 사람이 나이 든 사람보다 현명할 수도 있다는 것을 모르지는 않았다. 오히려 그랬기 때문에 성인에게도, 나이 40이 넘은 사람에게도 "철이 안 들었다"라고 말할 수 있었던 것이다. 지금은 이렇게 쓰는 일이 대폭 줄어들었지만 과거에는 얼마든지 이렇게 쓸 수 있었다.

그래서 철이 든다는 말은 애매해 보인다. 나이와 관련이 깊어 보이지만 한편으로 나이와 무관한 개념이기도 하다. 그러면 사례를 통해 이해해 보자. 성인에게 철이 안 들었다고 말할 수 있었던 사례는 예를 들어 나이가 서른이 넘었는데 돈 벌 생각을 안 하고 집에서 게임만 하고 있다거나, 어린이들이 많이 보는 만화에 빠져 있는 경우가 있다. 그런 사람에게 철이 안 들었다고 말했던 이유는 성인으로서 해야 할 일을 하지 않고 있다고 보기 때문이다. 그 해야 할 일이란 당시 사회적으로 가정된 어떤 정형화된 것이다.

즉 '철 듦'의 의미는 '각자 개인의 입장이나 특징과는 무관하게 사회적으로 정해진 것에 맞춘다는 뜻'이다. 다시 말해, 바람직한 일, 해야 할 일이 사회적으로 특정하게 존재하고, 그것이 어른(어린이가 아닌 사람)이라면 해야 할 일이고, 나이가 아무리 많아도 그렇게 하지 않으면 철이 들지 않은 것이라고 본다.

과거에는 그런 것이 있었을지 모르지만, 최근에 그런 개념은 점차 희미해져갔고, 그래서 철든다는 말을 특히 어른들에게는 잘 쓰지 않게 되었다. 직업이 너무나 다양화되고, 전문화되고, 프리랜서도 늘어가고, 연공서열도 파괴되고 있고, 자신의 삶에 집중하는 개인주의 시대이기 때문이다. 과거에는 사람들에게 기대되는 사회적 역할이 단순하게 정해져 있었지만, 지금은 그런 것이 사라졌다. 그리고 다양화, 전문화되었기 때문에 어떤 것을 하던 남들이 잘 이해하지 못할 수 있고, 타인의 경우에 대해 함부로 아는 척하거나 참견하기가 어렵다.

Ø

성인에게 철이 안 들었다고 말했던 대표적 사례 중 하나는 성인이
되었는데도 어린이들이 좋아할 법한 것을 좋아하는 것이다. 나이 서른
이 넘어서 레고를 수집하고 조립하는 일이 취미라거나, 곰돌이 푸, 미키
마우스 인형으로 방안을 꾸미고, 그런 캐릭터가 그려진 옷을 입거나, 해
리 포터, X-Men을 좋아하거나, 어린이들이 많이 하는 컴퓨터 게임(포켓
몬 등)에 빠지는 것 등이다. 과거에는 이런 사람들에게 철이 안 들었다고
말했지만, 지금은 대체로 그런 말을 하지 않는다. 대략 2010년대부터 이
러한 취향의 성인들을 '키덜트'라고 불렀는데, 이제는 너무 흔해지고 일
반인과 경계도 불분명해졌다. 키덜트가 대중화된 것이다.

2018, 19년경에 곰돌이 푸, 미키마우스, 보노보노 캐릭터를 내세
운 서적들이 성인들 사이에서 베스트셀러가 되었고, 그런 캐릭터가 그려
진 옷을 성인이 입는 것이 유행이 되었다. 그 후로 지금은 유행이라기보
다는 평범한 일상이 되었다. 하지만 그전까지만 해도, 예를 들어 1990년
대에 20대 청년이 미키마우스가 그려진 옷을 입는다면, 아마 창피해서
입지도 않았을 테지만 주위의 눈총을 받고 '유치하다'는 말을 들었을 것
이다. 아마 '제정신인가?'라는 소리도 들었을 것이다.

재미있게도, '철들다'와 함께, 최근에 내가 별로 들어본 적이 없는
말은 '유치하다'는 말이다. 물론 철들기처럼 지금도 종종 쓰이지만 과거
에 더 많이 쓰였고, 지금보다 훨씬 '심각한' 말이었다. 내 경험과 기억으로
과거에 유치하다는 말은 매우 큰 욕이었고, 경멸적인 말이었다. 당시 내
느낌으로는 유치하다는 낙인이 찍히면 마치 옳으면 안 되는 것처럼 거리
를 둬야 하고 싫어해야 할 대상이었다. 유치하다는 말은 대강 '수준이 낮

아서 딱 어린애 수준'이라는 비하적 표현이다. 어린 수준이라는 말이 현재의 관점에서는 큰 욕은 아니지만 과거에는 매우 부끄러운 것이었다.

지금 젊은이들은 과거에 그랬다는 것이 잘 믿기지 않을지도 모르겠다. 어린이 같음의 이미지가 개선되기 시작한 것은 최근 10년 안의 일, 멀리는 2000년대 초부터이다. 그로 인해 유치함에 대한 인식도 전보다 나아졌을 것이다. 그 이유는 어린이가 가지는 '귀여움'과 '순수함'이 어떤 매력이 되고, 그러한 매력까지도 활용하고 싶어 하기 때문이다. 아이돌 가수들은 종종 어린 아이 흉내를 내는 '애교' 퍼포먼스를 하는데, 그것은 해외까지도 유명해져서 외국 팬들도 '애교(aegyo)'라는 한국말을 알고 있고, 가수들에게 해달라고 조르기도 한다.

오래전부터 광고업계에는 아기와 귀여운 동물이 나오면 성공할 수 있다는 말이 있었다. 귀여운 대상에게 호감을 느끼고 관심을 가지는 것은 본능적이다. 과거에는 유치함을 지양하고 고상하고 수준 높은 것을 선호했지만, 지금은 원초적이고 대중적이고 감성적인 것이 '인기'가 된다. 그런데 최근에 감성적인 '인기'가 중요해진 경향은 모든 분야에서, 전 세계적으로 일어난 변화이다. 2010년대부터 한동안 세계적으로 '포퓰리즘'(인기영합적 대중주의)이 정치를 지배하기도 했다. 도널드 트럼프의 당선이 그 사례이다. 인기를 위해서는 수단방법을 가리지 않고 대중의 본성 혹은 감성적인 면에 호소하는 것이 일반적이다.

과거에는 대중적 인기가 연예인과 정치인에게만 필요한 것이지만, 지금은 모든 사람에게 중요할 수 있고 커다란 기회가 되는 것이다. 지금은 인터넷(SNS, 유튜브 등)으로 인해 '개인 브랜드'의 활용성이 커졌다. 인터넷이 존재하지 않았을 때는 일반 개인들이 귀여움으로 인기를 끌 필요가 많지 않았다. 거기에 주목할 사람들도 많지 않았고 그것으로 돈을 벌일도 없었다. 그보다 어린애 같음으로 해서 무시당하고 철없다고 타박들을 일이 더 많았다. 그러나 인터넷이 발달하고, SNS, 유튜브로 개인의인기가 대중의 인기로 연결될 수 있는 환경이 되면서, 인기와 호감을 얻는 좋은 방법으로 귀여움, 어린아이 같음, 순수함이 활용되기 시작했다.

그래서 사람들은 점차 자신이 어린이 같다는 점을 드러내게 된다. 그래서 곰돌이 푸나 포켓몬을 좋아한다고 스스럼없이 공개하고 키덜트가 일반화된다. 한 코미디언은 격투기 운동을 취미로 즐기고 터프한 외모에 거구의 근육질이다. 그런데 헬로 키티(아이들이 좋아하는 귀여운 고양이 캐릭터)를 좋아한다고 SNS에 공개하고, 헬로 키티가 새겨진 핑크색 굿즈로 온통 꾸며놓은 자신의 방을 자랑했다. 그전까지 그는 방송에서 큰 두각을 나타내지 못했지만, SNS로 인해 큰 인기를 얻어 '핵인싸'가 되었다. 어린애 같다는 점은 미성숙해 보인다는 단점이 있지만, 극도의 대중주의 시대에 그것의 이익은 단점을 덮고도 남을 수 있다.

그러면 지금 우리 모두는 유치한 사람들이 되어버린 것일까? 유치함이 수준 낮음을 의미한다면, 우리의 수준은 과거에 비해 낮아진 것일까? 그렇지 않다. 표면보다 심층을 들여다봐야 한다. 표면적으로는 어린이와 구분하기 어려운 취미를 많이 갖고, 외모도 동안이 더 늘어가지만, 심층적 측면에서 우리는 과거 사람들에 비해 더 성숙하고 어른스럽다. 지식과 학력이 과거에 비해 높아졌다는 점 이외에도 다른 이유가 있다.

과거 '철들어라'라는 말을 성인에게도 많이 했던 시절에 사람들은 주변이나 사회의 '어른'들이 정해놓은 규정이나 가르침에 따라야 했다. 높은 사람이 '이렇게 해야 한다'라는 가르침에 따라야 했고, 성인들도 그렇게 따라했다. 그렇게 하지 않는 사람은 철이 들지 않은 사람이었다. 그런데 그것이 어른스러운 것인가? 그것은 오히려 어린애 같은 것이다.

높은 사람, 권위 있는 사람이 아랫사람에게 어떻게 하라고 지시하고 규정하는 것은 아랫사람을 어린애 취급하고 무시하는 것이다. 어린이는 판단력이 부족하기 때문에 어른의 말에 따르는 것이 장려된다. 그보다 스스로 판단하고, 그 판단력에 스스로 책임지고 맹목적으로 타인의 말에 따르지 않는 것이 어른스럽다. 어른은 다른 사람이 잘 간섭하지 않고, 간섭하더라도 가급적 무시할 수 있고, 그런 권리를 가진 것이 어른이다. 예를 들어 미성년자는 술과 담배, 성인물을 금지시키고 강제로 학교에 보낼 수 있지만 성인이 되면 그런 규제가 사라진다. 성인의 행동을 믿지 못하고 규제와 통제를 가한다는 것, 어떤 일을 해야만 한다고 강요하는 것은 성인을 어린이 취급하는 것이다. 과거는 그런 경향이 더 큰 사회였다. 조선시대뿐 아니라 수십 년 전만 해도 개인의 자율성은 집단주의, 권위주의, 국가주의에 크게 억눌려 있었다.

지금은 그때에 비해 규제나 참견이 줄어들었다고는 하지만, 얼마나 많이 줄었을까? 더 많이 줄어들어야 한다. 그래야 성인을 성인 대우해줄 수 있다. 그리고 높은 사람, 권위 있는 사람이 자신만 어른이라고 하는 오만과 거만함을 깨뜨릴 수 있다.

Ø

1990년대 어린이 사교육 회사의 광고에 "자기의 일은 스스로 하자"라는 광고노래가 자주 들려왔다. 화면에는 어린이가 스스로 이불개고, 가방 챙기고, 공부하는 모습이 나왔다. 철들었다고 할 만한 행동이었다. 다만 부모가 정해준 행동을 스스로 따라서 하는 것이었다. 스스로 공부해서 결국 스스로 부모가 바라는 명문 대학에 가길 바라는 것이었다. 그런데 그것이 진정한 '스스로'일까? 다행히 그 노래의 뒷부분에서는 "자기의 일은 알아서 하자"로 바뀌었다. '알아서 하자'가 더 정확한 의도로 보인다. 그것은 뉘앙스에 따라 다르지만 소위말해 '답정너(답은 정해져 있고 너는 그대로 하면 된다)'와 같은 것이다. 그처럼, '철들었다'는 것은 사회의 어른들이 정해준 형식을 스스로(?) 하는 것이다.

하지만 진정한 스스로는 어른이 정해준 대로 하는 것이 아니라 스스로 생각하는 것이다. 그래서 어른이 정해준 형식대로 무조건 따르는 것이 아니라, 무엇을 할지를 스스로 판단하는 것이다. 지금 사람들은 성인들 뿐 아니라 어린이들도 스스로 생각하는 힘이 강해졌다. 그래서 지금 어린이들은 과거 어린이들보다 더 어른스럽다. 반면 '철들라'는 것은 답정너와 같다. 그것은 진정한 스스로가 아니다. 정말로 스스로 생각한다면 철이 들지 않은 사람이 오히려 더 어른스러울 수도 있다.

그런데 동양 문화에서는 '스스로 생각함'이 꽤나 낯선 개념이고, 이해하기 어려워하는 경향이 있다. 과거에 그런 식의 교육을 거의 받지 못했기 때문이다. 동양의 교육이 강압적이고 암기 위주라는 것은 세계적으로 많이 알려져 있다. 미국에서는 혹독한 교육을 시키는 동양계 어머니를 '타이거 맘'이라고 부른다. 동양식 교육에도 장단점이 있다. 잘 알려져 있듯이 아마도 장점은 노력을 많이 한다는 점이고 시간 투자도 많이 한다는 점이다. 참고로 그것은 동양 학생이 특히 수학을 잘하는 비법도된다. 놀라운 말로 들리겠지만, 말콤 글래드웰의《아웃라이어》에서는 동양학생들이 '수학'을 잘하는 이유가 부지런히 노력하는 데에 있다고 설명했다. 즉 공부 양의 차이라고 한다. 다시 말해 부모가 많이 시키는데서 비롯된다는 것이다. 단점은 잘 알려져 있듯이 창의력과 비판적 사고력, 탐구력 발달에 불리하다는 점이다.

스스로 생각하는 능력에 대해 전통적 동양 문화는 그것이 왜 중요한지, 왜 필요한지를 잘 이해하지 못한다. 그래서 주입식, 암기식 교육을 해도 괜찮다고 생각한다. 스스로 생각하는 능력을 키우려면 계속 질문하고 자신의 생각과 다르면 논쟁적으로 따져봐야 하는데, 그런 과정은 생략한다. 다만 지금 아이들은 과거에 비해서 그나마 자신의 생각을 더 잘 표현하고 어른들도 귀 기울이기 때문에 과거에 비해 개선되었다(학급당 학생 수도 크게 줄었다). 그것이 왜 필요한지를 단편적으로 쉽게 말하면, 앞서 말한 창의력, 비판적 사고력, 탐구력에 큰 도움이 되기 때문이다. 사실 그것이 그 세 가지를 키우는 전형적인 방식이다. 그런데 그 세 가지가 좋다는 것은 알아도, 스스로 생각하기 같은 능력을 키우는데 소극적이게 되는 이유가 있다. 그 이유는 동양의 어떤 미덕과 충돌하는 점이 있기 때문이다.

그것은 '겸손함'이다. 동양의 미덕이라 부른 이유는 서양에 비해 상대적으로 동양이 특히 신경 쓰고 좋게 보는 미덕이기 때문이다. 겸손함은 서양에서도 미덕이 될 수 있다. 자신을 스스로 낮추고, 자신의 능력을 너무 자랑하지 않고, 타인을 높이는 것은 서양인의 눈에도 좋게 보이고 칭찬할 만하다. 그런데 동양의 문화는 이것을 서양보다 더 좋게 보고 강조한다. 그래서 겸손함을 가르치고 거의 강요하다시피 한다. 자신이 옳다는 생각을 하기 보다는 타인의 말을 더 경청하라고 가르친다. 그러면 자신이 이해하지 못하는 것에 대해서 '내가 부족하기 때문'이라고 생각하고, 질문하거나 따지지 않게 된다. 반면에 '내가 이해를 못한 것은 내 잘못이 아니라 타인의 잘못이거나 타인이 틀렸기 때문'이라고 생각하면 계속 묻고 따지게 되고, 그 과정을 통해 스스로 생각하기에 가까워진다.

앞에서 말한 특성으로 인해, 언어 소통에서 서양은 말하는 사람이 이해시킬 책임이 있는 문화가 되고, 동양은 듣는 사람이 이해할 책임이 있는 문화가 된다. 즉, 못 알아들었을 때 화자와 청자 둘 다 잘못이 있을 수 있지만, 비교적 서양은 말하는 사람 탓을 많이 하고 동양은 듣는 사람 탓을 많이 한다. 그래서 동양의 청자는 눈치가 빨라야 한다. 문화는 변화하기도 하지만 현재까지는 이런 경향이 있다.

다시 본 주제로 돌아가서, 겸손함은 미덕이지만, 그것이 과도할 때도 미덕이 될까? 자신을 낮추는 것만이 미덕이고 자신을 자랑하고 높게 여기는 것이 악한 것인지는 애매하다. 대체로 덕은 중용의 상태이다(아리스토텔레스가 이렇게 말했다). 그래서 너무 자신을 낮추는 것은 겸손을 벗어나서 오히려 미덕이 아니게 된다. 서양에서는 약간만 겸손하면 족하다고 생각하고, 자신을 내세우는 것도 좋다고 보거나 오히려 그쪽을 더 좋아한다. 반면 동양에서는 그보다 좀 더 겸손한, 다시 말해 자신을 낮추는 방향을 권한다.

서양의 대중문화만 봐도 알 수 있다. 서양의 연예인들과 스타들은 특히 사적 공간이 아니라 오히려 공적 공간에서 겸손함은 찾아보기 어렵고 자신을 높이는 경향이 있다. 퍼포먼스를 보이는 대중 가수들, 그리고 특히 WWE 프로레슬러들은 거의 모두 자기가 최고라고 말한다. 가장 인기가 많은 더 락이나 스톤 콜드, 헐크 호건의 퍼포먼스는 거의 나르시시스트처럼 보인다. 오히려 그들은 사적인 자리에서는 겸손할 수 있다. 반면에 동양의 연예인들, 공인들은 공적 공간에서 자신을 낮추는 반면, 사적 공간에서는 훨씬 더 자신을 높일 것이다.

이렇게 공적 공간과 사적 공간이 달라지는 이유는, 아무리 문화가 한쪽을 더 좋아한다고 해도, '인간의 본성'은 같기 때문이다. 그래서 사적 공간에서는 문화적 치우침과 무관한 담론이 존재하게 된다. 즉 자신을 높이는 것을 선호하는 문화에서 겸손함도 본능적으로 미덕이 될 수 있고 그 반대도 마찬가지다. 동양에서도 겸손함이 좋다고 해도 그것만이 좋지는 않다는 것을 우리는 본능적으로 안다. 그래서 사적인 공간에서 자신을 높이는 사람이 꼭 나쁘게만 보이지 않는다(종종 뻔뻔하게 자신을 높이는 개그맨이 친숙함과 솔직함으로 인기를 끌기도 한다). 그러면서 공적인 자리에서 사람들은 이른바 '체면'을 위해 자신을 낮춘다. 이렇게 체면처럼 자신의 행동을 조절하는 것은 서양이든 동양이든 퍼포먼스, 연기나 마찬가지가 아닐까?

한국과 동양 문화가 겸손함을 미덕으로 본다는 것은 문화적 정체성의 측면에서 긍정적으로 받아들일 부분이 있다. 그러나 그것만이 미덕은 아니다. 예를 들어 공적인 공간에서 자신을 낮추는 것, 그것은 퍼포먼스라고 생각하는 게 낫다. 그러한 정형화된 퍼포먼스를 다르게 표현하면 '클리셰'라고도 한다. 겨우 그 정도일 뿐이다. 한편으로 자신을 높게 여기는 마음도 얼마든지 가질 수 있다. 그것 또한 호감을 불러일으키고 건강한 삶을 위해 필요하다는 점을 우리는 본능적으로 알고 있다.

오래전에는 체면과 본능 사이에 괴리가 컸지만 지금은 많이 줄어들었고, 앞으로 더 줄어들게 될 것이다. 흥미로운 사실은 동양 철학의 특징은 인간의 '본성'을 긍정한다는 점이다. 오히려 서양철학과 기독교에 비해 더하다(서양철학은 감성보다 이성 위주이고, 기독교는 원죄가 있다고 한다). 불교는 해탈 이론으로 인해 애매하므로 제외하더라도, 도가는 매우 확실하고, 유교도 맹자의 사덕 등 인간의 본성에 의해 그 정당성을 설명한다. 그래서 동양 전통 문명이 인간의 본능을 억압하는지는 애매하다. 오히려 그것을 긍정하는 씨앗이 있다.

친목질의 폐해: 친구란 무엇인가

한 유명 취미 게시판 사이트에서 벌어진 일이다. 그 게시판은 누구에게나 열려있는 익명의 공간이었다. 누구나 쉽게 얼마든지 글을 올릴 수 있어서 주변에 취미가 같은 사람들을 찾기 어려운 많은 사람들이 정보를 교류하고, 또 재치 있고 재미있는 게시물도 보면서 유익하고 즐거운 시간을 보낼 수 있었다. 그런데 시간이 지나면서 게시물을 올리는 사람들의 이름(닉네임)들이 점차 낯익어가고, 서로를 지칭하면서 이야기하고 말을 거는 글들이 올라오기 시작했다. 한 네티즌은 온라인에서만 아는 척하지 말고 오프라인 정모를 하자고 제안했고, 낯익은(네임드) 십 여명의 네티즌들이 함께 모여 식사를 하고 술을 마셨다. 이렇게 '친목질'이 시작되면서 게시판은 점차 그 그룹에 속한 사람들의 사적인 채팅방처럼 활용되기 시작했다. 소외감을 느낀 다수의 네티즌들과 실력 있는 네티즌들이 점차 그 게시판을 떠나 다른 사이트를 찾아갔고, 재미있고 유익한 정보는 줄어들었다. 새로운 유입도 끊어지면서 결국 몇 명만이 남아 그 게시판은 황폐화되었다.

'친목질'이라는 신조어는 주로 이렇게 인터넷 게시판 사이트에서 부작용을 일으킨 사례로 인해 발생하게 되었다. '~질'은 그에 대한 비하적 의미이거나 나쁜 점이 있다는 뜻이다. 인터넷이 생긴 지 얼마 안 된 2000년대 초반에는 인터넷을 통한 친목이 당연한 것처럼 여겨졌고, 새로운 친구를 사귀고 사회적 관계를 넓히는 데 장점이 있다고 생각되었다. 그런데 예상외로 친목 현상이 좋지 않은 결과를 낳게 되자, 그 후 많은 게시판 사이트에서 온라인, 오프라인에서의 친목 행위를 금지시키고 이를 위해 게시글에서 다른 이름(닉네임)을 언급하는 것도 금지하는 사이트들이 생겨났다. 지금은 애초에 친목단체가 아니라면, 대다수의 사이트들에서 친목 행위를 하지 않는 암묵적 룰이 지켜지고 있다(하더라도 드러내지 않는다).

우리는 대체로 친목을 나쁘게 보지 않는다. 친목은 화합과 협력, 구성원들의 이익과 정서적 행복감, 평화 등을 증진시키기 때문에 대개 좋은 것이라고 배워왔다. 그런데 친목이 커다란 부작용을 낳는 위와 같은 현상은 인터넷이라는 새로운 공간에서 발생한 별난 일로 봐야 할 것인가? 사실 그렇지 않다. 인터넷 게시판에서 벌어진 친목질의 폐해는 친목으로 인해 발생하는 많은 문제들, 실제 폐해 사례들 중 하나에 불과하다. 다시 말해, 인터넷 게시판에서만 발생하는 특수한 상황이 아니라, 어디서든 흔히 친목은 병폐를 낳는 원인이 된다.

앞에서 친목이 좋은 이유의 항목에서 빠진 것으로 '단결력'이 있다. 사실 단결, 단합 같은 것이 친목의 주요한 효과이고, 그 목적인 경우가 많다. 그런데 굳이 넣지 않은 이유는, 과거였으면 그것을 장점이라고 밝혔겠지만, 지금 사람들이 듣기에 그것이 꼭 좋다고 봐야하는지 의문스럽기 때문이다. 단결은 내부적으로는 조직적 힘을 키우는데 좋을지 몰라도 배타성을 띤다. 그래서 적을 상정하는 군대와 같은 조직에서 효과적이다. 특히 개인보다 집단을 우선하는 경향이 강하다. 개인이 중요해진 시대에는 거부감이 생기게 된다. 그래서 지금 사람들은 단결력이 사회적으로 바람직한 것인지에 회의가 든다. 아마 그래서 회사나 조직 내에서도 과거에 '단합대회'라고 했던 것을 요즘에는 '워크숍'으로 바꿔 부른다('워크숍'의 본래 의미는 그런 것이 아닌데도).

1979년 12.12 군사반란을 일으킨 '하나회'는 친목단체였다. 이후 김영삼 정부에서 이전 정권에 하나회 멤버들이 담합해서 요직을 독차지했던 것 같은 폐해를 없애고자 군대 내 사조직을 금지시켰다. 그런데 하나회는 조직이나 단체라고 부를 수 있을 뿐 (조직을 어디에 등록한 것도 아니고) 그들이 했던 것은 실상 친목 행위였다. 그리고 그 폐해가 발생한 이유도 조직이나 단체라서 그런 것이 아니라, 본질은 친목으로 인해 자신과 친한 사람, 가까운 사람을 유달리 밀어주고 끌어주었기 때문에 발생한 일이다. 즉 어떤 단체 결성 같은 것이 없이도 친목으로 누군가를 밀어주고 끌어주면 그 자체로 병폐가 발생할 수 있다. 그것은 불공정한 경우가 많다. 적당한 실력이나 자격으로 대우를 받는 것이 아니라 단지 누군가와 사적으로 친하다고 해서 자리나 이익을 얻게 되면 사회적 폐해가 발생한다. 그것은 사회에 피해를 끼치는 일이다.

정치인들이 친목을 하게 되면 어떻게 될까? 정치인들이 어떤 계기이든지 친분을 맺게 되면 파벌이 생기기도 하고, 겉으로 드러나지 않더라도 사적으로 친한 사람들을 더 챙기려 하게 된다. 그러면 권력을 잡았을 때 자신과 친한 사람들에게 높은 자리를 주게 된다. 그 자리에 더 적합한 사람은 일을 더 잘할 수 있는 능력이 있는데도, 친분으로 인해 그렇지 않은 사람이 그 자리에 오르면 나라꼴은 엉망이 된다. 이런 관계로, 정치인은 친목을 잘 하지 않거나 친한 사람이 없는 인물이 하는 것이 오히려 적당하다. 친한 사람이 많다면, 그들에게 불공정하게 권력을 나눠줘야 할 것이다. 그런데 아직도 친분이나 알 수 없는 통로로 정계 또는 고위직으로 유입되는 사람들이 많다. 정치개혁 중 하나의 중요한 과제는 이런 것을 근절하는 게 아닐까 싶다.

넓게 보면, 학연, 지연, 혈연도 친목의 일종이다. 사실 명백히 친목이다. 같은 학교, 같은 고향, 친척관계에서 우리는 더 친근하게 느끼고 더 챙겨주고 싶은 마음이 생긴다. 그리고 밀어주고 끌어주면 학연, 지연, 혈연이 된다. 이에 대해 인간의 본성 중 일부이고 자연스럽다는 주장이 있을 수 있다. 그것이 인지상정, 이심전심이라는 것이다. 일부분 그렇다는 데에 동의한다. 그런 맥락에서 해병대 출신끼리 모임을 갖고 서로 챙겨주는 것도 이해할 수 있다. 그러나 학연, 지연, 혈연은 불합리한 '빽'으로 작용하게 되고, 그것이 커질수록 사회의 공정성을 해친다는 것을 모르는 사람은 없을 것이다. 친목은 친목행사로만 끝나야지, 그것을 넘어서서 특혜를 주게 되면 비리가 된다. 그런데 특혜를 바라거나 전제로 하고 친목질을 하는 경우가 많다는 것이 문제다.

다만 친한 사람에게 특혜를 전혀 주지 않는 사람이 되기는 매우 어렵고, 그것은 사실 불가능하다. 가족만 해도 그렇다. 자신의 가족을 돌보지 않는 사람은 사실 정상적 인간이라 볼 수 없다. 그리고 자신에게 위안을 주고 말동무를 해준 친구에게 보답하는 차원에서라도 도움을 줄 수 있다. 그래서 좋지 않은 특혜와 자연스러운 것 사이에 애매한 경계가 존재하고(이것이 윤리학에서 공리주의의 딜레마이다), 그래서 나는 사적으로 가까운 사람을 도와주는 것이 모두 나쁘다는 주장을 하지는 않는다. 그것은 정도의 문제일 뿐이다.

특히 우리나라를 비롯한 동양에서 친목의 좋은 면만 너무 강조되었던 측면이 있다. 동양 사상은 가까운 사람, 특히 본인의 가족을 위하는 것을 자연스럽게 보고, 종종 장려하기도 했다.《논어》에서 공자가 "우리 마을의 정직한 사람은 양을 훔친 자신의 아버지를 숨겨주었다"라고 말했다. 이런 말까지 있다면, 공자의 말을 숭배하던 사람들은 마음 놓고 자신의 가족, 더 나아가 자신과 친한 사람들을 더 챙기려 했을 것이다. 다만 사실 그 말의 앞에는 양을 훔친 아버지를 관아에 고발한 아들과 비교하는 맥락이 있었다. 그리고 사건이 일어난 이후에 숨겨준다는 것일 뿐, 도둑질 같은 비도덕적 일을 해도 된다거나 부추기는 말은 전혀 아니다.

아무튼 동양에서는 가족이나 친한 사람을 더 돌봐주는 것을 자연스럽다고 보는 문화가 있는데, 그것은 공직과 비즈니스에서 '정실주의'가 발생해서 불공정하고 효율을 떨어뜨리는 역할을 했다. 그것은 분명한 불합리이고 병폐이지만, 과거에 비해서는 점차 개선되어지고 있는 추세다. 개인이나 기업의 상속·증여를 비판하는 사람이 많고 고율의 세금을 부과하는 것으로 볼 때 우리나라 사람들이 공정을 희생하는 친목, 인맥에 너그러운 것 같지도 않다.

친목 그룹에 속하지 않은 사람들의 입장을 생각해보자. 타인들의 불공정한 특혜는 그들에게는 분명히 손해이고 피해이다. 그런데 왜 우리가 그 특혜의 그룹 안에 있을 것이라고 생각하는가?(양을 훔친 아버지만 생각하지 말고 양을 도둑맞은 사람 입장을 생각해보자) 잘나가는 학연, 잘나가는 지연, 잘나가는 혈연, 잘나가는 친목 단체에 속할 확률은 소수이고, 그 불공정으로 인한 피해는 다수에게 간다. 결국은 자신이 속하지 않은 단체의 특혜로 인해, 자신에게도 오게 될 것이다. 친목은 끼리끼리 어울리고 몰려다니면서 이런 일을 만든다. 사실 조직폭력배 혹은 건달 조직도 친목 단체의 일종이다(그들의 의리는 친목에서 비롯되고, 경조사 참석은 중요한 업무이다). 한국영화 〈범죄와의 전쟁〉은 친목으로 모든 게 해결되는 어두운 사회상을 그리고 있다.

Ø

친구가 많거나 친목이 많은 사람은 특혜를 주고받는 불공정을 낳기 때문에, 정치인이나 비즈니스 고위직 같은 높은 사람은 친구가 적은 것이 좋다고 앞에서 말했었다. 친목이 더 많은 사람들에게 피해를 주기 때문이다. 친구가 많은 사람이 성공한다는 생각은 사실 소인배의 이야기이거나 〈범죄와의 전쟁〉 시대의 기회주의자의 이야기다. 다만 친구나 인맥을 통해 성공하는 모든 사람을 비하하려는 의도는 없다. 타인에게 정서적 이익을 주고 나중에 보상을 받는 것도 정당할 수 있다. 사적 관계를 통해 이익을 얻는 것은 흔하고, 일부분 정당하지만, 그런 방식이 일반적이고 보편적인 성공의 방식은 아니라는 것이다(상속, 증여받는 것이 일반적 성공의 방식이 아닌 것처럼).

그런데 과거, 대략 2010년 이전까지만 해도 나는 '친구가 많아야 성공한다' 같은 말을 종종 들은 기억이 있다. 내가 목격한 바로는, 지금 생각해보면 놀라운 일이지만, 대략 2000년 무렵 TV에서 내 나이와 비슷한 젊은 여가수가 자신의 이상형으로 '친구가 많은 남자'라고 말했는데, 그 이유로 친구가 많아야 성공하기 쉽기 때문이라고 말했다. 당시에 나는 은둔형 외톨이에 가까운 생활을 하고 있었고 그녀의 이상형에서 제외될 것이라는 생각을 했던 기억이 있다. 당시 사회분위기는 그런 말도 자연스러웠다. 그 후로 20년 동안 그런 개념은 많이 바뀌었다.

그러면 사회적 불공정을 줄이기 위해서 친구를 적게 사귀라는 말인가? 친구가 적을수록 좋다는 말은 어폐가 있다. 그 뜻은 아니다. 그러면 친구는 얼마나, 어떻게 사귀는 것이 좋은가?

따져보면 '친구'는 애매한 개념이다. 누가 친구인가? 자신의 생일에 축하 연락을 주거나 만날 수 있는 사람이 친구인가? 하지만 무뚝뚝한 친구, 멀리 사는 친구 등 그렇지 않은 친구도 있다. 자신이 쪼들릴 때 거금을 빌려주는 사람이 친구인가? 역시 그렇지 않은 친구도 있다. 우리나라에서는 특이하게도 같은 나이기만 하면 '친구'라고 부르는 문화도 있다. 즉 친구는 우리나라에서 종종 동갑을 의미하기도 한다.

얼마 전 유튜브를 뒤적거리다가 그럴듯한 실마리를 얻었다. 한 유튜브 영상의 댓글에 어떤 사람이 이상한 사고방식을 표현하면서 자신의 생각을 강요하는 듯한 댓글을 남겼는데, 그 댓글 밑에 다른 네티즌이 "너 친구 없지?"라는 댓글을 다시 남겼다. 그가 주변사람들과 마찰을 일으킬만한 이상한 사고방식을 가졌기 때문에 친구가 없을 것이라고 추측하고 무안을 주기 위한 말이었다. 그런 사람은 실제로 주변에 친구가 적을 가능성이 크다. 그런데 여기서 주목할 부분은 그 사람이 실제로 자주 만나는 사람이 얼마나 되는가를 본 것이 아니라, 단지 그 사람의 사고방식이나 성품에서 친구 유무를 추측했다는 점이다.

최근 실제로 자주 만나거나 연락을 한 사람이 몇 명인지가 과연 친구의 기준으로 중요할까? 그렇지 않다. 연락이 끊어지고 심지어 현재 연락처도 모르는 상태라도 만난다면 반가워 할 수 있는 것이 친구다. 심지어 만나서 딱히 반가워하지 않아도 친구일 수 있다. 왜냐하면 실제 친구 중에는 그저 익숙할 뿐 많이 만나더라도 지겨워하는 친구도 있기 때문이다(단짝 친구 중에 이런 경우도 많다). 그래서 과거에 안면이 있기만 해도 친구일 수 있다. 학교에서 같은 반이었을 당시에 별로 안 친했어도 나중에는 친구라고 할 수도 있다. 그래서 최근 물리적으로 또는 실제 소통으로 얼마나 연결되었는가가 중요한 게 아니다.

반면에 그 사람 내면의 성품과 사고방식은 그의 친구가 얼마나 되는지의 척도가 될 수 있다. 만약 어떤 사람이 과거에 좋은 성품(도덕적이든 매력이든 간에)으로 인해 친구가 많았는데, 나중에 어떤 계기로 좋지 않은 성품으로 바뀌었다고 해보자. 그런데 오랜만에 그와 만난 과거의 친구들은 그의 성품이 좋지 않은 것을 깨달으면 실망하고 멀리하려 하게 될 것이다. 그것이 바로 친구가 줄어든 것이다. 반면에 좋은 성품, 매력 있는 성품을 가졌다면 처음 만난 사람이라도 좋아하고 친구가 되려 할 것이다. 친구는 최근에 자주 만나는 사이만 의미하는 것이 아니며, 연락이 끊겨도, 심지어 전에 만난 적이 없는 관계라도 자신의 성품에 따라 '잠재적으로' 친구가 될 수 있다. 친구는 실제 가까이 있거나 자주 만나는 사람 뿐 아니라 '잠재적 친구'를 포함한다. 그리고 실제 가까이 지내는 사람보다 잠재적 친구의 수가 더 많을 수도 있다.

그래서 사람들과 연락을 모두 끊고 집에만 있는 은둔형 외톨이라도 친구가 있다. 과거에 그와 안면이 있던 사람들이 친구이기도 하고, 만약 그의 성품이 괜찮다면 잠재적 친구는 많을 것이다. 그리고 성격이 특이해도 그 특이한 성격에 맞는 잠재적 친구도 있다. 실제 행동을 보고 얼마나 사람을 만나는가 등으로 그 사람의 친구를 찾지 말자. 친구는 항상 있다. 다만 자신이 물리적으로 안 만날 뿐이다.

　　중요한 것은 '친구가 있을만한가, 없을만한가'이다. 친구가 필요하다면 친구가 있을만한 성품을 가지면 된다. 친구가 있을만한 성품이라면, 실제 사람을 만나지 않아도 친구가 있는 것과 마찬가지다. 물론 실제 행동적으로 어울리기도 쉬워질 것이다. 친구가 있을만한 성품이라면 친구와 실제로 얼마나 만날 것인가는 오로지 자신의 선택에 불과하다.

　　이제 앞에서 말한 불공정을 낳는 친구, 친목과의 차이점에 대해 알 수 있다. 친구란, 친구가 있을만한 성품이라면 자동으로 생기는 것이다. 친목행위가 없어도 잠재적으로 생긴다. 물론 그 사람은 간혹 친구들을 만나 즐거운 시간을 가지거나 정보 교류를 할 수 있다. 그런데 그렇게 즐겁고 유익한 시간을 가지는 사이와 친목 관계로 인해 특혜를 줄만한 사이는 다르다. 오히려 전자는 자신의 매력과 성품에 상대방이 이끌리는 것이므로 순수한 친구의 관계에 가깝지만, 후자는 이익을 주고받는 거래적 관계에 가깝다. 그러한 거래적 관계에서 보답이나 투자 같은 이유로 특혜가 발생한다. 다만 그 두 가지 모두 친구(친한 사이)라고 할 수도 있고, 경계가 불분명한 경우도 많다. 아마도 구분하는 방법은 친목행위를 해야만 겨우 친구가 유지되는 관계라면 거래적 관계일 것이다(거래가 모두 나쁘다는 건 아니고 서로 좋을 수도 있다. 그러나 폐쇄적 거래는 사회적 부작용이 있다).

'친목을 위해서' 친목행위를 하는 것이다. 반면에 진정한 친구 관계는 오히려 친목행위가 없어도 유지된다. 그리고 친목행위를 하더라도 그 순간만을 위할 뿐, 친목을 위한 것은 아니다.

Ø

앞에서 말한, 친구가 적은 고위직이 낫다는 말은 '잠재적 친구'를 포함시키지 않은 말이었다. 고위직의 잠재적 친구는 많아도 아무런 상관없고 오히려 더 좋을 수도 있다(항상 더 좋다고 말하지 않은 이유는 전문적 능력이 더욱 중요할 수도 있기 때문이다). 다시 한 번 정리하면, '잠재적 친구'는 행동적으로 최근에 함께 시간을 보낸 친구가 아니라, 거리와 시간에 상관없이, 심지어 시간에 상관이 없으므로 넓게 보면 아직 서로 안면이 없어도 그 사람의 성품과 매력에 끌리고 친구가 될 수 있는 사람이다. 참고로 이렇게 행동보다는 내면에 있거나 잠재적인 것을 객관화시키는 발상은 인지과학의 특징을 활용한 것이다.

고위직이 적게 가지면 좋다고 한 것, 우리가 기존에 흔히 생각하는 친구, 즉 잠재적 친구가 아닌 현실의 친구를 임의로 '현친구'라고 이름 붙여보자. 그런데 현친구는 경계가 모호하다. 2년 동안 연락이 안 된 친구는 현친구일까? 애매하다. 그러면 3년 동안은? 현친구는 아닌 것 같지만 오랫동안 못 본 친했던 동창생처럼 친구인 경우도 많다. 그러므로 친구의 개념, 친구의 수를 셀 때는 현친구보다 넓어야 한다. '친구'는 현친구와 잠재적 친구를 합쳐야 한다. 혹은 현친구가 잠재적 친구 숫자에 포함된다고 볼 수도 있다.

그런데 왜 잠재적 친구가 많다면 현친구를 군이 안만들 필요가 있는가라는 의문이 생길 수도 있을 것이다. 만약 친구(현친구)는 다다익선(많을수록 좋음)이라는 가정을 한다면, 잠재적 친구가 많은 데 비례해서 현친구도 많이 만들 필요성이 있고, 그러면 사실상 잠재적 친구와 현친구를 굳이 구분할 필요성도 사라질 것이다. 하지만 친구(현친구)는 다다익선이 아니다. 그러한 이유 중 하나는 친목의 폐해에 대해서 설명하면서 이미 밝혔다. 그리고 다른 이유는, 자기 개발과 자신의 고유한 삶에 방해가 될 수도 있다는 점이다.

타인과의 친목과 인맥으로 인해 도움을 받아 성공하는 경우도 있지만, 그것은 성공의 일반적인 방식이 아니다. 근본적인 방식, 대체로 더 존경받는 방식은 자신의 개인적 능력을 키워서 그것으로 성공하는 것이다. 물론 누구나 다른 사람의 도움이 전혀 없이 성공하기는 매우 어렵다(부모의 도움이 있다는 것도 생각하자). 그러나 무엇보다 중요한 것은 자신의 능력이 높아져야 한다. 능력 개발에는 많은 시간과 노력이 필요하고, 그것은 대개 혼자만의 시간이다. 친목과 너무 많은 친구는 거기에 투자할 시간과 정신적 에너지를 빼앗는다. 공부하고, 책과 영화를 보면서 깊이 사색하고, 개인 연습을 하고, 창의적 아이디어를 떠올리는 시간은 혼자서 할 때 더욱 집중할 수 있으며, 친목 행위가 많아지면 방해받는다. 주변사람들에 휩쓸려 자신의 능력 개발이 뒷전이 되는 사례는 매우 흔하다. 예를 들어 연예계의 대부 박진영(JYP)은 "인맥 넓히지 말고 자기에 투자하라"고 조언했다(유튜브에서 '인맥 넓히지 마라'를 검색해보자).

자기 개발은 많은 사람에게 도움과 행복을 주기 위한 과정일 수 있기 때문에 이기적이라 볼 수는 없다. 몇 년 전 우리나라에서 많이 팔린 사이토 다카시의 《혼자 있는 시간의 힘》은 친구나 친목행위 없이 혼자 있을 때 더욱 자기 개발을 잘할 수 있다는 사실을 강조하는 책이다. 자기 개발을 위해 혼자만의 시간이 필요하다는 것은 많은 사람이 경험적으로 알고 있을 것이다. 개인 능력 개발 이외에, 자연이나 동물을 좋아하는 등 인간관계와 무관한 어떤 분야에 빠지고, 그것을 삶의 보람으로 삼을 수도 있다. 그렇다면 많은 친구가 필요 없고, 친목은 오히려 자신의 '실존적 삶'을 영위하는데 방해가 된다.

그런데 자기 개발에 집중하거나 특정한 취미에 빠지거나 자연과 동물을 좋아해서 친목 관계를 거의 맺지 않는 사람이라고 해서 '친구가 없는 사람'으로 보아야 할까? 그렇지 않다. 그는 '현친구'는 적거나 없을지 모른다. 그러나 그의 성품과 특징에 의해 잠재적 친구는 얼마든지 많을 수 있다. 다만 본인의 선택에 의해 현친구나 친목행위를 만들지 않을 뿐이다. 그런데 '친구가 없는 사람'이라고 하면, 흔히 앞에서 든 예시 "너 친구 없지?"라는 질문에서 추측하는 좋지 않은(친구가 없을 법한) 성품이 떠오른다. 친구가 없을 법한 좋지 않은 성품이란 현친구가 없는 것이 아니라 잠재적 친구가 없는 것이다. 그것을 현친구가 없는 것과 혼동해서는 안된다.

과거에는 현실의 친구가 다다익선이라서, 친구라면 현친구를 뜻했지만, 지금은 점차 잠재적 친구 개념이 더 중요해지고 있다.

Ø

친구(현친구)가 없으면 '외로움'이 커질 텐데, 왜 외로움을 참아가면서 친구를 만나거나 친목 행위를 하지 않는가라는 질문이 나올 수 있다. 주관적 느낌이므로 사람마다 차이가 있겠지만, 나는 개인적으로 그 외로움의 실체가 모호해 보인다. 한 가지 흥미로운 가설을 세울 수 있다. 사실 가설이라기보다는 문화적 특징에 따른 추론인데, 친구가 없어서 외로움의 고통이 크다는 것은 서양 문화에 의해 부풀려진 측면이 크다. 서양 문물, 즉 서양의 책, 영화 등의 영향으로 부각되었다.

동양에서도 전통적으로 외로움의 고통이란 것이 있어왔는데, 그 사례를 살펴보면 주로 애인 또는 배우자가 없을 때 그것을 느낀다. 즉 성적인 관계를 바탕으로 자신을 보살펴줄 사람이 없거나 가정을 꾸리지 못해서 느끼는 고통을 주로 '외로움'이라고 표현한다. 물론 그 고통은 클 수 있다. 반면 서양에서는 그런 관계와 무관하게 친한 사람이나 소통하는 사람이 없을 때 외로움의 고통을 크게 느낀다. 그 이유는 서양 문화가 기본적으로 개인들 간에 '분리와 단절'이 큰 사회이기 때문이다. 서양 철학이 그것을 기반으로 발전해왔고, 그것을 장려하기도 했다.

동양 문화는 기본적으로 타인들과 연결이 있다는 가정을 하는 반면 서양 문화는 (상대적으로) 분리되어 있으므로 혼자 있으면 더욱 외로움을 느끼게 되는 구조이다. 즉 서양인들이 생각하는 외로움이란 디폴트처럼 가만히 있어도 존재하는 것이며, 적극적으로 소통하지 않으면 지속되고 심해진다.

서양 문화에서 개인들은 주체적, 독립적으로 살아가기를 부추김 당하고 그것을 좋게 보기 때문에 혼자서도 잘 살아가는 것처럼 보이지만, 인간의 본성은 마찬가지다. 그로 인해 더욱 심한 외로움을 느낀다. 심리학 연구 결과, 행복에서 가장 중요한 요인은 타인들과의 많은 교류라고 하는데, 그건 서양인들을 조사한 결과였다. 과연 동양인도 그럴까? 동양인이 어떨 때 행복해지는지는 아직 연구가 덜 된 것 같다. 아마도 부와 성공 같은 세속적인 것의 중요성이 클 것이다. 그렇다면 약간 찝찝한 결과이거나 서양 연구가 보편적 결과라고 생각할 수도 있다. 행복의 심리학의 권위자 서은국의 《행복의 기원》에는 '불행한(그렇게 느끼는) 사람들'이 실제로 타인과 얼마나 교류하는지를 보여주는 그래프를 보여주는데, 미국인들은 혼자 있는 시간이 타인과 함께 있는 시간보다 훨씬 많았다. 반면에 불행한 한국인들의 경우에는 혼자 있는 시간과 함께 있는 시간의 크기에 차이가 딱히 없었다. 그렇다면 미국인들은 혼자 있음으로 해서 불행을 더 많이 느낀다고 볼 수 있다(그 책에서는 국가 간 그 뚜렷한 차이에 대해 주목하지 않았다).

동양인들은 서양인에 비해서 문화적 차이로 인해 기본적으로 외로움을 덜 느낀다. 서양 문화는 개인 간 단절이 뚜렷하기 때문에 타인과 거리를 더 많이 둬야 할 것 같지만, 반가운 인사를 하거나 친목에 접어드는 단계에서는 (일단 표정부터 매우 밝아지면서) 스킨십을 동양인보다 더 많이 한다. 볼에 뽀뽀를 하고, 강한 악수를 하고, 포옹도 많이 한다. 뿐만 아니라 길에서 낯선 사람과 반갑게 인사도 잘한다. 나는 그들이 더 외롭기 때문이라고 생각한다. 동양 문화권에 속한 사람이 친목이 없어서 생기는 고통이란 주로 그로 인한 현실적 이익(협력 포함)이 없는 것이지, 외로움의 고통은 서양인에 비해 적다. 참고로, 동양인들이 '공동체주의'가 강하다고 해서 '이타주의'가 강한 것은 아니라는 점에 유의할 필요가 있다.

마음의 문을 여는 법

자신의 마음이 닫혀 있다고 생각해서 고민하는 사람을 종종 볼 수 있다. 그 고민은 쉽게 타인에게 말하는 경우가 적기 때문에 드러나지 않는 경우가 많다. 그리고 그와 비슷한 문제로 고민하고 있는 사람들 중에 '자신의 마음이 닫혀있음'을 인식한 경우는 일부분이다.

어떤 사람은 주변에서 "너는 마음이 닫혀 있는 것 같아"라는 말을 해줘서 인식하는 경우도 있다. 이런 사람들의 고통은 대체로 타인들과 원활한 대인 관계를 하지 못하고, 그것을 두려워하고, 뜻대로 잘 되지 않는다는 것이다. 인기, 사랑, 깊은 친밀감을 얻지 못해 생기는 불만의 원인에 그것이 있다. 보다 본질적인 문제는 대인 관계를 대하는 자신의 태도에서 문제가 있음을 알지만 그것이 무엇인지 몰라 혼란과 불안의 상태에 있다는 점이다.

'마음이 닫혀 있음'은 은유적으로 보이고 정신병리학에서 정의된 개념은 아니지만, 나는 그러한 마음의 닫힘/열림 같은 것이 실제로 존재하는 문제라고 본다. 나는 오래전부터 이 문제에 대해 생각해 왔다. 다만 내가 마음이 닫혀 있는 사람이었는지는 애매할 수 있는데, 어쩌면 주변에서 그렇게 느꼈을 수도 있지만, 나의 수많은 고민들의 뿌리를 해소할 수 있는 한 가지 가능성의 문제였다. 어쩌면 고등학교 때 진학할 대학의 전공으로 철학에 관심을 가지게 된 원인이 주로 이것 때문이었는지 모른다. 이제껏 철학과 심리학을 공부했어도 그에 대한 명확한 해결책은 발견할 수 없었다. 다만 비교적 최근에 이 문제에 관해 내가 깨달은 이치에 대해 설명해보려 한다.

2000년대 초반에 나는 인터넷에서 자신의 마음이 닫혀 있다면서 고민을 호소하는 글을 본 적 있다. 그 사람은 실제로 주변 사람에게 "너는 마음이 닫혀 있어"라는 말까지 들었다고 한다. 그는 평소에 말도 많이 한다고 한다. 타인과 잘 지내기 위해 말도 많이 하고, 웃기려고 노력하기도 하지만 대인 관계가 생각대로 잘 되지 않고, 타인은 그가 마음이 닫혀 있다고 느끼기도 한다. 이걸로 봤을 때 마음이 닫혀 있고 열려 있고는 말을 많이 하는 것과 무관함을 알 수 있다.

그러면 흔히 그는 '속마음을 더 많이 드러내야 할까?'라고 생각하게 될 것이다. 즉 자신의 비밀스러운 일을 더 많이 말하고, 자신의 감정도 더 솔직히 표현하면 타인이 볼 때 한편으로 마음을 연 것으로 보인다. 이 방법은 그럴듯하고 어느 정도 효과도 있지만 근본적 해결책은 아니다. 근본적 문제가 해결되지 않고 속마음, 비밀 공개하기 방식만 취하면 점차 스스로 지치게 되고 자괴감에 빠지게 될 것이다. 그 방법은 다만 2차적으로 더 좋아질 수 있는 '옵션'과 같은 것인데, 비유하자면 슈퍼카 같은 것을 갖고 싶다고 해서 엔진은 2000cc인데 옵션과 외형만 슈퍼카

같이 꾸미고 튜닝하는 것과 같다.

타인이 볼 때 그가 마음을 열지 않은 것으로 보이는 이유는, 단지 솔직하지 않기 때문이라기보다는 주로 타인이 파고들 여지를 허락하지 않기 때문이다. 자신의 내부를 밖으로 끄집어내는 것보다 더 중요한 것은 타인이 자신의 영역 안으로 들어오도록 허용하는 것이다. 마음의 문을 닫는다는 것은 타인이 자신의 영역에 '침입하지 못하도록' 막고 있는 것이다. 그것을 느끼는 사람들은 깊게 다가가지 못하고 거리감을 느끼게 되고, 나중에는 그가 마음이 닫혀있다고 느끼게 된다.

왜 많은 사람들은 자신의 영역에 타인이 침입하는 것을 두려워할까?(부동산 같은 물질적 공간을 말하는 것이 아니다) 타인이 자신의 영역에 침입한다는 것은 타인의 영향력이 자신에게 큰 영향을 미친다는 것을 뜻한다. 그리고 타인이 주도하는 상황으로 자신의 삶이 전개될 수 있다는 것을 뜻한다. 마음이 닫혀있는 사람은 그것이 두려운 것이다. 다시 말해, 자신에게 영향을 미치는 타인의 자유가 두려워서 그것을 막고 있다고 볼 수 있다. 자신을 대하는 타인의 자유가 가로막힌 상황에서, 그걸 바라는 낌새를 눈치 채고 타인은 불편함을 느끼고 벽을 느끼게 된다. 그렇게 된 원인은 종종 그가 타인에 의해 큰 상처를 입은 과거의 경험 때문일 수도 있다. 그래서 트라우마처럼 타인이 자신에게 마음대로 하는 것을 막으려 할 것이다.

그러나 꼭 과거의 트라우마 때문이기만 한 것은 아니다. 과거에 타인에게 많은 상처를 받은 사람이라도 마음이 닫히지 않은 경우도 있고, 적게 받았어도 마음이 열린 사람도 있다. 누구나 타인에게 상처를 받는 일을 겪는다. 그런 트라우마를 가진 사람이 확률이 더 크긴 하지만, 트라우마가 없어도 가질 수 있는 어떤 근저의 사고방식이 결정적일 것이다. 그것은 타인이 개입하면 내 인생의 주도권을 상실하게 되고, 내 삶이 엉망이 될 것이라는 무의식적 사고 같은 것이다. 그러나 그것이 꼭 옳은 생각은 아니다.

지금으로부터 17~18년 전에 나는 여기까지 깨닫고 마음을 여는 방안으로 '나와 관계하는 상황에서 타인의 자유를 허하고 그가 주도하는 상황도 허락하라'는 것을 생각해냈다. 그러면 타인이 어려운 벽을 느끼지 못하고, 나에게 접근하기도 쉬워질 것이고, 나를 더 좋아하게 될 것이다. 그리고 타인이 자유롭게(주도적으로) 나를 대하는 행동도 나쁘지 않고, 오히려 나에게 좋을 수 있다는 것도 점차 느끼게 될 것이다.

이 방안에 대해 한동안 그럴싸하다고 생각했지만, 아직 부족한 부분이 많았다. 나중에 검토해봤을 때 첫 번째 문제는, 단지 나에 대한 타인의 자유를 허하라고 하면, 여전히 큰 용기를 가지고 마지못해 마음을 열어야 한다는 것이었다. 마음이 닫힌 사람들은 그렇게 하면 간혹 일이 잘못될지를 두려워 할 것이고, 마음을 열었다 닫았다를 반복하게 될 것이다. 대인(大人)처럼 다 괜찮다는 마음을 가질 수도 있겠지만, 대인이 되기는 쉽지 않고, 그렇게 되라는 것은 그에게 너무 많은 것을 요구하는 건지도 모른다. 그래서 불안은 쉽게 해소되지 못하고, 효과가 적을 수 있다. 두 번째 문제는 '친목질의 폐해' 챕터에서 말한 것처럼 자기계발과 자신의 주도적 삶을 위해서는 종종 타인의 개입과 방해를 막을 필요도 있는데, 이 방안은 그것과 충돌하는 것처럼 보인다. 그래서 자신의 삶을 위해 마음 열기를 포기할지도 모르게 된다. 이보다 좀 더 개선된 방안이 필요하다.

Ø

그 후로 오랫동안 마음의 문과 관련해 여러 가지 새로운 아이디어들이 떠올랐다. 하지만 시간이 지나 되돌아보면 대부분 하찮아 보이는 것들이었다. 그러다가 작년(2020년) 여름 어느 날, 이제까지 없었던 획기적인 생각이 떠올랐다.

처음부터 의도적으로 마음 여는 법을 찾으려고 노력한 것은 아니었다. 그 방안의 결론 부분을 먼저 밝혀도 되지만, 이해에 도움이 될지 몰라서 구상하게 된 절차를 소개해 본다.

그 처음의 계기는, 어느 날 문득 내가 사회적으로나 대인관계와 관련된 어떤 '감각'이 부족하다는 생각이 들었다. 여기서 감각이란 어떤 것을 감지하는 능력과 기제 같은 것을 말한다. 어떤 감각이 부족한 사람들이 있고 사람마다 제각각의 감각이 부족할 수 있다. 예를 들어 색맹인 사람은 색을 감지하는 감각이 떨어지고, 어떤 사람은 특정한 맛이나 향에 둔감할 수 있다. 그런데 어느 날 나는 이제까지 내가 미처 감지하지 못했던, 사람들 간의 관계에서 존재하는 어떤 추상적 형질 같은 것이 있을 것 같다는 생각이 들었다. 문득 내가 그 감각이 부족할지 모른다고 느꼈고, 그것을 좀 더 키우고 싶었다. 그 구체적인 내용을 알지 못한 상태에서 그것이 있을지 모른다는 것을 깨달은 것은 의미 있는 일이었다. 그리고 나는 그것이 무엇인지를 감지하려고 시도했다.

그렇게 해서 내가 새롭게 감지하게 된 것은 사람들이 가진 각자의 '벽'이었다. 즉 사람들이 타인과의 경계에서 마치 자신의 집이나 방처럼 벽으로 둘러쳐져 있었다. 그것도 엄청난 '철벽'같은 것이 있었다. 이성의 구애를 좀처럼 받아들이지 않는 사람을 '철벽녀', '철벽남'이라고 말하는 것처럼, 철벽이란 타인이 뚫기가 거의 불가능한 단단한 벽이다. 마음이 닫힌 사람들만 철벽을 두르고 있는 것이 아니라, 모든 사람은 철벽을 두르고 있다는 점이 중요하다. 그것은 자연스러운 것이고 자연적 인권과도 같은 것이다. 참고로 애니메이션 〈신세기 에반게리온〉에서도 이와 비슷한 것이 등장한다. 'AT필드'라고 부르는데, 처음에는 로봇 기체가 가진 최강의 방어 기제로 묘사되지만, 그 정체는 인간이 타인과의 분리를 만들어내는 개인 간에 존재하는 벽이었다. AT필드가 사라지면 개인의 존재가 사라져서 인간의 형태는 무너진다. 그 철벽은 이런 역할을 한다.

이렇게 모든 사람은 각자의 공간을 가지면서 철벽으로 타인과 경계를 짓고 있다. 하지만 모든 사람이 굳게 마음의 문을 닫고 있는 것은 아니다. 모든 사람이 자폐증 환자는 아니기 때문이다. 그 철벽을 뚫거나 문을 열거나 하는 식으로 어떻게든 서로 교류를 할 텐데, 나는 어떻게 그렇게 되는지를 감지하려고 노력했다.

사람이 철벽으로 쌓인 각자의 방 안에 있다면, 철벽은 뚫기가 거의 불가능하다는 전제가 있으므로, 거기에는 '문'이 있을 것이다. 그렇다면 그 문의 구조는 어떻게 되어있고, 어떻게 열고 닫히는가?

여기서 나는 발상의 전환을 해보았다. 흔히 자기 집 같은 경우에 문이 한 두 개가 달려있고, 그 문을 자신이 마음대로 열고 닫을 수 있다. 그러나 우리가 논의하는 대상은 건물로 된 집이 아니며, 그와 전혀 다를 수 있다. 그 철벽에 달린 문은 어쩌면 안에 있는 사람이 마음대로 열고 닫고 잠글 수 있는 것이 아니라, 오히려 밖에 있는 사람이 마음대로 열고 닫고 들어 올 수 있는 문인지도 모른다. 오히려 안에 있는 사람은 그것을 조절할 권한이 없을지도 모른다.

만약 그렇다면 철벽이 무슨 소용인가라는 의문이 들 수도 있는데, 철벽은 타인과 정신적으로 텔레파시로 완전히 통하지 않기 때문에 생기는 어쩔 수 없는 장벽이며, 또한 안에 있는 사람이 타인과 경계를 짓고 나만의 기억이나 비밀을 가질 수 있는 기본적 욕망의 투영이기도 하다. 그 장벽은 강력하기 때문에 철벽이 된다. 다만 문이 달려있을 뿐이다. 철벽에 있는 문은 타인이 특정 방식, 특정 루트를 통해서만 개입하고 들어올 수 있음을 뜻한다. 간단히 생각해서 텔레파시나 순간이동, 마음 해킹 같은 것으로 개입할 수는 없다는 것만으로도 특정 루트로 한정됨을 알 수 있다. 문이 아닌 철벽을 뚫으려면 '초능력'이 있어야 한다. 그 가능성은 생각하지 말자.

그러한 자신만의 공간(영역)이 있고 문이 있으면 그 문은 실제 집처럼 안에 있는 사람(자신)이 통제해서 잠그거나 열 수 있을 것이라 생각하기 쉽다. 그런데 그 문을 안에 있는 사람이 통제할 수 없고 밖에 있는 사람(타인들)이 마음대로 들어오는 경우를 상상해 볼 수 있다. 즉 안에 있는 사람은 문을 잠글 수도 없고 여닫을 아무런 권한이 없는 것이다.

이것이 비현실적인 모델일까? 그런데 나는 현실적 모델이라고 본다. 예를 들어 언제나 나의 의도와는 전혀 무관하게 타인이 나에게 개입할 수 있다. 내가 길을 가다가 갑자기 종교를 전파하려는 사람에게 붙들릴 수도 있고, 예기치 않게 다른 사람에게 뒤통수를 한 대 얻어맞을 수도 있다. 그리고 반대로 나는 아무에게나, 내 마음대로 그의 삶에 개입할 수 있다. 갑자기 다른 사람의 손을 잡을 수도 있고, 욕을 할 수도 있고, 사랑한다고 말할 수도 있다. 그러면 상대방은 그 영향을 받을 수밖에 없다. 그래서 외부의 사람이 마음대로 문을 열고 그 사람의 삶에 개입할 수 있다는 것은 사실이다. 그것을 안에 있는 사람이 마음대로 통제할 수 없다.

이것이 실제 사람들 간의 관계의 구조이다. 자신이 걸어 잠그고 들어오지 못하게 하는 문 같은 것은 애초에 없다. 그런데 우리는 흔히 그 문을 안에서 잠그려 한다. 소용없는 일이다.

Ø

이로써, 나의 문은 내가 여닫는 게 아니라 타인이 여닫는 것이며, 그렇다면 타인의 문도 자신이 마음대로 열고 들어갈 수 있다는 것을 깨닫게 되었다. 이제까지는 자신이 여닫을 수 있는 문은 자신의 문이라고 흔히 생각했지만, 자신이 여닫을 수 있는 문은 타인의 문일 뿐이다.

한 사람이 얼마나 많은 문을 가지고 있는지는 확실치 않은데, 하나일 수도 있고 무한대로 많이 가지고 있을 수도 있다. 어쩌면 그 문은 타인들 각자의 '전용 문'으로 되어 있을지도 모른다. 즉 한 사람 A(내 입장에서 타인)로 들어가는 문들 중에 내 전용 문이 있을 수도 있다(그래서 내 마음대로 열고 닫는다). 그러면 A가 가진 문의 수는 타인들 수만큼 무수히 많아진다. 그러나 한 사람이 가진 문이 한 개인지 무한대인지는 지금 따져야 할 정도로 중요한 것은 아닌 것 같다. 중요한 것은 타인이 마음대로 들어갈 수 있는 문이 있다는 것이다.

이것이 두려워서 자신의 문을 철저하게 통제한다고 생각하는 사람들은 그로인해 자신이 타인의 개입과 침해를 적게 받고 있다고 생각할 것이다. 그러나 그는 자신의 예상보다 더 많이 타인의 개입과 침해를 받고 있다. 당신은 아마 오늘도 많은 광고물을 봤을 것이다. 그것은 타인이 당신에게 더 많이 침입하고 더 많은 영향을 주기 위해 노력한 결과이다. 광고와 선전은 당신을 따라다니면서 열정적으로 침입한다. 우리는 자신도 모르는 사이에 광고의 영향을 받고, 그 제품을 더 많이 구매하게 된다. 유튜브에서는 자동으로 추천하는 영상이 뜬다. 그것은 자신의 유튜브 시청 패턴을 감지해 개인별로 제공하는 것이다. 우리는 추천하는 영상을 클릭할 확률이 커진다. 그것에 영향을 받아 인생이 바뀔 수도 있고 꿈에 등장하기도 한다. 자신이 의도한 것이 아니지만, 타인이 개입하고 들어온 것이다. 우리는 이러한 수많은 타인들의 접근과 개입을 통제할 수 없다.

타인이 한 사람의 삶에 개입할 때, 그것을 회피할 수 있는 방법이란 겨우 그 개입에 '주목하지 않기' 정도이다. 주목은 그 사람이 주도적으로 선택할 수 있는 최후의 방편이다. 그러나 만약 타인이 개입했을 때 주목하지 않고 회피한다면 타인은 기분이 나빠서 더 큰 소란을 피울 수 있다. 그리고 주목하지 않았다고 해서 주목하지 않은 부분이 자신에게 영향을 미치지 않았다고 보기도 어렵다. 어떤 영화를 봤을 때 주목한 부분은 일부분에 불과할 수 있어도, 나머지 부분도 기억에 남고 영향을 미쳤을 수 있다. 얼마나 영향을 미쳤을지는 알기 어렵다. 주목은 힘이 미약해서 타인을 거의 통제할 수 없다. 그보다는 타인에 의해 주의가 끌리고 주목하게 되는 경우가 훨씬 많다.

타인이 마음대로 내 삶에 개입할 수 있어서 억울함이 느껴지는가? 그러나 억울할 건 없다. 마찬가지로 자신도 타인의 삶에 마음대로 개입할 수 있기 때문이다. 여기에는 조금도 비대칭이 없다. 대칭적이고, 평등하다.

자신이 집 같은 것의 안에 들어있고 자신이 마음을 열어야 '소통'할 수 있다는 생각을 버려야 한다. 그런 생각을 가지면 자신이 타인의 마음(영역)으로 들어가기도 어려울 것이다. 실제 집처럼 타인의 집 밖에서 기다릴 수 밖에 없다고 생각하기 때문이다. 그리고 자신이 먼저 마음의 문을 열고 나가서, 그 후에 타인의 (마음의) 집 앞에서 기다리든가 문을 열어야 한다고 생각할 것이다. 그것은 사실이 아니다. 자신은 타인으로 들어가는 문만 조절할 수 있다. 자신으로 들어오게 하는 문은 조절할 수 없다. 그러므로 만약 말 그대로 '마음의 문을 열지 않는 것이 문제'라면, 알고 보면 자신의 마음의 문을 열지 않는 것이 문제가 아니라(그건 권한이 없으므로), 타인의 마음의 문을 자신이 열지 않는 것이 문제이다.

마음이 닫혀있는 사람은 각자의 문은 그 자신만이 열 권한이 있다고 생각하기 때문에 타인의 문을 여는 것을 주저하거나 자신이 못 연다고 생각할 것이다. 동시에 타인이 마음대로 자신의 문을 열지 못하게 하려는 헛된 노력을 하고, 타인이 들어오면 자신의 권한이 침해받는 것 같아 불쾌감을 느끼고, 들어오지 못하도록 애써 방어막을 치려고 한다. 타인들은 피해를 끼치는 사람 취급을 받기 때문에 그에게 접근하기가 어려워진다.

Ø

그런데 타인의 문을 마음대로 여는 것, 다시 말해 타인의 마음의 영역에 마음대로 들어가고 개입하는 것은 실례이고 피해를 끼칠 수 있는 것이 아닌가라는 걱정이 있을 수도 있다. 이것은 도덕, 윤리의 문제이다. 그래서 그 걱정 때문에 도덕성에 민감하거나 '착한 사람'은 더 조심스럽고 타인의 문을 잘 열지 않으려 할 가능성이 크다. 그리고 대체로 마음이 닫혀있는 사람은 내가 피해보는 것이 싫기 때문에 마찬가지로 타인에게 피해를 안주려고 타인의 문을 열지 않으려 할 것이다. 그러나 많은 경우에 그것은 피해를 주는 일이 아니다.

일단, 앞에서 말한 것처럼 피해를 보았다고 느끼는 커다란 이유는 '권한 침해'에 있다. 타인이 마음대로 들어오면 그 문을 조절하는 자신의 권한이 침해받는다고 느끼는 것인데, 그 조절 권한은 애초에 없다고 설명했으므로, 그것을 깨닫는다면 권한 침해로 인한 피해의식은 사라질 것이다.

그러면 남아있는 문제는 타인의 개입이 실질적으로 그 사람에게 피해가 되는가이다. 물론 피해가 되는 경우가 있다. 타인이 폭력을 휘두를 때, 자신의 일을 방해할 때, 층간 소음을 일으킬 때 등, 피해를 주는 사례는 많다. 그러나 타인의 개입이 방해, 폭력, 층간 소음이기만 한 것은 아니고 오히려 자신에게 좋은 경우도 매우 많다.

타인의 개입(타인이 나의 문을 열고 들어옴)이란, 대체로 타인이나 타인의 행위가 예기치 않게 자신의 주의를 끌고 자신의 삶에 영향을 끼치는 것을 말한다. 주의를 끄는 것들은 여러 가지 종류가 있는데, 앞에서 말한 것처럼 피해가 되는 것도 있지만, 더 많은 것은 자신에게 도움이 되는 것이다. 거리의 안전 표시는 눈에 잘 띄는 노란색과 검은 색 무늬로 혹은 소리로 주의를 끈다. 위험한 말벌의 색도 그와 비슷하다. 독사도 색이나 소리로 주의를 끈다. 그런 경고색이나 소리에 주의가 끌리는 것은 자신의 안전에도 도움이 된다.

주의를 끄는 것 중에는 마치 '꽃'같은 것들도 많다. 꽃은 화려하고 눈에 띄며, 향기를 내뿜어서 주의를 끈다. 꽃의 목적이 수정에 있다고 해도 꽃이 대체로 피해를 끼치는 것은 아니며, 꿀벌처럼 꽃에 의존해서 살아가는 생물들도 있다. 우리가 예기치 않게 주변 사물에 주의가 끌리는 것은 많은 경우에 자신에게 도움이 되기 때문이다. 주목하는 기능은 진화의 과정에서 발달한 것인데 대개 자신에게 도움이 되기 때문에 의식적, 무의식적으로 주목하는 것이다. 그래서 우리는 많이 주목하고 주의를 끄는 대상에게 점차 매력을 느끼는 경우가 많다. 타인의 '매력'도 사실은 타인의 개입이다. 우리는 타인이나 타인의 작품에 끌리게 되고 좋아하게 되는데, 그것이 방해나 침해인가? 마음이 닫힌 사람이 대체로 매력이 없는 이유는 아마도 개입에 대한 거부감 때문에 개입을 당하지도, 하려고도 하지 않기 때문일 것이다.

　광고도 모두 나쁜 건 아니다. 광고의 악영향도 있지만 순기능도 있다. 제품을 고르는데 참고가 되며, 종종 즐거움을 주기도 한다. 이렇게 타인의 개입이 자신에게 도움이 되는 경우가 많이 있는데도 마음의 문을 닫는 건, 타인의 도움을 받기도 싫고 타인에게 도움을 주지도 않겠다는 것과 마찬가지다.

　타인이 개입해서 불쾌하고 피해가 되는 것은 첫째로 악성 광고나 사기 사건처럼 자신을 '이용'하려는 경우와, 둘째로 자신을 '방해'(폭력 포함)하는 경우이다. 타인이 개입한다고 해서 모두 이렇게 하는 것은 물론 아니다. 마음이 열린 사람은 자신을 이용하려는 개입과 자신을 방해하는 개입을 모두 받아들이는 사람이 아니다. 마음이 열려있어도 그것을 피하고 거부할 수 있고, 그렇게 하는 것과 무관하다. '방해'란 자신이 어떤 일에 집중할 때 그것을 못하도록 막거나 걸림돌이 되는 것을 뜻한다.

그런 경우만 피하면 되는 것이지, 개입이 모두 방해는 아니다. 그래서 자신의 일과 공부에 집중하느라 타인의 방해를 되도록 피하고 싶은 사람도 마음이 열려있을 수 있다. 다만 그는 집중하는 시간이 많고 어떤 목적이 뚜렷하다는 특징이 있는데, 타인이 그 시간과 목적에 방해가 되는 행동만 하지 않으면 개입해도 된다.

더구나 간혹 정말로 잘못된 길인데 집중하고 있는 경우가 있을 수 있다. 그때는 그 길 자체에 개입할 수도 있는데, 그 개입이 타당한지는 각자의 판단이 다를 수 있기 때문에 애매하지만, 어떤 때는 방해라고 느꼈던 것이 되돌아보면 그것이 올바른 개입인 경우도 있다. 다만 타인의 사정을 잘 모르면서 함부로 판단하지는 말자. 또 하나 우리가 알아야 할 것은, 당연한 말이지만, 개입은 '강요'와 다르다는 점이다. 새로운 의견 제시와 정보 제공도 개입이고, 상대를 존중하면서 개입할 수 있다. 참고로 이러한 목적의 부드러운 개입을 최신 경제/심리 용어로 '넛지(nudge)'라고 부르기도 한다.

Ø

이제 2차적으로, 평범한 수준보다 더 마음이 열린 사람이 되기, 그래서 더 인기를 얻는 방법에 대해서 살펴보자. 이것은 선택 사항(옵션)이다. 다만 여기서 이 분야까지 자세히 다룰 필요는 없어 보이고, 이에 대해서는 대체적인 가능성을 언급하는 수준에서 간단하게 말하고 끝내기로 하자.

두 가지를 말할 것인데, 첫 번째 방법은 앞에서 잠깐 언급한 것처럼 타인에게 적극적으로 자신의 매력을 어필하는 것이다. 마음을 여는 행위는 실질적으로 타인의 마음을 여는 데에 있으므로 타인의 마음을 열도록 적극적으로 행동하는 사람은 마음이 닫힌 사람으로 보기 어렵다. 물론 매력 있는 사람 되는 법은 따로 논의해야겠지만, 마음의 문을 여는 것과 관련해서 이야기를 하면, 타인에게 적극적으로 접근하기, 적극적으로 자신을 표현하기는 더 마음이 열린 사람으로 보이고, 매력과 인기를 증가시키는 한 가지 방법이다.

말을 많이 하는 것도 한 가지 방법인데, 처음의 사례에서 보았듯이 말을 많이 하는 사람도 마음이 닫혀있을 수 있다. 말을 많이 해도 자기 방어적 자세를 가지면서 다른 주제의 말만 많이 할 수 있다. 거듭 말하지만 지금 다루는 것들은 2차적인 것이고 옵션이며, 그것이 핵심은 아니다. 말이 많은 것이 방해처럼 느껴진다면 매력과 인기에서 역효과가 일어난다.

두 번째 방법은 자신의 깊은 곳을 공개하는 것이다. 비밀이 많아 보이면 마음이 닫혀 있는 것처럼 보이고, 비밀로 할 법한 사적인 이야기를 공개하면 더 마음이 열려있는 사람으로 보인다. 예를 들어 몰래 일기장에만 쓸 법한 이야기를 공개하고 자신의 단점으로 보일 수 있는 것도 공개하는 식이다. 키가 작은 것, 큰 점이 있는 것, 특정한 정치 성향인 것, 독특한 취미가 있는 것, 불행한 가정사가 있는 것 등, 콤플렉스가 될 수 있거나 비밀스러울 수 있는 것을 감추려고 하기 보다는 공개하면 마음을 더 많이 여는 사람이 될 수 있고, 오히려 타인의 호감과 인기를 얻을 수 있다. 물론 이것도 옵션이므로 알아서 선택하면 된다.

긍정적 마음의 부작용과 희망의 중요성

2000년대 후반(06~10년)에 약간 신비적인 자기계발서들이 커다란 인기를 얻은 바 있다. 그 책들은 아직도 소비되고 있고 여파가 지금까지 상당히 남아있다. 세계적으로 엄청난 판매고를 올린 론다 번의《시크릿》이 대표적이다. '간절히 바라면 이루어진다'라는 그 책의 주장에 대해 신비주의라는 이유로 많은 비판도 있었지만, 많은 사람들은 꿈을 이룰 수 있다는 희망을 주기 때문에 그 주장에 귀를 기울였다. 그리고 비슷하면서도 약간씩 다른 책들도 등장했다. 신비적인 요소가 가미된 그러한 책들의 기본적인 공통점은 자신의 꿈에 대해 이루어진다는 긍정적인 마음을 가지라는 것이다(그리고 각각 주장하는 비법은 약간씩 다르다).

생각을 깊이 하면 이루어진다는 식의 주장에 절차를 너무 건너뛰었고 비과학적이라는 비판이 많지만, 그나마 많은 사람들이 괜찮게 보았던 점은 '긍정적인 생각'이 결과적으로 도움이 된다는 것을 인정하기 때문으로 보인다. 즉 그러한 책들은 신비적인 절차는 제쳐두더라도 사람들이 긍정적인 마음과 자세를 가지는데 도움을 주기도 하고, 적어도 그것은 장점이 된다.

긍정적인 마음(생각)에 장점이 많다는 것에 대해서는 자세히 설명하지 않아도 될 것이다. 대체로 그것은 자신감과 자존감을 높이고, 일정 부분 행복감도 높여줘서 우울감을 줄이고, 건강에도 도움이 된다. 대체로 실제적 성공에도 도움이 될 것이다.

그러나 그러한 장점들은 '대체로'이다. 사실 긍정적이라는 개념은 굉장히 포괄적이고 추상적이다. 모든 경우에 긍정적인 태도가 좋은 것은 아니다. 사안에 따라 개별적이고 정확한 처방이 필요할 때 '대체로'인 것을 처방하면 문제가 발생할 수 있다. 긍정적인 생각이 부작용을 낳는 예는 흔하게 찾아 볼 수 있다. 별다른 노력도 하지 않고 능력이나 자격도 없으면서 그저 잘될 것이라고 생각하거나, 큰 병에 걸렸는데 불분명한 민간요법을 사용하면서 그저 잘 될 것이라고 믿는 경우가 대표적이다. 앞에서 소개한 절차가 불분명한 신비적 자기계발서의 문제도 주로 무턱대고 믿다가 결국 기대가 뒤집어지는 결과가 나오는 경우가 많기 때문이다(그 책들은 비법을 제대로 따라하지 않았기 때문이라고 변명할 수 있다).

그런데 우리는 흔히 긍정적인 마음, 생각이 절대적으로 좋은 것이라고 생각하고, 모든 경우에 적용시키려 하고, 항상 긍정적인 마음을 가지라고 말하기도 한다. 긍정적 태도가 나쁘다는 것이 아니라, 사안에 따라 오류와 부작용을 일으킬 위험성이 있기 때문에 그것을 좀 더 정확히 분석해서 더 부작용이 적은 방식을 고려하고 제안할 필요가 있다는 말이다.

'희망'은 어떨까? 희망은 긍정적인 마음과 상당히 유사하다. 희망을 가지는 것은 어느 정도 긍정적인 마음이 들어가 있는 것이다. 그래서 희망은 긍정적인 마음의 일종이라 할 수 있다. 여기서 희망이란 '좋은 결과가 나타날 가능성'을 뜻한다. 힘든 노력을 하면서 성공할 것이라는 희망을 가지거나 큰 병에 걸렸는데 완치될 수 있다는 희망을 갖는 것이 그 예이다. 그 예들은 희망을 가진 것이지만, 일종의 긍정적인 마음(낙관론)을 가졌다고도 볼 수 있다.

긍정적인 마음과 희망은 낙관론이라는 측면에서 같지만, 다른 부분이 있다. '새옹지마'의 사례를 살펴보자. 옛날 중국 북부에서 한 노인의 아들이 말을 타다가 떨어져서 다리가 부러지고 절름발이가 되었다. 모두가 슬퍼했지만, 그 노인은 '이 일이 혹시 나중에 좋게 될지 어떻게 알겠는가?' 라며 스스로를 위안했다. 얼마 뒤 전쟁이 발생해 그 마을의 청년들이 모두 징집되어 전쟁에서 대부분 전사했지만 그 아들은 절름발이라는 이유로 징집되지 않아 목숨을 건졌다. 그 노인이 가졌던 것은 희망이고, 그것은 '일종의' 긍정적인 마음이다. 하지만 아들의 다리가 부러진 일을 긍정적으로 받아들이는 것은 아니다(참고로 '새옹지마'는 희망이 주된 의미라기보다는 미래는 알 수 없다는 의미이다. 좋아 보이는 일도 나중에 좋지 않게 되었다는 그 앞의 일화를 생략했다).

이 차이는 긍정적인 마음은 '어떤 대상에 대한' 긍정의 개념을 포함하고, 그렇게 생각하기 쉽기 때문이다. 반면에 희망은 막연할 수 있는 미래에 대한 기대이다. 흔히 긍정적인 마음은 '지금 그 일을 하는 것이', 또는 '이렇게 하는 것이' 잘 될 거라고 생각하게 만든다. 그것은 자신감을 가지는 데는 도움이 될 수 있다. 그런 생각을 가지면, 그 밖의 일과 다른 가능한 방법은 눈에 들어오지 않고 무시하게 된다.

희망이 좀 더 막연하다고 해서 그 점이 나쁜 문제를 일으키지는 않는다. 막연함을 가정하고 인지하고 있다는 점은 오히려 장점이 된다. 긍정적인 마음이 눈앞에 주어진 것, 자신의 지금 하고 있는 것을 긍정해서 계속 그것을 고집하게 만드는 반면, 희망은 단지 좋은 결과를 목표로 가능성을 높이기 위해 '유연하게' 행동할 수 있다. 새옹지마 일화처럼 그 좋은 결과가 무엇인지도 막연할 수 있다. 그런데 긍정적인 마음은 흔히 결과를 정해놓고 그대로 되기만을 바라고, 현재 자신이 하는 일이 옳다고 고집하게 만든다. 과정에서의 유연함은 성공의 가능성을 더 높인다. 도가의 지혜는 그것을 알려주고 있다.

더구나 객관적이고 냉철하게 상황을 분석할 수 있는 것은 긍정적인 마음보다는 희망이다. 긍정적인 마음이 오히려 현실적이지 못하고 현실을 부정할 수 있다. 왜냐하면 희망을 가짐은 냉철한 판단과 양립(동시에 가질 수 있음)하기 때문이다. 반면에 긍정적인 마음은 냉철하고 비판적 판단과 양립하지 않는다. 오히려 그것을 무시하고 막무가내다. 그래서 희망이 가지는 막연함이란 비현실적인 것이 아니다. 단지 최선을 다하고 결과는 하늘과 세상의 뜻에 맡기면서, 단지 가능성을 낙관적으로 생각할 뿐이다. 막연함이 생기는 원인은 주로 냉철한 판단 혹은 현실과 낙관적 미래에 대한 희망 사이의 격차(gap) 때문이다. 긍정적인 마음은 냉철한 판단을 잘 하지 않으므로 오히려 (주관 안에서) 그러한 갭이 적거나 발생하지 않고, 따라서 막연함이 적고, 비현실적이 된다.

Ø

커다란 실패를 해서 차라리 죽고 싶은 사람에게 필요한 것은 대체로 긍정적인 마음이겠지만, 정확히 말하면 희망이다. 더 이상 살고 싶지 않아 강물로 뛰어내리기 위해 다리 위로 갔다가 두려워서 되돌아가려고 하는 시점에, 한 악마가 "포기하지 말라"고 속삭였다고 해보자. 그것은 자살을 하려던 계획을 긍정적으로 보고 그에 자신감을 가지라고 부추긴 것이다. 그러나 누군가가 "희망을 가져라"라고 말하고, 그에 따라 희망을 가진다면 자살하려 하지 않을 것이다.

긍정적인 마음이 없는 것보다 희망이 없는 것이 훨씬 위험하다. 왜냐하면 긍정적인 상태가 아니어도 어떤 가능성은 존재할 수 있지만, 희망이 없다고 느끼면 일말의 가능성조차 사라지는 것이기 때문이다. 긍정적인 마음은 확신에 가까운 것이고, 희망은 가능성을 낙관적으로 생각하는 것이다. 확신은 없어도 괜찮다. 그러나 가능성은 계속 있다고 생각해야 한다.

실제로 가능성은 일반적으로 우리의 생각보다 더 많이 있다. 우리는 특정한 어떤 결과만이 좋은 결과라고 생각하는 경향이 있기 때문이다. 그러나 꼭 그것이 아니더라도 낙관적인 결과들이 얼마든지 있다. 예를 들어 서울대학교를 꼭 가고 싶어서 매우 열심히 공부했다고 해보자. 그리고 나중에 서울대학교에 합격할 것이라는 긍정적인 마음을 가지고 있다고 해보자. 하지만 꼭 서울대학교에 합격해야만 좋은 결과인가? 서울대학교에 불합격하고 다른 대학에 갔는데 새옹지마처럼 나중에 오히려 더 좋은 결과가 될 수도 있다. 긍정적인 마음은 서울대학교에 합격하는 것처럼 특정한 목표만 강조하고 눈에 띄게 한다. 그리고 만약 그 꿈이 무산되면 커다란 충격을 받게 된다.

반면에 희망은 결과를 미리 정해놓지 않는다. 정확히 어떻게 될지는 몰라도 결국 '좋게' 될 수 있다는 것이 희망이다. 그래서 희망은 우리가 지금 떠올리는 것보다 더 가능성이 많음을 가정하고, 항상 가질 수 있는 것이다. 물론 특정한 꿈이 이루어질 것이라는 희망을 가질 수도 있지만, 그것이 꼭 아니더라도 희망은 있다. 현실에서 어떤 꿈이나 계획이 좌절되는 것은 희망을 꺾지 못한다. 그와 무관하게 희망은 언제나 있다고 생각할 수 있다. 왜냐하면 희망은 현재로서 전혀 예측할 수 없는 미래의 가능성을 포함하기 때문이다.

희망이 아닌 긍정적인 마음의 문제점은 더 있다. 그것은 앞에서 말한 것처럼 '미래'에 대해서는 자신의 특정한 꿈과 계획만 고집하게 만들어서 다른 가능성을 무시하게 되고, '현재'에 대해서는 그저 좋게 받아들임으로써 나태 혹은 자만에 빠질 수 있고 개선의 의욕과 가능성도 줄어들게 만든다. 긍정적인 마음은 현재 자신의 직업, 자신의 능력, 자신의 상태 등을 가급적 좋게 보려고 할 것이다. 그리고 만족하게 되고, 개선이나 발전의 필요성도 느끼지 못하게 된다. 매너리즘에 빠진 상태가 되어도 괜찮다고 생각할 수 있다.

그런데 현재 상태에 대한 긍정적인 마음이 '행복'을 위해서 좋다는 의견도 있을 것이다. 그럴듯한 의견이고, 상당부분 사실이다. 똑같은 상태여도 '이것밖에 안돼서 불행하다'는 것보다 '이 정도면 괜찮다'라고 느끼는 것이 행복을 위해서 나을 것이다. 그런데 똑같은 상태에서 오직 행복을 위해 행복감을 부풀리는 것은 '마약'과 다를 바가 뭐가 있을까? 비윤리적인 마약처럼 비하할 의도는 없기 때문에 좀 더 부드럽게 말하면, 행복 호르몬을 증진시키는 알약이나, 술, 담배, 자위행위 등에 비교할 수 있을 것이다. 물론 행복을 위해 세상이 아름다워 보이거나 기분이 좋아지는 그러한 방식들도 종종 필요할 수 있다. 그러나 그것은 선택 사항, 기호품에 불과하고, 대개 휴식할 때만 잠깐 사용한다. 그처럼 현실에 대한 긍정이 모두에게 항상, 절대적으로 좋다고 볼 수는 없다. 현실은 그대로인데 행복감만 키워주는 도구들은 모두 부작용을 내재하고 있기 때문이다.

다만 소박하고 안정적인 행복을 위해서라면, 그리고 부정적 감정에 휩쓸리지 않는 정신 건강을 위해서는 현재에 만족하고 긍정적으로 보는 태도도 괜찮다. 소확행(작지만 확실한 일상의 행복)이 나쁘다고 누가 말할 수 있겠는가? 종종 그런 것을 가지는 것은 정신 건강에 좋지만, 그러나 현실에 만족하면서 항상 소확행만 추구하는 것이 답은 아니다(그럴 거면 《시크릿》은 왜 보는가?) 간단히 말해, 나쁜 것까지 그저 좋다고 생각하는 것도 정상은 아니다.

긍정적인 마음의 장점은 신비주의적 자기계발서들만 강조한 것이 아니라, 정식 심리학의 한 부류에서도 강조하고 있다. '긍정심리학(positive psychology)'이라는 학문이다. 20세기 후반에 심리학자 마틴 셀리그만이 창시한 것으로, 그 의의는 상당히 좋고, 그래서 필요한 학문이다. 그 의의란, 셀리그만에 따르면 이제까지 심리학이 심한 고통이나 정상적이지 않은 환자들의 병리학적 연구에 치중했다면, 이제는 그밖에 일반인을 대상으로 행복과 더 나은 삶을 위해 도움이 되는 심리학이 필요하다는 것이다. 그래서 사실은 '적극적 심리학'이라는 의미가 강하다. 'positive'는 긍정적이라는 의미와 함께 적극적이라는 의미를 갖는다. 이 부류의 심리학자들이 이제까지 연구를 통해 주장하는 바는, 과거에 대해서는 '만족'하기, 현재에 대해서는 일에 '몰입'하기, 미래에 대해서는 '낙관'하기 같은 것들이 있다. 아마도 그 긍정적(낙관적) 태도에는 내가 강조한 '희망'도 포함될 것이다. 그런데 명칭에서 보듯이 아직까지 '긍정'이 너무 강조되는 측면이 있다.

'positive psychology'는 '적극적 심리학'이기도 하고 이것이 진정한 의의를 잘 표현하는데, 마침 긍정적 마음이 좋은 점이 많기 때문에, 다의어를 활용하기도 하면서 긍정적 마음을 더욱 강조하는 경향이 있어 보인다. 그런데 그것은 서양 문화의 경향에 따른 것이다. 우리(동양인)들은 '긍정적'과 '적극적'이 별개의 개념이라고 생각한다. 그런데 서양에서는 관련이 많다고 생각할 것이다. 보통, 충분히 분리시킬 수 있는 것을 관련이 크다고 생각하는 것은 편견이고 오해인 경우가 많다(예를 들어 연좌제가 쓸데없는 일이듯이). 한국어로는 그것이 구분되기 때문에 그것을 '긍정심리학'이라고 부르기보다는 '적극적 심리학' 또는 '양성 심리학'이라고 부르는 것은 어떨까?(positive는 어떤 테스트에서 양성(+)을 의미하기도 한다). 그것이 특정 요법만 강조하지 않아 더 중립적이고, 의의에 더 부합해 보인다. 서양의 편향된 문화에 따라가는 것만이 정답은 아니다.

혹시 그 부류의 서양 학자들이 적극적 심리학이라는 의미보다 긍정적 마음 요법에 특화된 학문임을 선언할 수도 있다. 그러면 어쩔 수 없겠지만, 그러면 '희망심리학'이나 '희망학'도 생기면 좋겠다.

Ø

이제까지 긍정적 마음의 부작용에 대해 살펴보았고, 그에 비해서 '희망'은 부작용이 적음을 살펴봤다. 다만 희망은 긍정적인 마음의 일종이면서 그와 혼동할 정도로 유사하므로, 약간 애매하긴 해도 긍정적인 마음을 가지는 것은 좋다고도 할 수 있다. 그러나 단지 긍정적이 되라고 한다면 종종 부작용이 발생하기 때문에 그것은 '희망'으로 바꾸는 것이 대체로 낫다. 희망에는 딱히 부작용이 없다.

여기서 '대체로' 낫다고 한 이유는 '희망과 다른 긍정적인 마음'도 경우에 따라 필요성이 있기 때문이다. 그것은 희망만으로는 할 수 없는, 자신의 선택에 확신을 강화시키는 작용을 한다. 그리고 자신감과 자존 감을 높일 수 있다. 그것은 희망에 비해 적극적인 추진력을 강화시킬 수 있다. 희망도 긍정적인 생각의 일종이므로 자신의 선택을 긍정할 수 있고 추진력이 있을 수 있지만, 긍정적인 마음은 추진력과 확신을 그보다 더 강화시킨다. 다만 앞에서 살펴본 것처럼 부작용이 발생할 수도 있지만, 더 큰 자기 확신과 추진력이 필요할 때는 그것이 필요할 수도 있다.

그런 경우는 주로 '타인의 말을 무시하고 자신을 믿어야 할 때'이다. 예를 들어 주변 사람들이 자신이 가수가 되는 것을 모두 말릴 때, 자신은 가수가 되어 잘 살 수 있을 거라고 생각한다면, 그 선택에 확신을 주고 추진력을 크게 높이는 것은 희망 정도라기보다는 강한 긍정적인 마음을 가지는 것이다. 여기서 긍정적인 마음은 희망을 대체하는 것이 아니라 추진력을 높이는 첨가적, 보조적 역할을 한다. 즉 희망도 같이 가진다.

그런데 이런 상황에서 과연 자신의 선택이 옳은지 여부는 물론 정확한 사례에 따라 다르다. 자신의 생각이 착각이고 타인의 말이 옳을 수도 있다. 반면에 타인들의 말이 틀리고 자신의 생각이 옳을 수도 있다. 이것은 개별 사안에 따라 다르지만, 문화적 관점에 따라 어느 쪽을 더 중시하는지에 약간의 차이가 있다. 전통적으로 동양에서는 대체로 타인의 말을 중시하는 편이기 때문에 그러한 긍정적인 마음이 좋은 것이라고 하기 보다는 그 부작용을 강조하는 측면이 컸다. 반면에 서양에서는 타인보다는 자신을 믿으라고 가르치고 부추기는 경향이 강하다. 이제까지 읽으면서 눈치 챘을지도 모르지만, 긍정적인 마음을 특히 강조하는 쪽은 서양 문화였다. 거기에는 자신의 생각이 중요하다고 믿는 경향이 크게 작용하고 있다. 주변의 말을 무시하고 자신감을 심어주는 태도는 남들이 예상치 못한 '개척적 발전'을 하는데 도움이 되었다. 그런 점에서 긍정적인 마음은 장점이 있고 필요할 수 있다.

한 분야에서 오랜 기간 실력을 쌓고 있는 사람에게도 긍정적인 마음이 유용하다. 특히 성과가 나오지 않아 주변 사람들이 다른 길을 찾아보라고 권유하거나 무시할 때, 만약 실력이 계속 오르고 있고 나중에 그것이 빛을 발할 날이 올 것이라고 생각한다면, 그 길로 계속 매진하게 만들고 꾸준히 노력하도록 하는 데 긍정적인 마음은 도움이 된다. 만약 긍정적인 마음을 갖지 못하고 타인의 말을 쉽게 받아들인다면, 그것은 오히려 쉬운 길을 택하는 것이거나 현실에 쉽게 타협하는 것이다.

비록 동양 문화가 개인의 고집을 안 좋게 보는 편이라고 해도, 타인들이 잘 알지 못하면서 말하는 경우가 흔히 있고 자신의 선택을 고집해야할 때도 있기 때문에, 자기 확신을 높이고 추진력을 강화시키는 긍정적인 마음은 필요하다. 더구나 지금은 직업과 산업이 너무나 다양하고 새로운 문물과 유행이 계속 나타나고 있으므로, 타인이 함부로 안다고 말하거나 참견하기가 어렵다. 그리고 동양 문화든 서양 문화든 한쪽으로 너무 치우쳐 있다면 건강하지 못하다. 그 사회적 부작용을 치유하기 위해 반대쪽이 필요하기도 하다.

다만 그 부작용이 일어날 수 있으므로 자신의 생각이 틀릴 가능성도 고려해 볼 필요가 있고, 유연하게 사고할 필요성도 있다. 그것은 스스로 점검해봐야 할 일이다. 어느 때 긍정적인 마음이 필요한지는 결국 자신이 판단해야 한다. 다만 언제나 '희망'은 잃지 말아야 한다. 자신의 생각을 확신하고 긍정적인 마음을 강화한 사람이 기대와는 다르게 실패하는 경우도 많이 있다. 기대가 크면 실망이 크듯이, 그러면 커다란 충격과 상실감을 가지게 된다. 그 때 희망이 매우 중요한 역할을 한다. 희망은 긍정적인 마음의 실패로 인한 심적 추락을 방지하고 수렁에서 빨리 건져내는 역할을 함으로써, 긍정적인 마음으로 인한 추진력을 돕는 보험과 같은 역할도 한다.

3장.
나를보는
또다른나

자기 객관화 하는 법

독특한 사람, 독특함을 추구하는 사람, 친구가 적거나 없는 사람이 가질 수 있는 큰 위험 중 하나는 자기객관화가 부족할 가능성이 크다는 것이다. 소통하는 타인이 적거나 자신만의 세계에 집중하는 사람은 그렇게 될 가능성이 크다. 그리고 그와 무관하게 자기객관화를 잘 하지 못해 여러 가지 문제를 낳고 고통을 받는 사람들도 있을 것이다. 특히 요즘은 무한 다채널 환경에 유튜브처럼 온디맨드(on demand)와 자기주도적 경험으로 바뀌고, 사람들의 경험이 각각 분리되며 자신만의 삶에 집중하는 경향이 있고, 개인의 다양성이 인정받으면서 더욱 자기객관화가 쉽지 않은 환경이 조성되었다.

그런데 '자기객관화'란 대체 무엇이며, 왜 필요한가? 그것은 얼마 전까지도 많이 사용되지 않은 용어였고, 아직 학계에서도 거의 연구되지 않은 개념이다. 다만 최근에 점차 사람들의 입에 오르내리고 있고, 상식적으로 이해하듯이 '자신을 객관적으로 본다는 의미'가 중심적이다.

나 또한 오래전부터 자기객관화라는 용어를 알았던 것이 아니고 인간의 객관적 인식과 관련해서 고민하던 중, 어떤 답을 찾게 되었는데, 그에 대해 글을 쓰려고 할 때 마침 '자기객관화'라는 그럴듯한 용어가 있다는 것을 알게 되어 활용하게 되었다. 그러니까 그 용어 자체에 너무 신경 쓸 필요는 없다. 그 문제의 의도만 고려하면 된다.

자기객관화는 타인의 눈치를 많이 본다거나 타인의 의견에 따른다는 의미가 아니다. 타인의 생각을 아는 것이 중요하지만, 그것은 자신의 판단 이전에 '참고자료'로서 활용하는 것이다. 주체적일 수 있는 자신의 판단은 그 다음 단계에서 이루어진다. 자신만의 생각을 버리고 타인들의 생각으로 대체하라는 것도 물론 아니다. 타인들의 생각은 '추가적인' 참고자료가 된다. 자신이 올바른 판단을 하고 더 나은 행동을 하기 위해서는 참고자료가 정확하고 많아야 한다. 빈약한 정보를 가지면 잘못된 판단을 할 확률이 크다. 자기객관화는 자신에 대한 정보를 풍부하게 만들고, 타인들이 생각하는 것에 대한 정보를 고려함으로써, 자신에 대한 스스로의 이해와 판단력을 향상시키고, 앞으로의 행동을 더 잘할 수 있게 만든다. 특히 사회생활을 잘하는데 필요하다.

예를 들어 A는 저급하고 예의 없는, 즉 상스러운 말과 행동을 많이 하는 사람이다. 그런데 A가 그 행위를 많이 하는 이유는 일부러 상스럽게 하거나 그래도 괜찮다고 생각한 게 아니라, 그 행위가 상스럽다는 것을 모르기 때문이었다. 이것도 자기객관화 부족의 한 예이다. 만약 많은 사람들이 그 말과 행동이 상스럽다고 생각한다는 것을 A가 안다면, 낯선 사람에게 편지를 쓰거나 예의가 필요한 대화를 할 때 조심하려고 할 것이다. 그것을 모른다면 앞에서 면박을 당하지 않더라도 뒤에서 불이익을 당하게 된다. 이렇게 자기객관화가 부족하면 사회생활에서 실패할 확률이 크다.

표준어와 비속어를 구분하는 것처럼 객관적 지식을 습득해서 해결될 수 있는 부분도 있지만 그렇지 않은 부분도 많다. 타인의 느낌이나 생각을 파악하는 것이 필요하다. 이것을 잘 파악하지 못하는 상태는 자폐적 상태와 다를 바 없다. 자폐증 환자는 자신만 아는 세계가 전부이고, 그것이 타인들의 눈에 어떻게 보이는지를 모른다. 자기객관화를 하지 못하면 자폐적이 되고, 자폐적인 사람은 자기객관화와 소통 능력이 부족하다. 타인들의 생각이 어떠한지를 모르면 소통이 잘 되지 않고, 성공적인 사회생활을 할 수 없다. 그래서 많은 사람들은 타인의 생각을 알고 싶어 하고, 알려고 노력한다.

타인의 생각을 알지 못하는 문제로 인해, 많은 사람들은 타인이 나를 어떻게 볼까를 너무 신경 쓰고, 타인의 시선을 두려워하기도 하고, 그로 인해 불안해하기도 한다. 그러한 시선과 타인의 생각에 대한 불안 문제도 자기객관화와 깊은 관련이 있다.

나는 얼마 전 한 강연자가 "다른 사람들은 내가 겪어온 일들과 나의 내면에 대해 잘 모른다. 그래서 결국 중요한 것은 나에 대한 다른 사람들의 생각이 아니라 나에 대한 자신의 생각이다"라고 하는 말을 들었다. 그처럼 '나만의 것을 긍정하자, 그것이 행복이다'와 같은 말을 종종 들을 수 있다. 그러한 의도는 내가 이 책에서 곳곳에 쓴 것처럼 옳은 면이 있다. 그러나 실제적 성공을 위해서는 자기 생각만으로는 부족하고, 타인의 생각을 파악할 필요가 있다. '타인의 시선을 신경 쓰지 말라'는 말은 특정한 상황에서만 유용한 것이지, 잘 살기 위해 타인들의 시선과 생각은 신경 써야 하는 것이다.

사실, 자기객관화를 잘 하기 위해서는 자신 뿐 아니라 '대상들'에 대한 객관화도 잘해야 한다. 왜냐하면 자신이 바라보는 대상에 대한 자신의 생각과 그 대상을 바라보는 타인의 생각이 다를 수 있음을 아는 것이 자기객관화의 중요한 요소가 되기 때문이다. 앞에서 상스러운 말과 행동을 하는 사람의 예에서, 그 사람은 그 행위를 다른 사람이 해도 괜찮다고 생각했을 것이다. 그 말과 행동 자체가 대상인 것이다. A라는 대상을 두고 자신은 X라고 생각하는데(느끼는데) 타인들은 Y라고 생각한다는(느낀다는) 것을 아는 것은 자기객관화이다. 자신이 가진 특정한 사고방식과 성향을 파악하는 것이기 때문이다. 자신이 곤충공포증이 있음을 깨닫는 것은 다른 사람들은 자신보다 곤충을 덜 무서워한다는 것을 알았을 때이다.

그렇다면 '자기객관화 하는 법'이란 실은 어마어마한 프로젝트라는 것을 눈치 챌 수 있을 것이다. 그것은 '철학'의 매우 중요한 탐구 주제가 된다. 장자의 호접몽(胡蝶夢) 일화를 보자. 장자가 나비가 되어 날아다니는 꿈을 꾸고 깨어났는데, 현재의 자신이 꿈속에 있는 것인지 아니면 나비가 된 것이 꿈인지 구분하기 어렵다는 이야기다. '혼자서는' 구분이 불가능한 경우도 있을 수 있다. 그런데 객관화 혹은 자기객관화를 한다면 무엇이 꿈인지 알 수 있을 것이다. 다른 예로, 당신이 외계인에 납치되어 UFO 안으로 들어갔다고 해보자. 그것은 꿈일까 아니면 현실일까. 꿈이라고 생각하고 곧 깨어날 테니까 아무렇게나 행동해도 된다고 해야 할까? 그때 필요한 것이 객관화 혹은 자기객관화이다(꿈의 세계 안의 것들은 객관화가 되지 않는다).

자기객관화는 자신의 관점을 넘어서서 타인들의 관점과 생각을 고려하는 것이다. 그런데 철학은 '자신이 보고 있는 어떤 대상은 존재하는가'를 아직도 고민하고 있다. 예를 들어 내가 보고 있는 저 책상이 실재인가 신기루인가를 고민한다. 그런 '존재'의 문제는 이제 그만 고민하고(할 만큼 했다. 게다가 존재론은 대부분 자연과학에 자리를 넘겨주었다), 이제는 더 나아가 타인들의 관점까지 고려하여 최종적으로 자신이 어떻게 리액션(반응)할 것인가를 고민해봐야 한다. 그리고 그것에 철학이 도움을 주어야 한다. 철학이 현재 위기에 처한 이유는 생산적인 면을 보여주지 못했기 때문이다. 철학은 플라톤, 칸트, 공자, 노자 등의 오래된 텍스트를 연구하는 고문헌학이 아니다. 철학이 고문헌학에서 탈피하기 위해서는 사람들이 어떤 상황에 처했을 때, 어떤 대상을 접했을 때 어떻게 반응하는 것이 더 유익한지를 (도덕적 측면만 따지지 말고) 연구하고 알려줄 필요가 있다. 자기객관화 하는 법이 그 예다. 최종적 리액션, 의사결정에 큰 도움을 주기 때문이다.

Ø

철학을 전공한 기반으로 인지과학을 공부하다 보니 자연스럽게 인식론과 객관적 인식에 대한 생각을 많이 하게 되었다. 그 주제는 대강, 어떻게 하면 좀 더 올바른 인식을 할 수 있을까 하는 것이었고, 흔한 문제는 자신의 세계 안에 갇혀버리는 것이었다. 마치 자폐증과 같은데, 실제로 존재하는 타인들의 생각을 잘 모르게 되기 때문에 잘못된 인식과 판단을 하기 쉽고, 소통이 어렵고, 불안하고, 불행해진다. 나는 스스로도 약간 그런 면이 있다고 생각했다. 그러던 중 2019년 가을 경에 나는 어떤 발견과 깨달음을 겪었다. 그것은 엄청난 변화로 느껴졌다. 그 후로 마음이 전보다 훨씬 편안해졌고, 철학적인 고민도 크게 줄어들었다. 그 깨달음에 대해 설명해보고자 한다.

철학에서 큰 문제 중 하나는, 세상에 나 밖에 존재하지 않을 수도 있다는 것이다. 왜냐하면 내가 경험한 것, 나에게 들어온 것, 내가 영향을 받은 것 이외에는 전혀 알 수 없기 때문이다. 내가 아는 것의 외부 세계가 내가 예상한 것과 전혀 다른 세계를 그린 영화도 종종 등장한다. 그런 영화는 대체로 커다란 철학적인 함의를 가지고 있다. 〈매트릭스〉, 〈트루먼쇼〉같은 것들이다. 등장인물들은 자신이 사는 세계가 실제라고 믿고 있지만 사실은 조작되고 속고 있는 것이었다. 〈매트릭스〉에서는 단지 뇌에 경험을 일으키는 전기 자극을 주고 있고, 〈트루먼쇼〉의 주인공은 커다란 세트장 안에서 살면서 그것이 진짜 세상이라고 믿고 있다. 그 인물들처럼 우리는 자신이 알고 있는 세계 안에서만 살고 있을 수 있다. 그 밖의 세계는 예상과는 전혀 다르게 존재하거나, 어쩌면 없을지도 모른다. 상식적으로는 내가 아는 것 밖의 세계가 존재하고(예를 들어 캐나다의 한 시골집), 타인들도, 타인들의 마음도 서로 다르게 존재한다는 것을 알고 있겠지만, 문제는 내가 알지 못하면, 경험하지 못하면, 없는 것과 다를 바 없어 보인다는 것이다. 이것을 '닫힌 세계 가정'이라 해보자. 타인의 존재는 자연스러운 상식이지만, 자연스러운 상식, 본능적 느낌만으로는 설명이 부족해 보인다. 어떻게 하면 '논리적으로' 타인의 존재를 인정하고 타인의 실재하는 생각을 더 잘 인식할 수 있을까?

그러면 나의 경험 안의 세계를 살펴보자. 내가 어떤 타인 A를 바라보고 있고, 그의 목에 걸린 목걸이도 바라보고 있다. 그리고 나는 A의 얼굴이 예쁘다고 생각하고, 그 목걸이는 촌스럽다고 생각한다. 이렇게 우리가 경험을 할 때는 어떤 '대상'이 존재하고 그와 관계를 맺고 있다. 심지어 생각을 할 때도 생각하는 것이 있고, 그것이 생각의 대상이다. 꿈도 대상이다. 이렇게 어떤 대상과 관계를 맺고 있는 인식의 특징을 '지향성'(intentionality)이라고 한다. 철학 용어로 대상을 향해 있기 때문에 이렇게 쓴다. 그래서 인식과 마음의 행위는 언제나 지향성을 가지고 있다고 할 수 있다. 언제나 '어떤 대상'을 생각하고, 경험하고, 욕구하고 있기 때문이다.

지향성은 마음과 대상과의 관계이므로, 지향성을 가지려면 의식이나 마음이 있어야 한다. 바위, 폭포, 책상은 지향성을 가지지 않는다. 인공지능 로봇은 종류에 따라 애매할 수 있지만(식물도 애매하다), 아무튼 지향성을 가지려면 의식이나 마음이나 욕구가 있어야 한다. 거칠게 말해 '생물'만 가진다고 보면 된다. 참고로 현대철학(특히 현상학)에서 지향성을 발견하고 강조했던 대체적인 이유는, 자연과학이 빠르게 발전하는 상황에서 자연과학이 다루지 못하는 인간 특유의 영역, 철학의 영역을 확보하기 위함이었다.

여기까지는 지금까지의 철학에서 알려진 이야기다. 이제부터가 내가 새롭게 깨달은 것이다. 지향성은 '방향'이 있음을 뜻한다. 내가 A를 바라보고 있는 것은 나의 마음이 A의 방향으로 지향하고 있는 것이다. 만약 A가 나를 바라보고 있다면, A의 마음 또는 경험은 나를 지향하고 있는 것이다. 그렇다면, A는 지향을 하기도 하고 나로부터 지향을 '받기도' 한다. 나도 마찬가지다. 나는 나도 모르는 사이에 누군가에 의해 지향을 받고 있는 경우가 많을 것이다. 지금 나도 모르는 사이에 어떤 사람이 내 생각을 하고 있다면, 나는 그의 지향을 받는 것이다. 내가 같은 반의 순이의 얼굴을 떠올렸다면, 그 순간에 순이는 나의 지향을 받고 있는 것이다. 이렇게 지향을 '받는' 방향을 '역지향성'으로 부를 수 있다. '역지향성'이 내가 발견한 내용의 핵심이다. 지향성이 마음으로부터 '어떤 대상으로 향하는' 방향이라면, 역지향성은 대상 혹은 나의 입장에서 외부 의식의 '지향을 받는' 방향이다.

지향성과 역지향성의 차이는 나로부터 밖으로 향하는 것(능동적임)과 내가 받는 것(수동적임)의 차이라는 점 이외에, 중요한 차이점은 그것을 가지는 개체들이다. 지향성은 앞에서 말했듯이 생물만 가질 수 있다. 왜냐하면 지향성을 가지려면 의식이나 마음이 있어야 하기 때문이다. 그러나 역지향성을 가지는 개체들은 의식이나 마음이 없어도 된다. 바위, 폭포, 책상은 우리가 관찰하거나 의식하는 대상이 되기 때문에 그 입장에서 역지향성을 가진다.

역지향성이 존재함을 아는 것과 함께 매우 중요한 것은 '나 자신'이 역지향성을 가진다는 것을 깨닫는 것이다. 즉 내가 정확히는 잘 모를 수도 있지만, 나는 다른 사람들의 지향을 받고 있다는 것, 쉽게 말해 타인의 의식의 대상이 된다는 것을 깨닫는 것이다. 이것은 상식적인 것 같지만 그동안 나의 경험 세계만 존재하는 것 같은 세계관에서는 깨닫기 어려운 일이다. 그러한 닫힌, 자폐적 세계관에서는 나의 지향성만 존재할 뿐이었다. 그것을 깨기 위해 역지향성이 존재함을 알아야 하고, 내가 역지향성(타인으로부터의 지향성)을 갖는다는 것을 '논리적으로' 이해할 필요가 있다.

내가 역지향성을 가진다는 것을 논리적으로 설명해보겠다. 지향성과 달리, 역지향성은 무생물들도 가진다. 따져보면, 내가 관찰될 수 있고 심지어 관찰을 넘어서서 어떤 개념화 시킬 수 있는 모든 것들은 상상 속의 것들까지도 역지향성을 가진다. 왜냐하면 그것들은 나의 의식의 대상이 되기 때문이다. 어떤 대상들, 심지어 타인이 지향성을 가지는지는 확실치 않지만(마네킹일 수 있으므로), 그들이 역지향성을 가진다는 것은 확실하다. '최소한' 내가 그들을 지향할 수 있기 때문이다. 그래서 "모든 존재하는 것들은 역지향성을 가진다"고 말할 수 있다. 역지향성을 안 가지면서 존재하는 것을 상상할 수 있을까? 상상만 해도 지향성의 대상이 된다. 그것은 결코 나 혹은 우리와 관념적, 경험적으로 연관을 맺을 수 없으므로 존재하지 않는 것으로 봐도 된다. 그러면 다음과 같은 삼단 논법이 성립된다.

> 모든 존재하는 것은 역지향성을 가진다.
> 나는 존재한다.
> 그러므로 나는 역지향성을 가진다.

어쩌면 내가 너무나 특이해서, 세상 모든 것들은 역지향성을 가지지만 나만 역지향성을 안가지는 특이한 세상의 구조를 상상할 수 있을지도 모른다. 그런 경우란 오히려 너무 불행해 보인다. 나에 대한 의식, 생각을 하는 타인이 전혀 없다는(있을 수 없다는) 것을 의미하기 때문이다. 하지만 걱정할 필요는 없다. 그것은 아닐 것이기 때문이다. 당신은 역지향성을 가지고 있다. 사람 뿐 아니라 새, 바위, 구름도 역지향성을 가지는데 당신이 왜 역지향성을 안가지겠는가? 참고로 대체로 성공한 사람일

수록 역지향을 더 많이 가진다(다만 종종 범죄자들도 보도로 인해 많이 갖기도 한다). 연예인들도 많이 가지고, 대통령은 매우 많이 가지고, 신(God)은 역지향을 가장 많이 가질 것이다.

이제, 자신에게 역지향성이 있음을 알았다면 그 내용이 궁금해질 것이다. 즉 나는 사람들에게 어떻게 보이고, 나에 대해 어떤 생각을 가질까가 궁금해 질 것이다. 역지향성은 형식일 뿐이고 그 내용은 차례차례 알아가야 하는 것이다. 그것이 자기객관화의 시작이다.

Ø

〈매트릭스〉와 〈트루먼쇼〉는 철학적인 영화다. 앞에서는 자신이 아는 세계가 전부가 아님의 사례로 들었지만, 그것은 자기객관화의 부족과 왜곡의 극단적 상황을 그리는 영화이기도 하다. 비슷한 방식으로 다른 스토리를 만들 수 있다. 스미스씨는 자신이 마을에서 평판이 좋다고 생각하지만, 그 마을 사람들은 뒤에서 그를 험담하면서 단합하여 그 사람을 없애버릴 계획을 세우고 있다. 어떤 닭은 주인이 먹이를 많이 주고 위험에서 보호해주므로 자신을 사랑한다고 생각하지만, 주인은 사실 그 닭이 살이 찌면 잡아서 요리할 생각을 할 뿐이었다. 스미스씨와 그 닭은 자기객관화가 부족하다고 할 수 있다. 물론 이것은 극단적 사례이지만, 자기객관화는 자신에게 도움을 주고 필요한 것이다.

그런데 이러한 위험성으로 인해 생각보다 많은 사람들은 타인의 시선과 생각을 불안해한다. 자기 앞에서만 가면을 쓰고 있고, 어쩌면 타인들은 뒤에서 자신을 험담하거나 나쁜 마음을 먹고 있을지 모른다고 걱정한다. 그들은 나 몰래 '한통속'이 되어 있을지도 모른다고 생각하기

도 한다. 이러한 걱정이 대인공포증 혹은 자신의 마음을 닫는 일로 이어
질 수 있다.

소수의 타인이 나에 대해 뒤에서 욕을 하는 것은 얼마든지 있을
수 있는 일이다. 심각한 것은 타인들이 단체로 한통속처럼 뭉쳐서 나에
게 험담을 하거나 어떤 조작을 하고 있을지 모른다는 불안감이다. 닫힌
세계 가정을 살펴보면, 설령 타인이 존재한다고 해도 나만 그들의 속마
음을 모르고 그들은 서로 연결되어 단합하고 있을지도 모른다. 가려진
타인들의 내적 구조가 어떻게 되어있을지 나는 모르기 때문이다.

그런데 역지향성 이론은 그런 걱정도 사라지게 만든다. 역지향성
이론의 중요한 첫 번째 함의는 '자신'이 역지향성을 가진다는 것이고, 두
번 째 중요한 함의는 타인이 '각자의' 역지향성을 가진다는 것이다. 역지
향성은 그 개체 외부의 것에 의해 생성되고, 따라서 개체마다 그 내용
을 다르게 가지고 있다. 내가 역지향성을 가진다는 것은 내가 의식하는
닫힌 세계뿐 아니라, 타인이 나에 대해 의식하는 또 다른 세계가 있다는
것이다. 타인 A가 역지향성을 가진다는 것도 A가 의식하는 세계 뿐 아
니라 그가 의식하지 못하는 또 다른 세계가 있다는 것이다. 그래서 타인
들 각자는 각자의 역지향성을 가지면서 서로 분리되어 있다. 타인들은
나와 동등하게, 동등한 상황에서 각자가 존재하는 것이지, 나만 동떨어
져있고 타인들이 뭉쳐있는 것이 아니다. 타인 A가 나를 바라보는 시선은
타인들 전체가 뭉쳐서 나를 바라보는 것이 아니라, '단지 A만' 나를 보는
것이다. 그리고 A가 나를 보고 내가 알기 어려운 어떤 느낌이나 생각을
갖는 현상은 내가 역지향성을 가지므로 자연스럽고 당연한 것이된다.

역지향성과 그 내용 즉 타인이 나를 어떻게 볼지를 알면 그것에 의

해 주눅이 드는 것이 아니라, 불안이 줄어들어 더 당당하게 행동할 수 있고 그것을 활용함으로써 더 자유로워진다. 불안은 자유를 줄이는 매우 큰 요인이다.

Ø

자기객관화를 잘 하는 방법에 대해 살펴보자. 자기객관화에 실패하는 주된 원인은 '어떤 타인들'의 생각을 고려할 것인가를 잘 모르기 때문에 발생한다. 예를 들어 어떤 사람은 부모가 자신에게 잘 생겼다고 말하는 것을 듣고, 다른 사람들은 그렇게 생각하지 않는데, 자신이 잘 생긴 사람이라고 생각할 수 있다. 그리고 어떤 사람은 주변의 몇몇 사람이 "너는 참 한심하다"라고 하는 말을 듣고 정말로 '나는 한심한가'라고 생각할 수 있다. 그런데 더 넓게 보면, 그는 뛰어난 재능을 가지고 있거나 사회적으로 유익한 일을 하는 사람일 수 있다. 사람들은 각각의 경험이 다르고, 지식도 부족할 수 있고, 타인에 대해 잘 알지 못하고 있는 경우가 많기 때문이다.

그래서 자기객관화를 할 때는 가급적 타인들의 범위를 넓히는 것이 좋다. 당연한 말이지만 많은 사람들이 생각하는 것이 우리가 알고 싶어 하는 객관적인 것에 가깝다. 국내에 한정할 필요도 없다. 전 세계까지 넓혀도 좋다. 한 국가 내의 분위기가 아직 성숙하지 못하거나 오해를 하고 있는 경우도 있을 수 있다. 역사적으로 그런 일이 많이 있었다. 한 예로, 조선 말기 개화파가 서양의 문물을 들여오고 배우자고 했을 때, 많은 사람들은 그들을 이상하게 보고 국가적으로 탄압하기도 했다(위정척사). 그러나 넓게 보면 정당하고 잘하는 일일 수 있다. 국내에서는 악인이지만, 악인이 아닐 수 있는 것이다. 그것을 스스로 안다면 더 당당해질 수 있다. 다만 가까운 사람들의 반응을 버리라는 것은 아니다. 가까운 사람들이 어떻게 생각한다는 것도 알아야 한다. 그러한 참고자료, 정보들을 알고 최종적으로 자신이 선택하고 대처해야 한다. 많은 사람들의 생각을 고려한다고 해서 내가 그것을 반드시 따라가야 하는 것은 아니기 때문에 참고자료는 많아도 괜찮고, 더 도움이 될 뿐 더 나빠지지는 않을 것이다.

여기서 자신이 슈퍼컴퓨터도 아니고 천리안을 가진 것도, 독심술을 가진 것도 아닌데 어떻게 굉장히 많은 사람들, 멀리 있는 사람들까지의 생각을 고려할 수 있겠는가 하는 의문이 생길 수 있다. 그런데 앞에서 말한 이유로 인해 그런 과도한 노력이 꼭 필요하지는 않다. 아무리 엄청나게 많은 자료를 조사하고 슈퍼컴퓨터로 타인들의 생각을 모아서 통계를 작성했다고 해도, 어차피 그 결과를 따라가야 하는 것은 아니고, 따라가는 것이 자신에게 좋다고 할 수도 없다. 자신의 태도에 대해 다수가 부정적으로 생각한다는 것을 알더라도 다른 이유나 자신의 의지에 따라 계속 그 태도를 가질 수 있다. 그렇지만 자기객관화는 타인의 속마음을 읽는 독심술과 다르다. 그저 많은 사람들의 눈에 대강 어떻게 보인다는 것을 파악할 뿐이지, 깊은 속마음까지 속속들이 아는 것과 무관하다. 타인의 깊은 속마음을 아는 것은 단지 자기객관화가 아니라 속 깊은 대화나 (만약 가능하다면) 초능력 같은 것으로 알아내는 것이다.

다만 자기객관화를 위해 고려해야 할 범위가 무한정이라면 어떻게 해야 할지 곤란하기 때문에, 그 범위를 한정시켜보자.

일단, 고려할 대상은 현재 살아있는 사람(그들의 인식)에 한정된다.

죽은 사람은 제외된다. 왜냐하면 우리가 가지려는 자기객관화는 시공을 초월하는 본질적인 판단이 아니라, 타인들의 의식일 뿐이고, 역지향성일 뿐이다. 즉 여기서 '객관'이란 궁극적인 진리치의 객관이 아니라 단지 사람들의 생각을 알아보고 그것을 참고로 삼자는 것이다. 그래서 최종 결정은 자신의 주관적 선택에 달려 있는 것이다. 역지향성은 지향성을 받는 것이고, 지향성은 무생물은 가지지 않고 생물만 가진다. 그래서 죽은 사람에 대해서는 전혀 신경 쓸 필요가 없다. 그리고 대체로 동물들의 지향성은 중요하지 않을 텐데, 왜냐하면 우리의 주된 목적은 성공적 사회생활에 도움이 되기 위함이기 때문이다. 그래서 현재(동시대) 살아있는 인간들의 의식만 고려하면 된다.

　'현재'가 중요하므로, 과거에 흘러간 생각도 고려할 필요가 없다. 왜냐하면 사람의 생각은 바뀔 수 있기 때문이다. 1970년대에 미니스커트나 배꼽티를 입는 여성은 문란한 사람처럼 보였다. 그러나 지금은 그렇지 않다. 아직 그런 생각을 하는 노인도 있을지 모르나, 소수의 생각일 뿐이다. 20년 전만 해도 성인이 레고를 조립한다고 하면 유치하다며 욕을 들었지만 지금은 당당하게 레고를 수집하는 취미를 자랑할 수 있다. 20년 전에 젊은이가 농사를 짓는다고 하면 사회생활을 하기 어려운가라는 의심을 많이 했지만 지금은 도전적인 영농업자로 인정받을 수 있다(예를 들어 스마트팜). 다만 최신 유행이 과거의 것을 전부 대체하지는 않는다는 점에 유의해야 한다. 어차피 동시대 사람들의 종합적이거나 다양한 인식을 파악하는 것이 목적이고, 거기에 최신 유행은 일부분을 이룰 뿐이다. 최신 유행에 맞춘 옷과 유행에 무관하게 무난하게 입을 수 있는 옷이 항상 공존하는 것과 마찬가지다. 다만 지금은 거의 사라진 생각까지 고려할 필요는 없다는 의미이다.

역지향성 이론은 자기객관화가 좁게 이루어지는 것을 방지한다. 사람들은 흔히 자신의 주변 사람들의 말에 더 귀를 기울이고, 종종 그들의 말이 전부인 것처럼 생각할 수 있다. 그래서 자기객관화에 실패하는 경우가 많다. 그렇게 되는 주된 이유는, 자신을 직접 아는 사람들, 직접 본 사람들만이 자신을 평가할 수 있을 것이라고 생각하기 때문이다. 그것은 틀린 생각이다. 자기객관화는 그런 것이 아니다. 지향성은 직접적 시각을 뜻하는 것이 아니라 의식적 대상을 뜻한다. 그것은 대상과 아무리 멀리 있어도 가질 수 있고, 상상과 꿈속에서도 가질 수 있는 것이다. 어떤 연예인을 떠올리면서 좋아하거나 뉴스에 보도된 어떤 살인범에게 분노할 때, 나는 그를 지향하고(긍정하는 의미의 지향과 다름에 유의하자) 그는 그 역지향성을 가진다.

뿐만 아니라 관념 속 대상은 추상적일 수 있기 때문에, 특정한 사람, 고유한 대상만 지향하는 게 아니라 어떤 추상적이고 불명확한 대상을 가정해서 지향할 수 있다. K가 '어떤 사람이 꽃을 함부로 꺾는다면 나는 그를 나쁜 사람이라고 생각할 것이다'라는 생각(인식)을 가지고 있다면, 그것은 특정한 사람만을 떠올린 게 아니라 '한 성명불상의 사람' 혹은 '그런 행위'를 떠올리고 지향한 것이다. 그리고 내가 그런 사람, 그런 행위를 하는 대상이 될 수도 있다. K뿐 아니라 당신 자신도 낯선 타인(성명불상자)을 평가하는 어떤 기준들을 가지고 있을 것이다.

'꽃을 함부로 꺾는 사람'처럼 어떤 행동 상태나 심지어 '생각 상태(꽃을 꺾어도 된다는 마음)'도 지향성의 대상이 되고, 그 행위자는 특정되지 않을 수 있다. 내가 그 행위자가 될 수도 있고 아닐 수도 있다. 그래서 내가 어떤 행동이나 생각을 한다는 것은 누가 알든 모르든 관계없이 곧바로 평가 대상이 된다고 볼 수 있다. 외모도 마찬가지다. A가 '코가 큰 사람이 잘 생겨 보인다'라고 생각(욕구)할 때, 내 코가 크다면, (A에게) 잘 생겨 보임을 가정할 수 있다. A가 정확히 나를 지향한 것은 아니지만, 나는 내 역지향성으로 파악하고 자기객관화에 활용할 수 있다.

결론적으로, 내가 가진 역지향성이란 나를 아는 주변 사람들만으로 이루어지는 것이 아니며, 무수히 많은, 매우 멀리 있을 수도 있는 불특정 다수 사람들의 인식과 연결될 수 있다. 그래서 자기객관화는 그들이 나를 모르더라도 내가 파악하는 멀리 있는 사람들의 인식을 고려한다. 그렇게 되어야 자기객관화가 잘 될 수 있다. 자신과 물리적으로 가까운 사람들만이 객관적 인식을 가진 것이 아니다.

그러한 확장이 특히 필요한 이유는, 자기 주변에 피드백(도움이 되는 평가)을 해주는 사람이 없는 환경에 처한 사람들이 많고 최근에 모든 사람들의 환경이 그러한 쪽으로 바뀌어 가고 있기 때문이다. 지금 사람들은 물리적으로 가까이 있어도 서로에 대해 잘 모르는 부분이 많고 참견도 어려워서 함부로 피드백을 해주기 어렵다. 그래서 자신은 스스로 시야를 넓혀서 자기객관화를 해야 한다.

우리는 오랫동안 부모의 보호 아래 자랐다. 그래서 자기객관화가 부모의 영향을 많이 받기 쉽다. 그런데 부모도 주관적인 사람이기 때문에 객관적인 피드백을 건네기가 쉽지 않다. 자식을 객관적으로 볼 수 있는 부모는 많지 않다. 그러나 그런 것들에 기댈 필요는 없다. 진정한 독립이란 자기객관화를 할 때 부모의 커다란 영향(자신에 대한 긍정의 부풀림일 수도 있고 부정의 부풀림일 수도 있다)에서 벗어나는 것이다.

Ø

역지향성으로 인한 자기객관화는 자신이 경험하는 세상 이외에 다른 세상, 타인의 세상이 존재한다는 것을 알려준다. 그래서 닫힌 세계를 열어준다. 그러면 새로운 세계를 접하게 되는데, 그 새로운 세계는 내가 상상으로 만든 세계, 창작하는 세계가 아니라 실제로 있는 세계를 찾은 것일 뿐이다. 마치 신대륙을 '발견'한 것과 같다. 신대륙은 실제로 그렇게 있었을 뿐, 창작한 것이 아니다.

앞에서 이것은 많이 알더라도 따를 필요는 없으므로, 많이 아는 것이 크게 중요하다거나 결정적이지 않다고 했는데, 자기객관화의 '응용'과 '확장'으로 나아가면 커다란 산업적 수요와 연결되어 있고, 관련된 난제를 해결하는 실마리가 될 수 있다. 이 장의 끝으로, 자기객관화와 관련된 매우 중요한 응용, 발전 과제에 대해 잠깐 살펴보겠다.

그것은 특히 '창작'하는 사람이라면 매우 알고 싶어 하는 것이다. 예를 들어 이런 것이다. '내가 책을 썼는데 그것이 얼마나 팔릴까?', '내아이디어가 사람들에게 어떤 평가를 받을까?', '내가 만든 음악이 어떤 반응을 얻을까?', '이 영상을 유튜브에 올리면 조회수와 좋아요가 얼마나 많이 나올까?' 같은 것들이다. 창작자들은 자신의 작품과 아이디어에 대해서 대중들이 어떻게 반응할지, 얼마나 좋아해 줄지를 매우 궁금해한다. 그러한 궁금증이 고민이 되어 심적 고통까지 겪는다. 그들은 이것을 미리 알 수 있는 방법이라던가, 아는데 도움이 되는 방법을 절실히 바란다. 창작하는 직업과 부업은 점차 늘어나고 있고, 최근에 점집이 번성하고 있는 이유 중 하나다.

이 고민이 자기객관화와 많은 연관이 있는 이유는, 자신의 작품에 대한 자신의 판단도 자기객관화의 영역에 속하기 때문이다. 예를 들어 어떤 작가가 소설을 써서 출간을 앞두고 있는데, 그는 자기 소설이 엄청나게 많이 팔릴 것이라고 믿고 있다. 그래서 어차피 곧 돈을 많이 벌게될 것이라고 생각해서 저축해 놓은 돈을 모두 써버리고 빚까지 내었다. 그런데 그의 소설이 사실은 인기가 없을 수 있고, 예상과 다른 실패가 찾아올 수 있다. 그 작가의 잘못된 생각과 행동은 자기객관화의 부족과 연관이 있다. 따라서 신제품이나 창작물이 얼마나 흥행할지도 자기객관화, 역지향성과 연관되어 있다. 사람들이 그에 얼마나 호응해 줄지는 많은 사람들의 인식이나 지향성과 관련된 문제이기 때문이다.

그런데 자기객관화와 약간 다른 부분도 있다. 창작물은 '새로운 것'이고, 이전에 없었던 것이다. 그래서 지금 사람들의 생각만 안다고 해서 그 작품의 결과를 완전히 알 수는 없다. 사람들은 아직 그 작품을 경험하지 못한 상태이기 때문이다. 이것을 알고 있던 스티브 잡스는 애플의 제품개발단계에서 여론조사를 의도적으로 안했다. 그러나 자기객관화의 역지향성 이론은 도움이 될 수 있다. 지향성과 역지향성은 앞에서 말했듯이 정확한 대상만 지향하는 것이 아니라 추상적인 것, 불특정한 것, 상상, 기대하는 것도 지향할 수 있다. 지향성이 '욕구'와 관련이 많다는 점은 잘 알려져 있다.

그래서 만약 많은 사람들의 추상적인 사고방식이나 추상적 지향성을 파악한다면, 정확한 작품을 경험하기 이전이라도 새로운 작품이 어떠한 반응을 얻을지 대강 알 수 있을 것이다. 그 반응을 알아내는 도구를 개발하기 위해서는 여론조사 같은 심리학, 통계학적 도구보다는 '철학'이 필요하다. 스티브 잡스도 그런 식으로 제품을 개발했다.

그러한 도구가 있다면 '투자'를 어떻게 할지에 큰 도움을 준다. 앞에 본 작가는 자신의 소설이 흥행할 것이라는 데에 '올인', 즉 투자를 너무 많이 했다. 음악과 영화도 얼마나 잘 될지를 예상해서 투자를 한다. 그 뿐 아니라 다양한 공산품, 더 나아가 모든 기업에 대한 투자와 증권 투자도 이것과 큰 연관이 있다. 실제로 세계적인 투자가들은 인문학에 조예가 깊고, 심지어 엄청난 부를 쌓은 투자가로 세계적으로 유명한 조지 소로스(George Soros), 칼 아이칸(Carl Icahn), 루퍼트 머독(Rupert Murdoch)은 철학과 출신이다.

창작물이 얼마나 흥행할지를 예측하고, 신제품과 신산업에 얼마나 투자해야 할지를 결정하는데 도움이 되는 도구는 엄청난 수요가 있다. 그 도구의 개발은 공학자도, 과학자도, 심리학자도, 경제학자도, 경영학자도 아니고 주로 철학자들이 앞으로 해야 할 일이다. 계산기처럼 완벽한 도구를 개발하라는 것이 아니라, 어느 정도 도움이 되는 도구라도 (포지티브 방식이 아니라 네거티브 방식이라도) 필요하다. 그 도구는 완벽한 상태일 필요는 없고, 물건도 아니고 공식도 아니다. 그저 어느 정도 일깨워주는 것 일 수 있다. 이를테면 구루(Guru)의 역할을 할 수도 있다.

선과 악의 본색

도덕과 윤리에 대해 말하면 고리타분하고 억압받는 것처럼 갑갑한 기분이 들 수 있다. 자신의 개인적 성공과 무관하고 별로 도움이 안 되는 이야기처럼 들린다. 그러나 도덕과 윤리는 일상적으로 신경 써야 할 일이기도 하다. 사람들은 도덕과 윤리의 기준으로 많은 판단을 하기 때문이다. 법과 정치도 도덕과 매우 많은 연관성이 있다. 요즘은 오히려 사회생활에서 과거보다 그 부분이 더욱 민감해지고 있다. 커다란 인기를 얻다가 한순간에 몰락한 연예인들과 유튜버들은 대개 도덕적인 문제로 인해 그렇게 된다. 인기가 중요한 사람들에게 법적 처벌이 작더라도 도덕적 문제는 별개로 가중된다. 악한 일을 하면 추락하지만 선한 일로 인해 성공할 수도 있다.

나는 앞의 자신감의 문제를 다루면서 '틀린, 잘못된 것도 할 수 있는 자신감'을 가지라고 말했다. 그리고 전반에 걸쳐 '독특함'에 대한 호의적인 시각을 보여 왔다. 그런데 '잘못된 것', '독특한 것'에 대한 호의는 도덕적인 측면에서 의심을 살 수 있다. 잘못된 것이란 도덕적으로 '악한 것'을 의미한다고 이해되기 쉽고, 독특한 것도 선악과 관련이 없고 오히려 악한 것이 더 많을 수 있다는 우려가 있다. 그래서 내가 도덕, 즉 선과 악을 전혀 고려하지 않고 존재하지 않는다고 생각하는지 궁금할 것이다. 그러나 그렇지 않다. 나는 선과 악, 도덕이 존재한다고 본다. 그리고 선이 좋은 것이고 악이 나쁜 것이며, 악한 일을 하지 말아야 한다고 생각한다. 악한 일도 괜찮다는 주장으로 오해할 수 있기 때문에, 이 문제에 대해 자세히 설명할 필요가 있다.

선과 악은 쉽게 따질 수 있는 것이 아니다. 그것을 구분하는 것이 어렵기 때문에 무엇이 선한지를 연구하는 윤리학이라는 어려운 철학의 영역이 있고, 현대 철학 중에서도 중요성이 커지고 있다. 선악을 판단하기 어려운 주된 이유는, 도덕의 기준은 시대에 따라 바뀔 수 있고, 문화에 따라 바뀔 수 있다. 어떤 그룹과 공동체마다 다를 수도 있으며 심지어 개인마다 주관적일 수도 있다. 선악은 예절의 문제도 포함된다. 사회에서 특정한 예절을 지키는 것이 선이 되고, 어기면 악이 된다. 그런데 예절은 우리가 알다시피 매우 다양하고 시대마다 다르다. 조선시대의 예절이나 도덕은 현재와는 매우 달랐다. 조선시대에 부모가 돌아가셨을 때 3년간 매일 제사를 올려야 했으며, 그렇지 않으면 악한 사람이었다. 천민이 양반에게 반말을 하는 등 신분제도에 어긋나는 행위도 악했다. 반면 양반은 천민을 때려도 괜찮았다. 종교마다 도덕에 대한 기준도 약간씩 다르다. 그리고 자신이 받은 교육에 따라, 자신의 신념에 따라 가지는 도덕도 다르다. 어떤 사람은 자연보호가 매우 중요한 도덕이고, 또 어떤 사람은 페미니즘이 중요한 도덕이다. 다른 사람은 그와 충돌하는 다른 도덕이 더 중요할 수 있다.

이렇게 선과 악의 판단이 어려운 일이고, 기준이 다양하기 때문에 도덕은 본질적으로 '상대적'이라는 주장도 나올 수 있다. 도덕이 단지 상대적이라면 선과 악이란 궁극적으로 사실상 없는 것과 마찬가지가 될 것이다. 그리고 다수나 힘센 자가 말하는 선이 전부일 것이다. 그런데 나의 주장은 그런 것이 결코 아니다.

사회에는 선과 악이 혼재할 수 있다. 사회에서 혼돈스러운 선악이 존재한다고 해서 선악의 궁극적 구분이 존재하지 않는 것은 아니다. 천동설과 지동설의 주장이 공존하는 혼란스러운 상황이라고 해서 천동설과 지동설 둘 다 틀리고 답은 없다고 결론 내려야 할까? 중세 유럽의 천동설이 지배하던 시절에 코페르니쿠스와 갈릴레이는 지동설이라는 '잘못된 주장'을 했다. 그러나 그것은 알고 보면 잘못이 아니었다. 도덕도 단지 주장이 서로 다르다는 이유로 옳은 도덕이 없다는 결론은 나오지 않는다. 즉 (대강이라도) '도덕의 진리'는 존재할 수 있다. 그래서 나는 선과 악은 존재하고, 가급적 선을 행하고 악을 멀리해야 한다고 본다. 이것은 특이한 생각이 아니라 선을 지향하고 악을 나쁘게 보는 우리의 상식적인 느낌과도 같다. 선과 악이 없다거나 궁극적으로 상대적이라는 생각이 특이한 생각이고 잘못된 생각이다. 특이하다고 해서 물론 다 좋거나 옳은 것은 아니다. 악할 수도 있는데 나는 독특한 것을 좋아하지만 악하다면 좋아하지 않을 것이다. 나는 소시오패스의 편을 들고 싶지 않다. 참고로 소시오패스는 악한 행위를 자주 하는 사람을 의미하고, 사이코패스는 잠재적, 생물학적으로 그런 경향이 내재된 사람을 주로 의미한다. 그래서 한 사람이 둘 다 일 수 있다.

선과 악이 혼란스러운 시대, 주관적 도덕이 넘쳐나는 시대에 오히려 '잘못된 것도 할 수 있는' 자신감이 필요하다. 왜냐하면 잘못된 것이란 어떤 측면에서 악할 수 있는 것인데, 그 측면은 어떤 사람의 생각일 뿐, 그것은 사실 악하지 않을 수도 있기 때문이다. '악할 수 있는 것'을 전혀 하지 않으려 하면 할 수 있는 일이 너무나 제약된다. 모두의 서로 다른 기준을 전부 충족해야 하기 때문이다. '자신감'은 그것을 무시하고 용기를 낼 수 있게 만드는 힘이다. 그리고 잘못된 것도 '할 수 있는' 자신감을 가지라고 했지, 잘못된 것을 의도적으로 찾아서 하라고 주장하지도 않았다. 또한 그 잘못된 것이란 '실패'를 포함한다. 즉 완전히 도덕에 관한 이야기를 한 것도 아니었다. 실패할 수 있어도 용기를 가지고 자신감 있게 하라는 말은 '일부러 실패를 하라'는 뜻이 아니다. 도덕과 관련해서도 마찬가지다.

Ø

소크라테스가 살던 당시 아테네는 선과 악에 대한 혼란이 컸다. 소크라테스는 당시 지식인이었던 소피스트들과 대립했는데, 소피스트들은 대개 '힘이 곧 정의'라던가 '진리는 없다'라던가 하는 식으로 도덕과 진리에 대한 '상대주의' 주장을 했다. 반면에 소크라테스는 도덕의 진리는 존재한다고 주장했다. 결국 소크라테스는 501명 배심원들의 다수결 투표로 사형에 처해졌다. 당시 아테네 인구도 적었을 텐데 501명이나 배심원으로 참석시킨 것으로 보아 직접민주주의가 성행했음을 알 수 있다. 그 죄명은 소크라테스가 신을 믿지 않고 젊은이들을 선동해서 타락시킨다는 것이었는데, 사실 소크라테스는 신을 믿었고 그것은 모함이었다. 그 사회에도 선과 악은 있었다. 다수결에 의해 소크라테스가 악한 자가 되었다.

선과 악이 존재하지 않는 사회는 없다. 다만 그것이 '진짜 선'인지가 불분명할 뿐이다. '틀린/잘못된 것도 할 수 있는 용기(자신감)'에서 '틀린/잘못된 것'이란 진짜 악을 뜻한다기 보다는 주로 사회에 표면적으로 존재하는 '악이라 부르는 것'이다. 즉 선과 악은 진정한 것과 사회에서 선과 악이라 부르는 것, 다시 말해 '표면적인 선과 악'이 따로 있을 수 있다. 그래서 선과 악이란 항상 의심해 봐야 한다. 억울하게 악인으로 낙인찍는 마녀사냥의 예를 보라.

문화마다, 시대마다 선악의 기준이 달라질 수 있어도 궁극적인 공통점은 있다. 나는 그 한 가지 증거로 '거래 규칙'을 들 수 있다고 본다. 다른 문화 간에도 문물 거래를 할 수 있다. 아무리 국가 간에는 법이 없다고 하더라도 거래가 이루어지고 거기에는 공정과 정의가 있다. 거래 규칙은 서로가 합의해야 하고, 거짓말로 속여서는 안 된다. 이것이 기본적인 도덕이다. 그래서 도덕의 상대주의는 틀리고 어떤 절대적 도덕은 존재한다. 참고로 인류에 보편적인 도덕이 존재하는 증거에 대해서는 인류학자 앨런 피스크(Alan P. Fiske)의 《Structures of Social Life》를 참조하면 좋다.

선과 악이 혼란스럽거나 절대적 도덕이 없다는 주장이 많은 시대에 흔히 나오는 주장은 '다수결의 결정이 선'이라는 것이다. 도덕의 기준이 없는 사회에서 쓸 수 있는 가장 그럴듯한 기준이 바로 다수결이다. 그런데 다수가 선이라는 생각은 틀리다.

증명해보겠다. 선이라는 것은 '따라야 하는 것' 또는 '그렇게 하라고 부추길 만 한 것'을 의미하고 악은 하면 안 되기 때문에 악을 행한 자는 비난과 처벌을 받는다. 앞에서 '자기객관화'에 대해 설명하면서, 다수의 생각을 아무리 많이 수집하고 통계를 내어도 그것은 참고자료일 뿐, 최종적으로 따를 필요는 없다고 말했다. 왜냐하면 다수의 생각이 선은 아니기 때문이다. 만약 그것이 선이라면 나는 따라야 한다고 말했을 것이다.

자기객관화를 통해 다수의 생각에 맞게 행동하지 않는 사람은 악이 되고 비난받아야 하는가? 그렇지 않다. 예를 들어 다수의 사람들이 '너는 명문대학에 가기 위한 공부를 하지 않으므로 잘못하고 있다'라고 말한다고 해서 그 말에 따라 태도를 고쳐 명문대학에 가려고 해야 선이 되고, 명문대학에 가려고 하지 않으면 악이 되는 것은 아니다. 다수의 생각에 따르지 않아도 되는 이유는, 다수의 생각을 뛰어넘는 다른 이유가 있을 수 있기 때문이다. 그리고 다수가 틀릴 수 있기 때문이다. 만약 다수의 생각이 선이라면 우리는 항상 다수의 생각에 따라 살아야만 한다. 그리고 자기객관화는 참고자료가 아니라 자신의 앞으로의 행동을 다수결로 인해 결정하기 위한 것이 되어버린다. 그것을 바라는가? 그것을 바라지 않는다면 다수가 선이라는 생각을 버려야 한다.

다수가 선이라고 한다면, 다시 한 번 강조하지만, 자신의 모든 행동을 다수의 결정에 따라야 한다. 당신이 뭘 할지는 당신이 정할 수 없다. 모든 답은 다수의 의견에 있을 뿐, 당신은 결정 권한이 없다(그것을 도덕적으로 부추김 당하게 된다). 이건 너무나 이상한 일이고 부자연스럽다. 그래서 이제까지 역사상 그 어떤 성현도, 철학자도, 종교지도자도 그렇게 하라고 말한 적이 없다. 그런데 놀랍게도 이런 일이 실제 세상에서 종종 벌어진다. 전체주의 사회는 다수가 선이라고 믿는다. 다시 말해, 다수가 선이라고 믿는 것은 곧 전체주의이다 그런 사회에서는 개인의 선택권이 사라지는 일이 발생한다. 다수의 결정에 따라야 하기 때문에, 안 따르면 악이 되기 때문에, 전체주의에서 반드시 벌어지는 일이다.

Ø

독특한 것은 다수가 아닌 소수에 속한다. 그래서 다수가 선이라면 독특한 것은 선에 반대되는 것, 즉 악이 될 것이다. 그러나 독특함은 악이 아니다. 선이라고 할 수도 없으므로, 독특함은 선악과 무관하다. 다수와 소수는 선악, 도덕과 무관하다. 다만 선악을 왜곡하는 행위는 악에 가깝다. 다수가 선이라는 주장, 전체주의 주장은 선악을 왜곡하는 행위이므로 악에 가깝다. 그것을 방지하고 다양성을 존중하는 주장은 선에 가깝다. 즉 부추기고 장려할만한 주장이다.

그런데 다수결이 필요하거나 합리적이 되는 많은 상황은 어떻게 볼 것인가라는 의문이 생기게 된다. 어떤 동호회에서 봄 야유회를 어디로 갈지를 정하는 것과 한 반의 반장을 투표로 선출하는 것 같은 예가 대표적이다. 중요한 것은 이것이 '도덕적'이라기보다는 엄밀히 따져서 '합리적'이라는 것이다. 여기서 다수결이 도덕적 방안처럼 보이는 이유는 합리적 방안에서 파생되어 도덕적으로 보이는 것이다.

'합리적'이란 이치에 맞음을 뜻한다. 그 '이치'란 현실적으로 알려진 최상의 방안을 의미한다. 진정한 '도'와 '덕' 같이 알기 어려운 궁극의 이치(진리)에 맞는다고 볼 필요가 없다. 현실에서 주어진 정보를 이용해 최선의 판단을 내리는 것은 합리적이 된다. 물론 보다 합리적이기 위해서는 더 많은 정보와 탐구가 필요하겠지만 그래도 한계가 있다. 예를 들어 기업에서 인재를 선발하는데 아무리 합리적 채용방안을 만들어도 종종 궁극적으로 원하는 인재를 놓칠 수 있다. 봄 야유회를 가기 위해, 반장을 선출하기 위해 다수결 투표를 하는 이유는 여러 가지 대안들, 예를 들어 주사위 던지기, 가장 힘 센 사람이 선택하기 등에 비해 구성원들의 불만이 적어서 분위기가 깨지지 않는 등 더 합리적이기 때문이다. 그런데 다수결로 정했다고 해도 결과적으로 최상의 선택이 되지 않을 가능성도 있다. '민주주의'는 일반적으로 다수결 투표를 전제하는데, 그 방식이 가장 합리적이기 때문이지, 다수가 선이 되기 때문이 아니다.

민주주의가 좋은 이유는 합리적이기 때문이다. 다시 말해, '합리성'에 좋은 점이 있는 것이지, 다른 것에 좋은 점이 있는 것이 아니다. 민주주의는 직접민주주의도 있고 간접민주주의도 있다. 간접민주주의는 완전한 다수결과는 다르다. 다수결로 대표를 선출하지만, 그 대표는 다수결에 묻지 않고 자신의 의지대로 어떤 정책을 추진할 수 있다. 개별 사안마다 일일이 직접민주주의로 결정할 수도 있지만, 그것보다 결과적으로 더 나을 것이기 때문에 '합리성 기준으로' 대부분의 나라에서 간접민주제를 시행하고 있다. 대표를 선출하는 방식도 나라와 환경마다 약간씩 다를 수 있다. 미국의 대통령 선거는 전체 미국인의 다수표를 얻은 사람이 선출되는 것이 아니다. 자세한 과정에 대한 설명은 생략하고, 선거인단이 존재하는 간접선거로 결정하는데, 그래서 전체 미국인의 투표수에서 진 후보가 대통령에 당선되는 일이 종종 있다. 그러나 그것도 미국의 경우에는 합리적 방안일 수 있다(주들의 연방이라는 점을 감안해야 한다).

대개 우리가 민주주의가 좋다고 생각하는 이유는 그것이 다른 체제에 비해 더 많은 사람들의 이익과 권리를 더 많이 향상시켜준다고 생각하기 때문이다. 그것은 알고 보면 '합리성'의 기준이다. 그에 비해 다수결 방식은 부차적이다. 민주주의 사회에서 다수결 방식이 비합리적이되기 때문에 다수결로 결정하지 않는 예는 매우 많다. 대중가요 중에서도 대중이 가장 많이 듣는 노래가 가장 좋은 노래라고 볼 수 없는 것처럼, 다수의 선택이 선은 아니다. 그런데 다수결이 민주주의의 궁극적 지향점이라든가 다수가 선이라는 생각은 민주주의에 대한 오해이다. 본말이 전도된 것이다. 이러한 본말 전도로 인해 다양성이 억압받고 자유가사라지고 전체주의가 되는 이상한 '비합리적 민주주의'가 되어버린다. 민주주의는 그런 것이 아니다.

전체주의 사회는 다수가 옳다고 주장하지만 사실 알고 보면 다수에게 더 큰 영향력을 끼치는 소수의 의견이 다수를 지배한다. 어느 사회나 더 쉽게 다수의 의견으로 만들 수 있는 소수의 유리한 위치가 존재한다. 소수의 (숨겨진) 권력자, 막강한 인플루엔서, 네트워크의 허브(hub)는그 유리한 점을 이용하기 위해 종종 다수가 옳고 선이라고 주장한다. 사람들은 네트워크처럼 연결되어 있고, 그 연결성과 영향력은 매우 불균등하고 불평등하다. 다수결 투표는 사실 '영향력의 결과'이다. 영향력의결과로 정해질 확률이 큰데, 그 결과로 선출된 것에 어떤 권한이 부여됨으로써 그 영향력은 더욱 늘어난다. 대체로 영향력이 큰 것에 영향력을더해주는 것이 다수결이다. 즉 영향력의 부익부 빈익빈이다.

그런데 만약 다수가 선이라고 하는 소피스트 같은 생각을 가지고있다면, 도덕의 상대주의가 되어야 할 것이고 궁극적 도덕은 없다고 해야 할 텐데, 희한하게도 그런 사람들 중에 도덕을 통한 '이익'을 많이 바라는 사람들이 있다. 일반적으로 선은 칭찬받고 선한 사람은 신뢰받는다. 반면에 악은 '공공의 적'이 되어 비난받고 처벌받는다. 이것을 이용하여 분야에 따라 다르지만 많은 이익을 얻을 수 있다. 그래서 '위선자'들이 나타난다. 위선자는 자신을 표면적으로 착하게 보여서 이익을 얻는다. 그것은 사기와도 같다. 사기꾼들은 신뢰를 얻는 작업을 먼저 한다. 착하게 보이려는 것이다.

착함과 선행으로 인해 이익을 얻는 것은 나쁘다고 볼 수 없다. 나는 도덕이 궁극적으로 희생이라고 보지 않는다(이것은 '덕 윤리'의 일반적 가정이다). 도덕적인 사람이 성공하는 것이 좋다. 그런데 사기꾼처럼 정말로 나쁜(악한) 위선자는 다수가 선이라거나 진정한 도덕은 없다는 생각을 하면서도 겉으로는 "이것이 진정한 도덕, 절대적 도덕이다"라고 홍보해서 사람들을 믿게 만든다. 모순된 행동을 하고 있는데 사람들이 모르게 하는 것이다. '내가 선하다, 나의 생각이 선이다'랄 정도로 대담한 주장이라면 그것이 표면적이고 주관적인 선이 아니라 '진정한(절대적) 선'임을 주장하는 것이다. 세상에는 그런 주장들이 많다. 그러나 그런 주장을 함부로 믿지 말자. 그는 속으로는 '진정한 선 같은 건 없어'라고 생각하고 있는지도 모른다. 물론 그와 달리 속으로 진정한 선이 있다고 생각하는 사람도 있다. 그들을 구분하는 방법 중 하나는 다수이기만 하면 선(정의)이 된다고 보는가를 물어보는 것이다.

참고로 "다수가 선"이라는 말과 "다수가 정의"라는 말은 구분하기 어렵다. 나는 그 차이를 딱히 모르겠다. 후자를 말하면서 어쩌면 그것이 아니라 '다수결이 합리적'이라는 의도를 했는지 모르겠는데, 그러면 다수가 선이 된다는 의미와 확실히 구별해야 하고 헷갈리게 하지 말아야 한다.

결론적으로 우리는 무조건 다수의 생각에 따라야 하는 게 아니다. 이것이 내가 하고 싶은 말이다. 지금 나는 도덕과 무관한 개인적 이익에 관한 이야기를 하는 게 아니다. '도덕적으로' 다수에 따를 필요가 없다. 소크라테스도 아마 이것을 말하고 싶었을 것이다. 다만 내가 민주주의를 싫어하는 건 결코 아니다. 민주주의는 합리성의 측면에서 분명히 필요하고 좋은 것이다. 어떤 점에서 합리적이고 왜 필요한지에 대해서는 권력과 권위에 대해 다루면서 설명할 것이다.

Ø

독특한 것, 독특함에 대해 도덕적으로 우려할 만한 부분은 '질서'를 깰 수 있다는 점이다. 질서의 개념은 일반적으로 '예측 가능한 것'을 의미한다. 그래서 튀거나 소수에 속하는 것, 독특한 것은 흔히 질서를 깬다고 볼 수 있다. 그런데 질서는 도덕적인 것과 연결되고, 질서를 함부로 깨는 것은 부도덕한 것이 될 가능성이 높다. 우리는 어떤 사회 질서가 필요하다고 상식적으로 생각하고, 질서가 너무 무시되는 사회는 부도덕이 판을 치고 살기 어려운 사회라고 생각한다. 독특함이 역사적으로 많은 사회에서 탄압받았던 이유 중 하나는 이렇게 질서를 깨는 일이 부도덕(악)의 개념과 흔히 연결되기 때문일 것이다.

그러면 제대로 따져보자. 독특한 것은 어떤 '질서'를 깰 수 있고, 흔히 깬다고 볼 수 있다. 그런데 그 질서가 정말로 우리가 지키고 싶은 질서가 맞는가? 나도 질서를 깨는 것을 싫어할 때가 많고 사회에 어떤 질서는 있어야 한다고 본다. 예를 들어 거리에 침을 뱉는 것을 싫어하고, 지하

철 안에서 시끄럽게 떠드는 것도 싫어한다. 줄을 서있는데 새치기를 하는 것도, 노상방뇨도 질서를 깨는 일이다. 나를 포함한 우리들이 그런 행위를 싫어하는 이유는 자신과 많은 사람들에게 피해가 되기 때문이다. 즉 '남에게 폐 끼치기'가 보기 싫고 당하기 싫은 것이다. '독특함'과 '소수'가 남에게 폐 끼치기를 함의한다고 볼 수는 없다. 어떤 사회에서 남에게 폐를 끼치는 사례가 많아지고 만연하게 될 수도 있다. 국민의 의식이 후진적이고 배려심이 적으며 치안이 엉망인 사회는 그럴 수 있다. 그러면 폐 끼치는 일이 특이한 일이 아니라 흔한 일, 다수에 가까워질 수도 있다. 즉 독특함과 소수는 사실 우리가 꺼리는 질서의 파괴와 무관할 수 있다.

남에게 폐 끼치기를 방지하고 우리가 사회에서 지켜져야 한다고 믿는 것은 정확히 말해 단지 '질서'라기보다는 '공공질서'이다. '질서'는 매우 다양하고, 단체마다 혹은 개인마다 다르게 생각하고 있을 수 있다. 그렇게 다양한 질서가 있을 수 있는 반면, '공공질서'는 공공의 이익과 피해 방지를 위해 규정하는 공통적이고 최소한의 규범이다. 그래서 공공질서를 깨면 비난을 받고 흔히 벌금을 물게 된다. 그런데 '공공질서'라고 길게 말하기 귀찮으니 흔히 줄여서 '질서'라고 말하고, 질서에서 공공질서를 흔히 떠올린다. 이것은 '복지'를 '공공복지'의 의미로 흔히 생각하는 것과 유사하다. 우리는 '복지'를 국가에서 마련해주는 것이라고 흔히 생각할 수 있는데, '사내 복지'처럼 그렇지 않은 것도 많다. 복지는 다양한 복지를 통틀어 부르고 공공복지는 국가가 마련해주는 것을 말한다. 그와 마찬가지로 '질서'에서 '공공질서'만 떠올리는 것은 커뮤니케이션 오류의 문제다.

질서는 깨도 된다. 어차피 독특함이란 어떤 질서를 깬다고 볼 수 있다. 앞에서 말했듯이 질서란 '예측 가능함'의 개념이기 때문에 그러하다. 공공질서를 깨면서 남에게 피해를 끼치라는 말은 결코 아니다. 다시 강조하지만 공공질서는 타인에게 피해를 끼치는 문제이지, 독특함과는 관련이 거의 없다. 그것을 지키더라도 세상에는 굉장히 많은 질서들, 질서라고 주장하고 멋대로 생각하는 것들이 있다. 고정관념, 악습, 권위주의 같은 것들이 그러하다. 개인이 가진 고정관념을 스스로 깨는 것도 어떤 질서의 파괴이고, 심지어 '창의성'도 어떤 질서의 파괴로 볼 수 있다. 질서와 공공질서를 구분하지 못하면서 질서의 파괴가 악이라고 혼동하는 경향으로 인해 스스로의 자유를 억압하고, 독재자와 권위주의자가 사회의 자유와 다양성을 억압하고 권력을 강화하는데 악용하기도 한다.

권력과 명예는 눈에 보이지 않아도 존재한다

올해 초에 내가 정말로 특이한 사람인지를 스스로 생각하게 만드는 일이 있었다. 그것은 일명 '정인이 사건'과 관련 있는 일이었다. 2020년 12월 말에 정인이라는 한 입양아동이 양부모에게 학대당해 사망한 사건으로 인해 국민적 공분이 커졌다. 나도 그 일에 분노가 생기고 가해자를 엄벌에 처해야 한다고 생각하는 건 다른 많은 사람들과 다를 바 없었다. 그런데 얼마 뒤 어떤 뉴스가 화제가 되었는데, 한 판매자가 "정인아 미안해"라는 문구가 새겨진 셔츠, 핸드폰 케이스, 쿠션 등 굿즈를 판매한다고 해서 대대적으로 보도가 나왔고, 그에 사람들이 엄청난 비난을 쏟아내고 있었다. 추천을 많이 받은 네티즌들의 반응은 그 판매자를 악마에 비유하고 사이코패스라거나 제정신이 아닌 사람으로 몰아세웠다. 커다란 이슈로 부상하면서 물론 그 판매는 곧 없어졌다. 나는 그것이 잘 이해가 되지 않았다. 왜 그 판매자는 악마취급을 당해야 했을까? 아마도 그것으로 '돈'을 벌려고 했기 때문일 것이다. 나도 그 부분은 꼴사납게 생각한다. 하지만 꼴불견 정도이지 악마에 비유할 정도로 분노가 생긴다거나 금지시켜야 한다는 생각은 들지 않았다. 내가 이상한 건가? 당시 정인이 사건을 알리고 기억해야 한다는 사회적 움직임이 있었고, SNS에 해시태그로 그 문구가 많이 오르기도 했다. 그래서 그런 기회를 이용해 돈을 번다는 꼴불견만 제외하면, 그 메시지가 담긴 굿즈 자체가 나쁜 건 아니었다. 그 탐욕이 나쁘더라도 상쇄되는 부분도 있었다.

생각해보면, 내가 그 판매자에게 (다른 사람들에 비해) 관대했던 이유는 어쩌면 '돈'이 아닌 '권력'과 '명예'를 얻으려는 다른 이기적인 사람들에 대해서는 너무나 관대한 분위기에 대한 반작용과 같은 것인지도 모른다. 즉 형평성이 맞지 않다는 생각이 있었던 것 같다. 그 판매자가 '악한 사람'이 되는 이유는 어떤 비극적인 일을 이용하고 그 기회로 돈을 벌려고 했기 때문이다. 그런데 어떤 비극적인 일을 이용하여 '권력'과 '명예'를 얻으려는 사람에 대해서는 왜 아무런 분노도 느끼지 않을까? 꼭 비극적인 일이 아니더라도 어떤 도덕적 이슈를 이용해 돈을 벌면 비난의 대상이 되고, 권력과 명예를 얻으면 아무도 눈치 채지 못한다. 그런데 알고 보면 권력과 명예는 2차적으로 돈도 생긴다. 내가 보기에 이 현상이 너무나 불균형적으로 보인다.

돈은 물질적이고 눈에 잘 보이지만 권력과 명예는 물질이 아니고 눈에 잘 띄지 않는다. '유물론'의 관점에서는 돈은 물론 존재하고 매우 중요한 인간의 이익이 되지만, 권력과 명예는 물질이 아니므로 존재하는 것으로 취급도 못 받는다. 그래서 그것이 인간, 한 개인의 '실제적 이익'이 된다는 것도 모르게 된다.

하지만 권력과 명예는 실제로 존재하는 것이며, 한 개인의 실제적 이익, 성취, 목적이 된다. 권력과 명예로 2차적으로 돈이 생기는 것을 제외하고도, 그 자체로 존재하고 이익이 된다. 그런데 흔히 돈만 탐욕이라고 생각하고 이상하게도 권력과 명예는 탐욕이라고 생각을 안 한다. 나는 탐욕인지는 의문이지만 욕심과 바람, 이득이라는 측면에서 차이가 없다고 본다. 보이지 않고 만져지지 않는다고 해서 존재하지 않는 것은 아니다. 사실, 돈도 보이고 만져지는 물질 같은 것인지가 의문스럽고 논란이 될 수 있다. 예를 들어 동일한 부동산이 갑자기 가격이 오르는 이유는 무엇인가? 놀랍게도 사람들의 '심리'가 실제 가격과 돈을 만든다.

인지과학은 물질만이 가치가 있다는 유물론이 부정되면서 등장하게 되었다. 유물론에 따르면 물질, 그리고 인간의 심리에 관해서는 행동만이 고려대상이 된다. 하지만 그러면 심리학이 발전할 수 없다. 인간의 내면에 있는 추상적인 느낌, 감성, 능력에 대해 연구하려면 그 존재와 가치를 인정해야 하고, 유물론의 비합리성이 드러나면서 현대 심리학이 발달하게 되었고, 컴퓨터과학과 인문학 등이 융합되면서 인지과학이 등장하게 되었다.

인지과학의 주요한 역할과 앞으로의 과제는 그동안 특히 유물론에 의해 발전하지 못했던 (마음과 관련 있는) 분야들을 다양한 학문들의 융합으로 개척해가는 것이다. 그런데 인지과학은 최근 독자적인 발전을 잘 이루지 못하고 있었다. 심리학이 발전을 하고, 컴퓨터과학이 발전을 해도 그것은 그 개별학문의 발전으로 볼 수 있고, 과연 인지과학의 발전이 어떻게 이루어질지에 대한 의문과 고민이 생기고 있는 시기이다. 그래서 인지과학을 전공한 사람들이 대부분 심리학 등 개별 학문으로 돌아가거나 흡수되고 있는 실정이다.

그런데도 나는 인지과학의 영역이라 할 수 있는 것을 개척하고 싶었는데, 어느 날부터 '사회적 성취'(정확히 말하면 사회관계적 성취)에 호기심을 갖게 되었고, 그것이 이제까지 발전이 미흡한 분야이고 내가 전공한 인지과학이 하기에 적당한 분야라는 것을 깨닫게 되었다. 그래서 나는 권력과 명예 같은 사회적 성취와 관련된 개척적 연구를 주제로 한국연구재단의 신진연구자지원사업에 신청하고, 선정되어 2년간 연구 지원금을 받았고 몇 권의 관련 서적을 집필했다. 그 연구의 목표는 이제까지 실체도 제대로 파악하지 못했고 연구가 미흡했던 권력, 명예 등에 대해 밝히고, 그 발생 메커니즘도 연구하고, 그에 대한 기반을 닦는 선구적 연구를 하려는 것이었다.

돈 이외의 사회적 성취, 즉 권력, 명예, 권위, 인기 등에 대한 연구는 매우 중요하다. 왜냐하면 그것은 정치 뿐 아니라 우리 각자의 삶에서 커다란 부분을 차지하기 때문이다. 그런데 놀랍게도 이렇게 중요한 문제에 대해서 이제까지 학계의 연구 성과는 매우 빈약하다. 그것을 얻으려면 어떻게 해야 하고, 그것의 부당함과 위험을 피하려면 어떻게 해야 한다는 것이 거의 없었던 것이다. 특히 근대 유물론의 유행은 그 분야의 발전을 방해하는 역할을 톡톡히 했다. 이 분야는 물질이나 '부'가 아니라 사회적 관계로 인한 '귀'의 영역이다. 그리고 이 문제는 심리학, 철학, 정치학, 인류학 등 다양한 학문들의 융합이 필요한데 이제까지 이에 관해 각자의 다른 관점만 가지면서 융합이 잘 이루어지지 못했다. 그래서 이 문제는 인지과학이 담당하기에 적절한 분야가 된다. 게다가 사람들의 심리, 마음과 매우 큰 관련이 있다. 이제까지 심리학은 주로 한 사람의 심리를 연구했지만, 이것은 사회적 관계이므로 최소 2인이 필요하고, 다수 사이에서 발생하는 심리를 연구한다.

여기서 나는 '권력', '권위', '명예'에 대해 독자들의 삶에 실제적으로 도움이 될 수 있는 측면을 중심으로 간단히 다룰 것이다. 참고로 '인기'도 중요한 사회적 성취이고, 특히 최근에 유튜브와 SNS의 발달로 더욱 중요해지고 있지만, 그에 대해서는 책의 곳곳에서 다루었기 때문에 여기서는 다루지 않겠다.

∅

'권력'과 '권위'는 이제까지 주로 정치학에서 관심을 가지고 다루어 왔을 뿐이다. 그런데 정치학에서 다루는 것은 엄밀히 말해 '정치권력'과 '정치권위'다. 정치에 관한, 국가의 운영에 관련된 것이다. 그런데 권력과 권위가 정치와 관련된 거시적인 것만 있지는 않다. 우리는 일상생활의 다양한 관계 속에서 권력과 권위를 경험한다. 우리가 권력과 권위를 가지려는 욕구는 정치인이나 고위관료가 되겠다는 목적과 일치하지는 않는다. 물론 그런 경우도 있겠지만, 우리는 어떤 공식적 직함을 가지는 것과 별개로, 주변 타인의 눈치를 보고 명령에 따르기 보다는 타인에게 명령을 내리거나 심부름을 시키고 싶어 한다. 그리고 많은 타인들이 자신을 신뢰하고 따르기를 바라기도 한다. 전자는 주로 권력과 관련이 있고 후자는 권위와 관련이 있다. 먼저 권력에 대해 살펴보자.

권력은 알고 보면 공식적 직함과 무관하게 존재한다. 대통령은 권력이 매우 크고, 회사의 대표가 권력이 크고, 부장이 대리보다 권력이 큰 것이 일반적이다. 그런데 실제 권력은 고정되어 있는 것이 아니며, 상황에 따라 유동적으로 변한다. 대체로 대통령은 임기 초반에는 권력이 크지만 말기에는 권력이 줄어들어 레임덕이 일어난다. 그런데 어떤 상황이나에 따라 레임덕이 빨리 올 수도 있고, 거의 없을 수도 있다. 권력이 줄어들게 되면 하위직 사람들이 반항을 더 많이 하게 되고 대통령이 마음대로 할 수 있는 일이 줄어든다. 회사에서도 마찬가지다. 똑같은 직급이라도 권력 차이가 있다. 그리고 어떤 상황이 만들어지는가에 따라 한 사람의 권력이 변한다. 어느 집단이나, 심지어 군대에서도 계급만으로 알수 없는 '실세'와 같은 권력의 차이가 있다. 그래서 오히려 '실세' 즉 '실제 권력'은 직급처럼 눈에 보이는 것과 무관하게 존재한다. 눈에 보이지 않고 시간에 따라 유동적인 것이 실제 권력이다. 그것에 따라 타인을 마음대로 부릴 수 있는 능력이 달라진다.

그런데 물질이 아니고 눈에 보이지 않는다고 해서 실제 권력은 이제까지 제대로 연구된 적이 없다. 유물론에 따르면 존재조차 무시된다. 권력에 대한 연구가 적었던 한 가지 이유는 권력에 대한 도덕적 반감때문이다. 권력은 보이든 안보이든 어떤 위계가 형성되는 것이다. 역사적으로는 상위자가 하위자를 핍박하는 일이 많았는데, 그렇기 때문에 평등주의 관점에서 권력은 안 좋게 보인다. 다만 철학자 중에 거의 유일하게 니체만이 권력을 상당히 좋게 보았으며, 인간과 동물의 삶의 가장 중요한 목적으로 보았다.

권력은 명령하는 행위와 같은 것이 아니다. '행동주의'로는 권력을 알 수 없다. 권력은 행위 이전에 잠재적, 추상적으로 이미 존재하고 있다. 권력을 가졌다고 해서 모두 하위자를 괴롭히지는 않는다. 권력을 가진 자가 어떤 명령이나 행위를 할지는 그의 마음에 달려있고, 나쁜 '갑질'을 할지 안할지는 2차적인 문제다. '명령'이라는 표현은 너무 냉혹하고,

일상에서는 심부름이나 부탁으로 보이는 경우가 많다. 권력자의 의지에 따라 움직인다는 점에서 다를 바 없다. 다만 권력자는 부탁을 잘 들어줄 사람이 있는(또는 많은) 것이다. 더구나, 권력자는 직접 부탁을 통해 이익을 얻는 것 이외에, 가만히 있어도 하위자가 먼저 잘 보이기 위해 선물을 하는 경우가 많다. 자발적으로 경호하고 보위하기도 한다.

하위자가 명령에 따르고 선물을 하기도 하는 이유는 도덕적으로 부정적인 경우와 문제가 없는 경우의 두 가지가 있는데, 부정적인 경우는 상위자(권력자)가 폭력적으로 (직·간접으로) 위협해서 하위자가 피해에 대한 두려움에 의해 복종하는 경우이고, 도덕적으로 별다른 문제가 없는 경우는 하위자가 그에게 잘 보임으로써 자신의 추가적인 이익을 얻기 위함이다. 예를 들어 어떤 여성을 짝사랑하는 남성이 그녀에게 잘 보여서 사랑을 얻기 위해 선물을 하고 그녀의 말에 따르는 일, 유산을 줄 수 있는 노부모에게 잘 보이려 하는 일, 스승에게 더 좋은 가르침과 도움을 얻기 위해 섬기고 따르는 일 등이다. 이렇게 일상의 많은 사례에서 한 사람이 다른 사람에게 잘 보이기 위해 부탁을 들어주고 선물을 바치고 매달리기도 하는 관계가 형성되는데, 그것이 권력의 사례이다. 상위자가 하위자를 괴롭히는 것만이 권력이 아니다. 권력으로 인한 이익은 하위자를 괴롭히지 않아도 많이 있다. 하위자가 자발적으로 섬기고 명령에 따르고 선물하는 경우가 많다. 참고로 이러한 관계가 존재하지 않는 세상은 상상하기가 어렵다. 즉 권력이 사라진 세상은 인류가 전멸하지 않는 한 존재할 수 없다.

그것은 물질이 아니므로, 권력의 실체, 존재를 어디서 찾아야 할지를 살펴보자. 앞에서 행동에서는 권력을 찾을 수 없다고 말했었다. 그 이

전에 이미 존재하기 때문이다. 그러면 한 개인 안에 있는 '능력'에서 찾을 수 있을까? 어떤 사람 A가 어떤 능력을 가지고 있을 때 그 능력이 B에게 이익이 될 것 같으면 흔히 권력관계가 형성된다. 앞에서 언급한 스승과 제자의 관계, 여성을 짝사랑하는 남성의 관계, 유산을 줄 수 있는 노부모의 경우도 그러하다. 그렇다면 어떤 뛰어난 능력이 곧 권력이 되는가? 하지만 그렇지 않다. 능력과 무관하게 권력이 존재하는 경우가 있다. 우리는 지금 권력의 정확한 대상, 정확한 실체에 대해 찾고 있다.

어떤 사람이 세상의 중요한 비밀을 알고 있거나 매우 뛰어난 운동 능력을 가지고 있거나 엄청나게 머리가 좋다고 해보자. 그런데 그가 무인도에서 홀로 살고 있고 아무도 그가 그러한 능력을 가지고 있다는 것을 모른다. 그러면 그는 권력이 없다. 왜냐하면 권력이란 타인이 그를 따르게 할 수 있는 무엇인데, 타인이 그런 능력에 대해 알지 못하면 그를 따르지도 않기 때문이다. 슈퍼맨의 예를 생각해 보자. 알다시피 슈퍼맨은 남다른 힘과 능력을 가지고 있다. 그런데 슈퍼맨은 평소에 일반 시민으로 살아가면서 그 힘을 가지고 있다는 것을 결코 드러내려 하지 않는다. 그래서 사람들은 평범한 시민으로 살아가는 슈퍼맨에게 잘 보이려 하거나 그를 따르려는 생각을 안 한다. 사람들이 그에게 엄청난 힘이 있다는 것을 '알지' 못하면, 슈퍼맨에게는 권력이 없다. 엄청난 능력을 가지고 있어도 권력은 없는 것이다. 슈퍼맨이 권력을 가지려면 힘이 있다는 것을 알려야 하고 다른 사람들도 이에 대해서 인지해야 한다.

그렇다면 이제 권력이 어디에 있는지는 분명해진다. 권력은 타인들의 마음 상태에 있다. 능력과도 무관할 수 있다. 중요한 것은 타인들이 어떤 마음상태를 가지고 있는 것인데, 그 마음상태란 '그에게 잘 보이고 싶어 하는 마음이다. 그리고 A가 어떤 능력이 있다는 것을 알더라도, 그것이 자신에게 도움이 될 수 있고 그래서 잘 보이고 싶다는 마음이 생기지 않으면 권력은 생기지 않는다. 예를 들어 A는 어마어마한 부자이다. 그런데 A가 자신에게 결코 돈을 주지 않을 것이고 A가 어떤 생각을 하던지 자신에게 도움이 되지 않는다는 생각이 들게 되면, A에게 잘 보일 필요가 없고 그의 명령에 따를 필요가 없다. 이것은 폭력적 관계에도 적용된다. X가 흉기로 위협하고 있는 상황일 때, X의 생각에 따라 자신이 피해를 입을 수 있다는 생각이 들게 되면, 자신은 그에게 잘 보이려 하게 되고 명령에 따르는 권력의 하위자가 된다. 그런데 종종 사극에서는 "비굴하게 사느니 차라리 죽는 게 낫다. 어서 내 목을 쳐라"라고 말하는 사람들이 있다. 이런 용감한 사람은 드물겠지만 정말로 그런 상황이라면, 그는 '을'이 되지 않고 상대방의 권력은 생기지 않는다. 왜냐하면 그는 명령에 결코 따르지 않을 것이기 때문이다. 권력 관계와 물리적 힘의 차이를 혼동하지 말아야 한다. 물론 권력 관계로 인해 하위자들의 물리적 힘을 활용함으로써 자신이 쓸 수 있는 물리적 힘을 증가시킬 수는 있다.

권력의 이러한 속성으로 인해, 타인의 마음을 조작함으로써 자신의 권력을 만들 수도 있다. 자신이 실제로 얼마만큼의 능력이 있는가와 무관하게, 타인이 자신에게 잘 보이고 싶은 마음만 생기게 하면 자신은 권력이 생긴다. 물론 이러한 조작은 타인을 속이는 것이므로 도덕적으로 좋지 않다(의도적이라면 더 나쁘고, 의도적이 아니라면 애매하다). 그러나 실제로 흔히 일어난다. '조작'일 수도 있고 '과대 홍보'나 '과대 포장'일 수도 있는데, 타인에게 뭔가를 해줄 수 있는 것처럼, 자신이 그런 능력을 가지고 있는 것처럼 홍보하는 일은 흔하다. 학창시절에는 싸움 실력이 권력이 되는 분위기가 있는데, 어떤 이는 실제 싸움 실력에 비해 부풀려지고 소문만 무성한 사람도 있다. 그런데 그 부풀려진 이야기를 사람들이 믿으면 권력이 생긴다. 어떤 사람이 많은 이성들에게 '어장관리'를 하고 있는 상황도 마찬가지다. 많은 이성들은 그/그녀가 자신과 사귀어 줄 수 있을 거라는 기대를 가지고 있는데, 그/그녀는 속으로 그들과 사귈 생각이 없으면서도 그것을 즐길 수 있다. 많은 이성들은 잘 보이기 위해 선물도 하고 아첨하고 잘 대해준다. 그것은 권력을 즐기는 것이다.

많은 사람들이 권력의 을이 되어 고통을 받고 있다. 직장 상사와 부하직원의 관계처럼 명시적으로 자신이 '을'이라서 고통 받고 있는 것을 인지하고 있는 경우도 있고, 권력의 문제인지도 모르고 누군가의 눈치를 보면서 위축되어 있는 경우도 있다. 현실적으로 권력 격차가 존재할 수 밖에 없는 구조도 있다. 누군가의 의지에 따라 자신의 이익이 크게 달라진다면 자신을 위해서 권력 관계를 맺을 수 밖에 없다. 그런데 실제 꼭 필요한 부분에 비해 쓸데없이 권력 격차가 큰 경우가 있다. 그러한 '잉여 권력'은 없애야 한다. 실제로 그 사람에게 의존할 필요가 없거나, 그 사람에게 그런 능력이 없는 데도 그것을 모르고 그에게 매달리고 있는 경우가 있다. 그것을 자기도 모르게 무의식적으로 하고 있을 수도 있다. 그러면 쓸데없이 위축되고 타인의 눈치를 보고 불안과 두려움에 떨게 된다. '타인이 나를 나쁘게 보면 어쩌나'라는 불안과 두려움은 상당부분 권력의 문제와 연관이 있다. 그런 생각을 한다는 것 자체가 자신이 권력이 적은 을이 되어 있고, 자신의 자유가 적다는 것을 의미한다. 자신이 자유로워지기 위해서는 권력의 하위자에서 벗어나야 하며, 잉여권력을 없애야 한다.

이제까지 보았듯이, 권력의 실체는 '잘 보이고 싶어 하는 마음'으로 환원(還元)된다. 이것은 심리학적으로 양적 측정도 가능하다. 즉 타인이 이런 마음을 얼마나 가지고 있는가로 나의 권력량이 결정된다. 그래서 객관적 존재이다. 그런데 놀랍게도, 이것은 을의 마음이므로, 을이 어떤 마음을 가지는가에 따라 권력이 바뀔 수 있음을 함의한다. 타인과의 관계에서 혹시 모를 타인의 불필요한 권력, 잉여권력을 없애는 방법은 의외로 단순하다. 타인에게 '잘 보이고 싶어 하는 마음'을 갖지 않으면 된다. '당신이 어떤 생각을 하든 어떤 행동을 하든 상관없다'는 태도도 마찬가지이다. 모두에게 가급적 최대한 그러한 마음을 가지고, 어쩔 수 없이 잘 보여야 하는 것이 확실한 경우에만 자신의 이익을 위해 잘 보이려는 마음을 가지는 식으로 바꿔야 한다.

ø

'권위'는 권력과 관련이 많아 보이고, 종종 혼동하기 쉬운 개념이다. 그 이유는, 권력을 가진 사람처럼 권위를 가진 사람도 대개 명령하고 따르게 만드는 효력을 가지고 있기 때문이다. 그런 점에서 권위도 한 사람의 이익이 되고 모두가 가지길 원하게 된다. 권력처럼 권위도 역사적으로 약간 부정적인 인상이 있다. 이는 학문의 발전으로 인해 더욱 부각되었다. 근대 학문은 특히 종교의 권위가 지배하던 관습을 타파하려는 목적이 있었고, 권위는 진리탐구와 자유를 억압하는 악습처럼 여겨지기도 한다. 그리고 '권위주의'는 특히 나빠 보인다. 일인 독재, 일당 독재, 군주제, 신정(宗教中心)국가 체제를 '권위주의체제'라고 부르기도 한다. 그것은 정치학에서 '민주주의체제'와 상반되는 것으로 여겨진다.

그러나 '권위주의'는 단순히 '권위'와는 다르다. 권위주의는 특정한 권위를 강요하거나 그것만이 옳다고 하면서 자유와 민주주의를 억압하는 것이다. 반면에 '권위'는 민주적으로 만들어질 수 있고 그 자격은 교체될 수 있으므로 권위주의의 나쁜 점을 함의하지 않고, 도덕적으로 문제가 없다. 예를 들어 법은 권위를 가지는데, 법은 민주적으로 만들어질 수 있고 유용하고 필요한 것이므로 법이 갖는 권위가 나쁜 것이 아니다. 그리고 의사나 박사, 기술자 등 전문가의 권위도 있다. 만약 세상에 권위가 전부 사라진다면 우리는 무엇을 믿어야 할지를 잘 모르게 된다. '자격증'은 권위를 만든다(물론 종류에 따라 다르지만). 우리는 권위 있는 기관에서 발급한 자격증을 믿게 된다. 그리고 우리는 의학에 대해 잘 모르지만 권위 있는 기관과 전문가가 인정한 약품을 섭취한다. 노벨상이나 아카데미 영화제처럼 권위 있는 시상식이 공신력과 영향력이 크다.

이렇게 권위는 '믿을 만함', '신뢰'와 관련이 깊다. 특히 그 대상이 좋은 능력이나 관련된 자격이 있다고 믿는 신뢰이다. 그러한 신뢰도가 다른 것들에 비교해서 높을 때 권위가 있다고 볼 수 있다. 권위주의적이라고 해서 권위가 있는 것이 아니다. 사람들이 믿고 따를 만하다고 생각할 때 권위가 생긴다. 어떤 법이 엉터리 같다는 생각을 많은 사람들이 한다면, 사람들이 그 법에 저항할 것이고 그 법의 권위는 사라진다. 그래서 '민주주의' 방식으로 법을 만드는 것이다. 민주주의를 통해 법을 만들게 되면 대체로 법에 권위가 생긴다.

권위는 많은 사람들의 믿음과 신뢰의 대상이 되는 것이므로, 여론을 통해, 민주적으로 형성된다. 민주주의 방식은 법 뿐 아니라 권위를 만드는 정상적인 방식이다. 그러면 민주주의 체제가 아니었던 오래전 군주제에서는 어떻게 권위가 있을 수 있었을까? 그때에도 국민(백성)들 다수의 믿음이 왕이나 군주제를 인정하고 신뢰했기 때문에 '그 당시에는' 권위가 있었다. 예를 들어 '왕권신수설'은 신을 믿는 많은 백성들이 왕의 자격을 인정하고 믿게 만들었고, 왕은 권위가 생겼다. 그러나 만약 국민들이 왕이나 군주제를 더 이상 신뢰하지 않게 되면 권위가 줄어들어 그 체제는 위태로워지고, 단지 폭력으로 억압하는 상태가 된다. 그처럼 정부의 강제적 시행과 '권위 있음'은 항상 일치하지는 않는다. 그런 상태는 위태롭고 오래가지 못한다. 대안이 없으면 그 체제를 견뎌야 하지만 민주주의체제나 공산주의체제, 신흥 종교 체제 같은 대안이 있음을 백성들이 알게 되면 혁명이 일어난다. 권위가 그 당시 사람들 다수의 믿음으로 형성되는 원리, 이치가 있기 때문에, 주기적으로 사람들의 믿음을 투표로 종합하여 권위 있는 대상을 선출하는 민주주의 체제는 이치에 맞는다. 즉 '합리적'이다.

중요한 것은 권위의 형성 원리는 사람들의 '믿음'이라는 점이다. 그러한 마음 상태이다. 그것이 권위의 실체이다. 그래서 종종 잘못된 믿음이 생길 수 있지만, 그래도 권위가 된다. 왕권신수설도 당시에 많은 사람들이 인정했다면 권위가 있는 것이며, 어떤 종교든 널리 퍼지고 신도가 많기만 하면 권위가 된다. 어떤 권위 있는 시상식이 몰래 친분이나 돈을 받고 상을 수여하고 있더라도 그 사실이 알려지지만 않으면 권위는 유지된다. 공정성과 신뢰도로 인해 큰 권위를 가진 어떤 언론인이 뒤로는 뇌물을 받고 있더라도 알려지지 않으면 그 권위는 유지된다. 즉 권위는 권력과 마찬가지로 사람들을 믿게만 만들면 되고, 조작이 가능하다. 정치인들은 자신이 능력과 도덕성이 있다고 선전하는데, 그것이 정말일까? 믿게만 만들면 당선되고 자격과 권위를 얻게 된다. 그래서 권위는 진실과 다른 경우가 많으며, 항상 의심해봐야 한다. 학문의 전통이 대체로 권위와 권위주의를 좋지 않게 보는 이유는, 원리적으로 권위와 진실은 '다른 차원'에 있기 때문에, 역사적으로 권위가 진실과 다른 경우가 너무나 많았고, 진리 탐구를 억압하는 경우가 많기 때문이다. 그래서 권위를 부여하기 위해 민주주의 방식을 사용하는 것은 합리적이지만 다수결의 결과가 궁극적 진실이나 선과 같지는 않다는 것이다.

권위는 능력이 있고 올바를 것이라는 사람들의 '믿음'으로 인해 사람들에게 명령하고 따르게 만드는 힘이 있다. 그렇게 할 수 있는 자격이 생긴다. 그래서 겉보기에 권력과 유사한 점이 많지만, 권력은 앞에서 말했듯이 '잘 보이려할 때' 생긴다. 잘 보이려 하는 이유는 상대방이 어떤 선택을 하는가에 따라 자신의 이익이 달라지기 때문이고, 상대방이 어떤 선택을 할지가 아직 확실치 않기 때문이다. 반면에 권위는 사람들이 잘 보이려 하지 않아도 존재한다. 잘 보일 필요가 없어도 따르는 것이 권위다. 권력은 '불확실성'에서 존재하고, 권위는 확실하고 고정되어 있어도 된다. 법은 확실하게 규정되어 있지만 권위가 있고 사람들이 따른다. 반면 어떤 선택을 내릴지 모르는 왕의 마음은 사람들이 그의 마음에 들기 위해 노력을 많이 하므로 특히 권력이 많다. 그래서 권력은 '살아있는 인간'만 가지고, 권위는 법, 책, 종교처럼 무생물도 가질 수 있다. 무생물이 '권력'을 가지는 경우는 상상할 수 없다. 권력은 자율적인 선택권이 있는 개체만 가진다.

종종 권위는 권력의 증가를 낳는다. 어떤 권위는 어느 정도 자의적 선택권(재량권)을 허용하는 경우가 많이 있다. 그럴 경우에 타인이 잘 보이려 한다면 그만큼 권력이 생긴다. 자의적 선택권이 전혀 없다면 권위는 있지만 권력은 없다. 그래서 선택권이 매우 제한적인 판사는 권력보다는 권위와 명예가 있다고 여겨진다. 흔히 고위공직자가 큰 권력을 가진다고 하는데, 그것은 대체로 막강한 '공권력'과 거대 조직을 다룰 수 있기 때문이다. 그것은 권위로도 다룰 수 있는 것이다. 공권력의 의미를 제외하고 고위공직자가 '권력'을 많이 가지면 많은 사람들이 아부와 아첨을 하거나 두려워하고, 권력남용이 일어나 불행한 국가가 된다. 다만 권위는 많이 가져도 된다(권위주의를 말하는 것이 아님). 물론 국민을 속이고 있는 권위여서는 안 된다. 그 이유는 그것이 당시에 권위가 되겠지만 도덕적으로 나쁘고, 나중에 발각될 수 있다.

그러한 권위도 물론 개인에게 큰 이익이다. 권위로 부가적 권력을 낳는 경우를 제외하더라도, 권위는 높은 지위와 큰 영향력을 가진다. 그로 인해 많은 물질적인 수입을 얻게 되고 지도자가 되어 존경과 명예를 얻는다. 이것은 매우 큰 자아실현이자 소위 말해 출세이다.

Ø

그러면 '명예'에 대해 살펴보자. 명예는 권력, 권위에 비해 내가 개인적으로 아직 연구가 덜 된 분야이고, 지금은 가능성과 추정을 하는 상태이다. 그 이유는 윤리학이라는 광범위한 분야와 연결되어 있기 때문이다. 이런 점을 고려하면서 이제까지 떠오른 아이디어를 간단히 살펴보도록 하자.

처음에 나는 명예를 권력, 권위, 인기, 평판 등과 같은 등급으로 가정하면서 그와 구분되는 별개의 어떤 특징을 찾으려 했다. 처음에 가정한 것은 명예는 '도덕성'과 관련이 커 보인다는 것이다. 그래서 '사람들이 도덕적으로 좋다고 생각하는 위계(서열)'라고 생각했다. 그렇게 생각한 이유는 기부나 자선행위, 도덕적인 행동을 해서 알려지면 다른 것들이 생긴다기보다는 주로 명예가 생기기 때문이다. 그리고 명예는 역사적으로 권력, 권위, 돈과 다르게 도덕적으로 부정적인 인상이 없었고, 종교나 관습의 도덕적 행위와도 많은 연관이 있어 보인다. 물론 그러한 명예도 개인에게 이익이 된다. 존경받고, 영향력도 커지고, 착하게 보임으로써 신뢰, 신용을 얻고 물질적 이득도 얻을 수 있다.

그런데 나중에 생각이 바뀌었다. '명예'는 그보다 더 큰 개념이다. 도덕과 무관한 '명성(fame)'이 곧 명예가 된다. 뛰어난 업적을 이룬 운동선수를 기리는 'hall of fame'이 '명예의 전당'으로 불리는 데에는 그럴만한 이유가 있다. 명예는 명성처럼 사회적으로 돋보이는 대상을 폭넓게 가리킬 수 있다. 그래서 어떤 분야에서 큰 업적을 세워도 명예가 생기고, 영향력이 크다는 것을 사람들이 알아줘도 명예가 생기고, 도덕적인 행동을 해서 돋보였다면 그것도 명예에 속하는 것이다. 그러한 명예로 인해 추가적인 영향력과 물질적 이득이 생기므로 명예는 개인에게 분명한 이익이자 자아실현이다. 명예는 정치인, 종교인, 교육자 등 어떤 권위를 만드는 통로로도 유용하다.

내가 명예와 도덕의 관련성을 줄이고 단지 명성에 가깝다고 보게 된 이유는, 사회에서 '도덕'이라는 것이 진정한 것인지가 의문스럽기 때문이다. 도덕은 사실 문화마다, 종교마다 제각각일 수 있다. 그런데 그렇게 제각각인 도덕마다 제각각의 명예가 존재한다. 어떤 문화에서는 바람을 피운 여동생을 살해하는 것이 오히려 도덕적이고 명예롭다고 한다

(명예살인). 그러면 도덕과 명예가 관계가 깊은 것 같지만, 우리가 '도덕'이라고 하면 흔히 '진정한' 도덕을 떠올리게 된다. 그것과 다르기 때문에, 명예에 도덕 개념을 함부로 적용시켜서는 안 된다고 생각한다.

더구나, 진정으로 도덕적인 일을 하면서 명예를 못 얻는 경우가 많다. 그리고 명예를 얻지 않는 것이 더 도덕적인 경우도 많다. 예를 들어 어떤 사람이 기부를 하면서 자신의 이름을 밝히고 널리 알리는 것보다, 익명으로 자신의 명예를 높이지 않으면서 기부를 하는 것이 더 착하고 도덕적이다. 그러므로 진정한 도덕은 오히려 명예와 무관하다. 그래서 세상의 원리, 이치를 말하자면, 명예를 얻고 싶으면 너무 착하면 안 된다. 진정으로 착한 것은 명예 같은 세속적인 이득보다는 단지 자기만족이거나 영성적인 것과 관련이 많다.

명예를 도덕 같은 숭고한 것과 관련짓지 말라. 명예는 세속적 이익일 뿐이다. 퇴계 이황도 그렇게 말했다. 이황은 군자가 공부를 하는 목적은 자신을 사회에서 드높이기 위한 것이 아니라 인격수양, 자기를 완성시키기 위한 것(爲己之學)이라고 말했다. 앞에서 예로 든 명예살인의 경우에는 자기 가문의 명예와 평판을 높이려는 세속적 목적과 이익이 있다. 다른 문화권의 이야기만이 아니다. 이두호의 사극만화《임꺽정》에서는 사대부 가문의 딸이 혼인을 하러 가던 중 가마가 강물에 빠졌는데 백정 신분의 임꺽정이 뛰어들어 구한 뒤 함께 잠들었고, 잠들어있는 남녀를 양가 부친이 발견한다. 그런데 그 양반들은 가문의 체면을 더럽힐 수 없다면서 한밤중에 둘을 다시 강으로 밀어 넣는다.

다만 내가 '세속적 이익'이 모두 나쁘다고 주장하는 것은 아니다. 돈도, 권력도, 명예도 개인적이고 세속적 이익이지만 그것을 바라는 것이

뭐가 나쁜가? 재물(부)과 높은 지위(귀)를 바라는 것은 인간의 본성에 속한다.

한 가지 문제는 세상에는 별의 별 사람들이 있어서 '진정한 도덕'이 현세적 문화와 분리되면 간혹 주관의 착각이나 사이비종교에 빠져 반사회적이 될 위험성이 있다는 것이다. 그래도 나는 진정한 도덕이 명예 같은 세속적인 것과 관련이 적다고 볼 것이다. 그것이 진실에 가깝고 명예의 메커니즘을 더 잘 설명하기 때문이다. 구더기 무서워 장 못 담그나? 더구나 도덕과 명예를 하나로 보는 것에는 명예살인의 명분이나 위선의 증가 같은 위험성이 있고, 그 위험성보다 더 클 수 있다. 명예는 '사람들이 훌륭하다고 생각함'같은 '마음 상태'에 있는 것이므로 그것도 역시 눈속임 등으로 인한 조작이 가능하다. 명예를 도덕과 구분할 수 없다면 위선과 거짓이 증가할 것이다.

권력, 권위, 명예는 이제까지 살펴보았듯이 개인에게 실제적 이익이다. 그런데 놀랍게도 이제까지 그 존재조차 잘 인지되고 않고 있으며, 어떤 사람은 그것이 실재하지도 않는다고 주장하고 '돈'만 이익임을 강조한다. 그런 사람들, 그런 유물론자들은 알고 보면 오히려 권력, 권위, 명예의 이익을 더 많이 탐하는 경우가 많다. 자칭 어떤 평등주의자는 돈의 평등, 유물론적 평등을 이루자고 주장하면서 권력, 권위, 명예는 자신이 최대한 많이 가지려 한다. 사회주의 독재국가의 지도층이 써먹는 수법이 그러하다.

이제까지 내가 다룬 것들은 모두 사회적 위계(hierarchy)의 일종이다. 즉 (그 방면에서) 상위자와 하위자가 있으며, 따라서 수평, 평등은 아니다. 보이지 않고 물질이 아니라고 해서 사람들의 관심을 끄도록 만들고 자신이 그것을 독차지하고 이득을 취하려는 자들을 경계해야 한다. 이제 우리는 권력이 보이고 권력욕도 보인다.

은둔형 외톨이, 혹은 소통이 어렵다는 사람들에게

종종 자신이 타인들과 소통이 잘 되지 않는다고 생각해서 고민인 사람들이 있다. 나도 그런 고민을 가진 사람 중 하나였다. 사람들마다 이유는 다양할 수 있겠지만, 자신의 문제를 하나로 축약하면 '소통'의 문제인 것 같은 생각이 드는 경우가 있다. 나도 결론적으로 소통이 어떻게 하면 잘 될지 그 방법을 찾아 노력해 오기도 했다. 내가 철학과 4학년일 때 '커뮤니케이션학과'가 새로 생겼다. 지금은 '미디어커뮤니케이션학과'로 바뀌었지만, 초기에 그 학과는 기존에 알려진 신문방송학과(매스커뮤니케이션 위주)와는 조금 다르게 커뮤니케이션의 다양하고 근본적인 문제에 대해 많이 다루었다. 나는 그것에 끌려서 석사과정으로 그 학과의 심리언어학을 전공했다. 내가 소통의 문제에 관심이 많았기 때문에 그렇게 되었을 것이다.

다만 그곳에서 공부했다는 것으로 소통의 문제에 대한 나의 기대가 충족되거나 해결된 것은 아니었다. 커뮤니케이션학에서는 미디어학,

기호학, 언어학 같은 소통의 도구나 중간 다리의 기술적인 부분을 주로 다룬다. 물론 그것은 다른 방면에서 나를 성장시켰지만, 담아두었던 궁극적 소통의 문제는 내가 따로 고민해야 하는 것이었다. 그런데 지금은 그러한 소통의 문제가 어떤 것인지, 그리고 어떤 식으로 접근해야 하는지 약간은 감을 잡을 수 있을 것 같다.

사실 '소통'은 꽤나 애매한 개념이다. 다양하고 이질적인 개념들이 마치 하나인 것처럼 뭉뚱그려져 있는 용어를 '우산용어'라고 하는데, '소통'이 전형적인 우산용어다. 소통에는 워낙 많은 종류의 사례들이 포함되기 때문에, 자신이 소통에 문제가 있다고 생각하면, 다음의 것들 중에 어느 것에 해당되는지 생각해보자.

당신은 대중 앞에서 발표를 잘 하고 싶은가? 이성 앞에서 당황하거나 자신감을 잃지 않고 말을 잘하고 분위기를 좋게 조성하고 싶은가? 친구를 많이 사귀고 싶은가? 또는 친구들과 대화의 분위기를 좋게 만들면서 즐거운 시간을 보내고 싶은가? 유머와 재치가 있는 사람이 되고 싶은가? 타인에게 신뢰를 주는 사람이 되고 싶은가? 외국어를 잘 하고 싶은가? 자신의 생각을 막힘없이 잘 말하는 사람이 되고 싶은가? 당신은 부당한 처우를 받았을 때 당당하게 따질 수 있는 사람이 되고 싶은가? 구입한 제품을 환불받고 싶을 때 가게로 찾아가 환불을 잘 받을 수 있는 사람이 되고 싶은가? 타인들이 자신의 상황과 생각을 잘 이해해주고 공감해주고 배려해주길 바라는가?

이것은 매우 다양한 사항들이지만 모두 소통과 관련이 있다. 이러한 것들 중 어떠한 것이라도 가지게 되면 이른바 '소통의 문제'가 될 수 있고, 우리는 이러한 몇 가지 사항에서 공통점을 추출하여 소통에 문제가 있음을 느낀다. 여기에는 선천적 언어장애, 시청각 장애, 지적 장애와 같은 생리학적 이슈는 빠져있다. 이것도 물론 소통의 문제지만 논외로 하자. 소통의 문제는 너무나 넓어서, 심지어 전반적으로 타인과 불화와 싸움이 적기를 바라는 것도 이에 속할 수 있다. 즉 평화도 소통의 문제로 볼 수 있다. 외교도 소통의 문제가 된다.

이 문제들은 소통의 문제일 수도 있지만, 알고 보면 각각 다른 문제이기도 하고, 다른 해결책이 필요한 문제들이다. 어떤 문제는 자신감이 해결책이고, 어떤 문제는 발표 연습 같은 것이 해결책이다. 또 어떤 문제는 공부를 많이 해서 지적 수준을 높이거나 도덕적 인성을 갖추는 것이 해결책이다. 어떤 문제는 매력을 키우는 것이 해결책이다. 그런데 우리는 여기서 공통적으로 '소통'을 추출하고, 소통의 문제를 한방에 해결하려고 한다. 이렇게 폭넓은 대상을 포함하는 소통은 마치 '뷔페'와 같다. '뷔페음식'이란 무엇인가? 그것은 무엇인지 알 수 없고 실체가 없다. 뷔페는 한식, 양식, 중식, 일식 등 다양한 음식으로 구성되어 있고, 뷔페음식의 실체는 개별적인 음식 종류들일 뿐이다. '나는 소통을 잘하고 싶다'는 생각은 마치 '나는 뷔페음식을 잘 만들고 싶다'라고 하는 무의미한 말과 같다. 그런 생각은 아무 도움이 안 된다.

Ø

소통의 문제란 사실은 없고, 개별적 문제들만 존재한다고 했지만, 그러나 여전히 우리는 자신이 가진 여러 가지 문제들을 관통하는 어떤 공통적인 문제가 있는 것 같은 느낌을 받을 수 있다. 그것을 소통의 문제로 어쩔 수 없이 떠올리게 된다. 또한 개별적인 문제와 그에 맞는 개별적 해결책을 찾아내기가 어려울 수도 있다.

일본에서 사회문제가 되고 있는 '히키코모리'와 우리나라의 '은둔형 외톨이'는 우울증 같은 특정 병명이 아니다. 정신 질환 같지만 특정 질환으로 볼 수 없는 이유는 원인이 다양하고 복합적이기 때문이다. 그들의 공통적 문제는 표면적으로는 '사회성'에 있고, 좀 더 구체적으로는 '소통'에 있다. 소통의 문제가 과도하게 심각해짐으로 인해 타인과 만나기를 거부하게 된다. 소통의 문제가 얼마나 심각한가에 따라 은둔의 상태가 심각할 수도 있고 덜할 수도 있다. 과거에 나도 한때 운둔형 외톨이에 가까운 생활을 한 적이 있었다(그때 나는 만화책방에서 만화를 빌려보고 축구만 봤다). 소통의 문제가 병명이 아닌 것처럼, 그것은 한가지로 설명할 수 없다. 하지만 은둔형 외톨이의 밝혀내기 힘든 소통의 문제도 해결책이 나와야 하듯이, 소통의 문제는 처방이 필요하다.

다만 '소통을 잘하고 싶다'는 생각이 무의미하고 효과가 없기 때문에, 그러면 소통이라는 말을 쓰지 않고 공통적 원인과 해결책이 될 만한 것들을 찾아보자. 일단, 발표 잘하기, 외국어 잘하기 같은 말의 '기술적' 소통 분야는 제외하기로 하자. 왜냐하면 그러한 문제는 해결 방법이 비교적 많이 알려져 있기 때문에 많은 사람들이 소통에 관해 궁극적으로 고민하는 부분은 아닐 것이다.

남아있는 문제에서 가능성이 큰 것을 살펴보면, '마음의 문을 열고 싶다'는 문제가 있을 것이고, '자기객관화 하기'의 문제가 있을 것이다. 어떤(꽤 많은) 사람들은 자신이 남들과 다르게 마음이 닫혀있는 것 같고 그래서 타인들과 자연스러운 교제를 하지 못하는 것이 고민이다. 그것은 소통의 문제가 된다. 이렇게 마음의 문을 여는 문제에 대해서는 앞에서 다루었다. 그리고 또 어떤 사람들은 자신이 객관적인 사고가 너무 부족하고, 타인이 자신을 어떻게 보며 내가 객관적으로 어떤 사람인지를 잘 몰라서 고민인 경우가 있다. 이것도 타인과의 생각의 차이로 인해 소통의 문제가 발생한다. 그에 대해서도 앞에서 다루었다. 소통을 잘하고 싶다고 생각하는 사람들 중에 어떤 사람들은 마음의 문을 열고 자기객관화를 잘하게 되면 자신이 겪는 소통의 문제가 개선될 것이다. 그 문제의 원인과 해결책은 소통이라는 애매하고 무의미한 것에 있는 것이 아니라 그러한 것에 있었다. 그리고 '자신감'이 부족해서 소통의 문제가 발생하는 경우가 있는데, 자신감은 마음 열기와 자기객관화를 통해서도 어느 정도 증가하고, 더욱 적극적으로 키우고 싶은 자신감에 대해서는 '틀린 것도 할 수 있다는 자신감'에서 다루었다.

아직도 남은 소통의 문제가 있다. 그것은 소통의 중심적 의미와 가장 관련이 커 보이는 것으로, 타인과 나 사이에 오해가 없기를 바라고, 마음이 통하기를 바라는 것이다. '소통'의 국어사전에 나온 뜻은 '막히지 않고 잘 통함', '뜻이 통하여 오해가 없음'인데, 이와 거의 같은 상태를 바라는 것이다. 이것을 바라는 이유는 타인이 나에 대해 오해하고 있거나 서로 생각이 너무 다르고, 그 갭을 좀처럼 줄이지 못하는 것에 대한 고통이 있기 때문일 것이다. 그래서 서로의 생각에 차이가 없을 정도로 통했으면 좋겠다고 생각하게 된다. '이심전심'을 바라게 된다. 마음을 열고 자기객관화를 하고 자신감을 키우면 이 문제가 해소되는 부분도 있다. 그러나 여전히 생각의 차이는 존재하며 좁히지 못하는 부분이 있을 것이고, 그것보다는 결과적으로 하나로 통하는 것을 바라는 것이다.

그런데 이 의도가 과연 올바를까? 하나로 통한다는 것은 타인과 나의 생각과 마음이 같다는 것을 의미한다. 그런데 '어떠한 생각으로' 통일되기를 바라는가? 정작 중요한 것은 그것인데, 그것을 간과하는 경우가 많다. 통한다는 것은 한쪽이 일방적으로 통일시킬 수도 있다. 대체 누구의 주도로 일방적으로 통일시킨다는 말일까? 아마 당신이 영향력과 주도권을 가지고 싶을 것이다. 나는 짜장면을 먹고 싶은데 타인이 먹고 싶어 하는 짬뽕으로 나도 통일해야 하는 상황을 바라는 것인가? 이렇게 개체가 분리되면 서로 다른 욕구가 생길 수 있고, 그러면 다른 생각을 하게 되고 통일이 어려운 것이 당연하다. 욕구도 다르고 인식도 주관적이므로 서로 마음이 다르다. 그렇게 다르고 타인의 벽으로 가로막혀 완전히 알 수 없는 것을 자신의 양보나 희생 없이 통일시키거나 전부 알고 싶어 한다는 것은 자신의 '권력욕'과 같다. 즉 사실 그것은 소통이라기보다는 '권력'의 문제다. 결과적으로 하나로 통일되더라도 권력 차이는 존재하고, 당신은 권력의 강자가 될지 약자가 될지를 고민해봐야 한다. 권력 혹은 영향력이 큰 자의 의도대로 통일될 것이다.

그게 아니라 권력 차이마저 모두 사라진 세상을 원한다면, 개체와 개인이 모두 사라지고 무생물화 되어 하나로 합쳐진 세상을 생각해 볼 수 있다. 참고로 〈신세기 에반게리온〉에서 소통의 고민을 안고 있는 주인공은 최종화에서 개인이 모두 사라지고 하나로 합쳐진 세상과 개인이 존재하는 세상 중에서 하나를 선택하게 되는데, 그 결론은 밝히지 않기로 하겠다.

어쩌면 "나는 그러한 욕구까지 전부 통일하기를 바라는 것이 아니라 내 의지나 상황이 오해가 없이 전달되기를 바라는 것이다"라고 항변할지도 모르는데, 그러면 마음이 전부 통하는 상황이 아니라 과정에서 당신의 마음을 정확하게 전달하는 기술적 문제에 불과하다. 그 기술적 문제는 앞에서 말했듯이 지금 우리가 중요하게 다루지 않고 있다. 더구나 철학의 지향성 이론에 따르면 모든 의식과 생각, 해석이 그의 개인적 욕구와 관련이 있다고 한다. 그래서 심지어 기술적으로 완벽해도 청자마다 다른 해석이 나올 수 있으며, 어느 정도의 오해는 생길 수 있다. 그래서 서로의 마음이 하나로 통하길 바라는 욕구는 버려야 한다.

어쩌면 마음이 통하는 친구를 바라는 것일 수도 있다. 어떤 사람은 친구에게 배신당한 경험으로 인해서 마음이 통하지 않는 사람에게 또다시 배신당할지 모른다는 불안감을 가지게 되고, 정말로 마음이 통하는 친구만을 바랄 수 있다. 나는 미디어를 통해 한 은둔형 외톨이가 과거에 친구에게 배신당한 경험이 있었다고 말하는 것을 보았다. 그러한 상처를 지닌 사람들은 '자라보고 놀란 가슴 솥뚜껑보고 놀란다'는 식으로 마음이 통하지 않는 사람과 가까이하기를 꺼려한다. 그러나 친구는 자신과 마음이 하나로 통하는 사람이 아니다. 그런 사람은 존재하지 않는다. 솥뚜껑이 자라가 아닌 것처럼, 마음이 통하지 않는 사람이 나쁜 사람은 아니고 모두 배신자도 아니다. 그렇게 마음이 잘 통하기는 불가능하다. 사람들은 모두 각자의 방을 가지고 있을 뿐이다. 그 방, 마음의 문을 열고 닫음으로써 소통할 수 있다.

∅

화를 내지 못하는 한 사람이 있다. 그는 자신이 왜 화를 내지 못하는지가 고민이고, 화를 내보고자 연습하고 노력하기도 했지만, 여전히 화를 내야 할 상황에서 제대로 된 화를 내지 못하고 어색한 행동만 했다. 알고 보면 그 사람의 문제는 사람들과의 관계에서 너무 쉽게 '을'이 되거나 타인에게 좋게 보여야만 한다는 강박관념을 가지고 있는 것이었다. 이것을 고치지 않고 '화를 내는 법'만 찾는다면 그의 문제는 치유되지 않는다. 소통의 문제도 이와 같다.

앞에서 소통에 대한 어떤 욕구는 권력욕일 수 있다고 말했는데, 권력이나 영향력을 가지고 싶은 욕구는 돈과 마찬가지로 본성에 속하므로 도덕적으로 큰 잘못은 아니다. 더구나 만약 '을'의 입장에서 고통받는다면 그것을 개선하고자 하는 욕구는 당연한 것이다. 문제는, 그것이 권력의 문제라는 것을 까맣게 잊은 채 단지 서로의 마음이 하나로 통하기만을 바란다면, 아무런 문제 해결이 되지 않는다는 점이다. 어쩌면 당신은 서로의 마음이 통할 수 있는 수많은 기회가 있는데도 당신의 권력과 영향력이 약하고 권리가 침해되는 것이 두려워 그것을 거부하고 있는지도 모른다. 그런데 권력과 영향력, 권리의 문제를 도외시하고 어떻게 서로의 마음이 하나로 통하길 바랄 수 있는가?

소통의 문제에서 서로가 통하길 바란다면, 왜 통해야 하는지, 어떻게 통할지를 먼저 따져봐야 한다. 앞에서 말했던 것처럼 어떤(많은) 경우에 그것은 권력의 문제이며, 일종의 사회적 '관계'의 문제이다. '소통'이라는 말은 무의미하지만 '관계'는 의미가 있다. 그래서 '소통을 잘 하고 싶다'라고 생각하지 말고, '관계를 좋게 만들고 싶다'라고 생각해보라. 그것은 효과가 있다. 그것은 많은 소통의 문제를 푸는 데에 효과가 있다. 소통의 문제 중에 많은 것들은 사실 '관계의 문제'이다. 그것이 사실 당신이 바라는 것인데 잘 모르고 소통이라는 무의미한 개념만 떠올린 것이다. 소통은 관계에서 일어나는 도구일 뿐이다. 모로 가도 서울만 가면 된다는 말처럼 소통은 영어든 한국어든 몸짓이든 눈치이든 텔레파시이든 도구일 뿐이다. 우리에게 중요한 것은 관계이다. 좋은 관계를 만든다는 목적을 가지면 자연스럽게 좋은 소통이 생기게 될 것이다. 소통이 목적이 아니다. 소통을 목적으로 하면 대개 좋은 소통이 생기지 않는다. 아이러니하게 들리지만 사실이다.

예를 들어 어떤 부장이 젊은 부하 직원들과 소통을 잘하고 싶다는 욕구는, 알고 보면 그들과의 '관계'를 어떤 좋은 방향으로 만들고 싶다는 뜻이다. 소통은 그 과정의 도구이거나 표면적인 일부분일 뿐이다. 그리고 대통령이 야당과 소통하지 않는다고 비판하는 말의 뜻은 표면적인 대화를 많이 하라는 뜻이라기보다는 궁극적으로 야당과의 '관계'를 좋게 만들라는 뜻이다(야당에서 그런 말을 한다면 야당의 입장에 더 맞추는 관계가 되길 바라는 뜻이다).

1997년에 대한민국 여객기가 괌에 추락하는 대형 참사가 있었는데, 사건을 조사한 결과, 기장과 부기장간의 소통에 문제가 있었음이 드러났다. 부기장이 위험하다는 사실을 알았지만 기장과의 엄격한 서열관계로 인해 말을 적극적으로 못하는 분위기가 있었다. 그래서 마지막으로 방향을 바꿀 수 있는 상황까지도 위험을 적극적으로 알리거나 조종간에 손을 대지 못하고 기장의 판단에 맡기다가 결국 사고가 일어났다. 이 소통의 문제도 마치 군대와 같은 권위적 서열관계에 원인이 있었다.

이렇게 많은 경우에 소통의 문제는 관계의 문제이다. 관계에 문제가 없다면 대체로 소통은 아무런 문제가 안 된다. 관계의 문제의 예로는, 타인과 갈등이 있거나, 자신이 권력의 약자가 되어 힘들거나, 매력이 없고 이성에게 인기가 없거나, 권력/권위/명예를 간절히 바라거나, 사람들에게 돌봄과 사랑을 받고 싶다거나 등이다. 참고로 권력에 관한 문제의 해결책은 앞에서 설명했다. 이 문제가 해결된다면 관련된 소통의 문제는 자동적으로 해결된다. 그리고 이렇게 해서 발생하는 소통의 문제를 해결하는 방법은 아마도 관계의 문제를 해결하는 방법밖에 없을 것이다.

물론 어떤 소통을 사용해서 관계를 개선시킬 수도 있다. 예를 들어 부장이 부하직원들과의 관계를 좋게 하기 위해 그들이 좋아하는 신세대 언어와 몸짓을 구사하는 것이다. 이것이 바로 관계의 개선을 위해서 소통이 개선되는 하나의 예이다. 그 진정한 목적이 관계가 된다는 것이 중요하다. 이제까지 보아왔듯이 소통의 문제는 알고 보면 다른 문제들이었다. 소통의 문제는 허상이다.

Ø

소통에 문제가 있다고 생각하면서 개선하고 싶어 하는 사람들이 흔히 간과하는 중요한 부분이 있다. 타인의 마음과 기분을 파악하는 능력이다. 타인의 마음을 잘 파악하면 소통에 매우 큰 도움이 된다. 그런데 소통을 개선하고 싶어 하면서 흔히 그것을 간과하게 되는 이유는, 자신의 마음을 보호하거나 영향력을 높이려는 의지가 강해서 타인의 마음까지 미처 신경 쓸 겨를이 없기 때문일 것이다. 그리고 타인의 마음에 대한 불안과 두려움이 크기 때문일 수도 있다. 그래서 타인의 마음을 아는 것에 게을리 하게 되는데, 그러면 좋은 소통을 하기 어렵다.

그런데 이 말을 믿지 못하는 사람도 있을 수 있다. 자신은 오히려 타인의 눈치를 너무 많이 보는 것이 문제이며, 타인의 마음을 과도하게 많이 고려한다고 항변할지 모른다. 그런데 문제는 그것이 정확한가 하는 점이다. 타인의 마음을 알기를 게을러 한다는 것은 '정확하게' 알기를 게을리 한다는 말이다. 소통 능력에 큰 도움이 되는 것은 시시각각 변하는 타인의 마음 상태와 기분을 정확하게 아는 것이다. 그런데 타인의 마음을 많이 고려한다고 항변하는 사람들은 흔히 자신의 생각으로 어떤 기준을 만들어 타인의 마음을 추측하고 고정시킨다. 그것은 흔히 고정관념이 되고, 타인의 시시각각 변하는 실제 마음 상태와는 다르게 된다. 지금 내가 말하는 타인의 마음 상태란 그러한 가상 모델 같은 타인을 말하는 것이 아니라 실제 타인을 말하는 것이다. 아마도 가상 모델을 만들어 그것으로 고착화시키기 때문에 실제 타인의 마음을 알기가 더욱 어려워졌을 것이다.

타인의 마음을 아는 방법은 여러 가지가 있다. 몸짓과 표정 살피기, 상상력 동원하기 등도 있지만, 대표적인 것이 대화하기다. 타인의 말로 그 사람의 상태를 아는 것이 가장 흔한 방법이다. 그런데 타인의 마음을 과도하게 고려한다는 사람들은 타인과 대화를 많이 하고 있을까? 대화를 많이 하는 것은 좋다. 그러나 나는 그 방법을 크게 강조하지는 않을 것이다. 왜냐하면 앞에서 말했던 것처럼 소통의 문제는 소통이 목적이 아니기 때문이다. 여기서 말하는 대화의 장점은 결국 타인의 마음을 잘 파악하는 데에 있고, 그러면 타인의 마음을 아는 것을 목적으로 삼으면 된다. 그것을 게을리 하지 않으려 하면 자연스럽게 대화도 늘어날 것이다. 그런데 대화만이 그 방법이 아니다. 말이 없는 상태이거나 똑같은 말이라도 타인의 마음을 잘 파악하는 사람이 있고, 그렇지 않은 사람이 있다. 나도 말이 적은 편이어서 대화가 적어도 타인을 잘 이해하는 방법을 선호한다. 다만 '듣기'는 많이 하는 것이 좋다.

일단, 타인의 마음을 아는 것이 자신에게 얼마나 도움이 되는지를 깨달아야 한다. 독심술 같은 것이 있다면 얼마나 좋을까? 그것은 권력이 될 수 있고, 인기를 얻는 유용한 도구가 된다. 타인이 어떤 마음상태일 때 그 타이밍에 맞춰서 어떤 것을 제공하면 많은 이익을 얻을 것이다. 이성과 교제하기도 매우 유리해진다. 물론 말 그대로 독심술은 초능력이므로 불가능하다. 그런데 심지어 독심술로도 알기 어려운 것을 잘하면 알 수도 있다. 그것은 상대방의 '기분'을 읽는 것이다. 이것은 생각이 아니고 감성이다. 독심술로 타인의 생각을 알아내면 타인이 기분 나빠할 수 있지만 기분과 감성을 파악하면 대체로 기분 나빠하지 않는다. 그리고 자신이 유용하게 활용할 수 있다. 그런데 소통에 문제가 있는 많은 사람들은 그것을 '적극적'으로 알려고 하지 않는다. 그렇게 되면 타인이 정확히 표현한 만큼만 이해가 되고, 그 외의 부분은 자신이 파악하지 못하게 된다. 그래서 맥락이나 분위기 파악, 비언어적 커뮤니케이션에 서투르게 된다. 그들이 적극적으로 타인을 알려고 하지 않는 이유는 대체로 타인과 분리되고 싶어 하고 신경 쓰고 싶지 않기 때문일 것이다.

그런데 적극적, 능동적으로 타인을 파악하려다가 주관에 의해 실제와 다르게 추측하게 되는 경우가 많다. 그와 동시에 타인의 정확한 마음을 파악하기에는 소극적이 된다. 그것이 아니라, 적극적, 능동적으로 타인의 정확한 내면을 받아들여야 한다. 약간 아이러니하게 들릴 수 있다. 타인의 내면을 '그대로' 받아들임(그대로 이해함)은 수동적인 것이 되는데 그것을 적극적, 능동적으로 해야 한다는 것이다. 특히 감성의 경우는 생각과 다르게 공감능력까지 활용해야 하므로 이해에 있어서 받아들임이 필요하다. 이 능동과 수동의 조합이 꼬여서 문제가 발생했을 수도 있다. 아이러니하게 들리지만 '수동적으로 적극적으로 파악하기'가 타인의 마음을 잘 이해하기의 원리이다. 다시 말해, 파악하기는 수동적 과정이지만 가만히만 있어서는 안 되고 적극적으로 찾아봐야 한다는 뜻이다. 난해한 개념은 아니다. 타인의 마음을 '발명(창작)하기'가 아닌 '적극적으로 발견하기'이다. 물론 발명과 발견은 다르다.

그 밖에 '표현력'의 문제가 있는데, 여기서 강조하지 않은 이유는, 올바른 정보 습득, 상황 파악이 표현력보다 우선하거나 선행되어야 하기 때문이다. 다만 표현력도 결국 좋은 소통 능력을 위해 개발되어야 하는 부분이다. 이 부분은 앞으로 더 탐구해봐야 하겠지만, 한마디만 하자면, 자신의 내면을 그대로 표현하는 것이 좋다. 그래서 타인과 상황을 정확하게 인식하고 내면화하는 과정이 선행하게 된다.

긍정의 부작용은 둔형 외톨이 친목 질거부 철들기 거부 덕질 덕후

4장.
자유와
우리의
미래

어떤 프레임의 위험성도 있지만 아무래도 나는 '자유주의자'라고 할 수 있을 것 같다. 그런 경향은 어렸을 때부터 있었다. 80년대와 90년 대 중반까지 우리나라는 사회적으로 자유가 너무나 부족했고, 외국 문물에 대한 수입 규제도 심했다. 학교에서 학생들을 대하는 방식도 권위주의적이고 강압적이었다. 나는 학교가 감옥과 다를 바 없다고 생각했다. 현실에서 탈출을 꿈꾸는 욕망 때문이었는지는 몰라도, 나는 중학교 때부터 외국의 팝과 락 음악에 빠져 살았는데, 1993년 가을에 잊혀지지 않는 일이 있었다. 당시 마이클잭슨이 'Dangerous'라는 음반을 내고 월 드 투어를 진행했는데 한국 공연이 예정되어 있었지만 정부에서 일방적으로 금지시켰다. 그 이유를 기사를 통해 찾아보니 '신한국건설'같은 이해하기 어려운 것이었다. 군인 출신의 대통령이 아닌 최초의 문민정부에서도 국가의 규제와 통제가 심했던 것이다. 사실 나는 마이클잭슨의 팬도 아니었지만 자유를 제한하는 사회 분위기에 반감이 더 커졌다.

자유의 관심이 많아서였는지, 나는 박사학위 논문을 '자유의지(free will)'에 관해서 썼다. 다만 그것은 사회적이라기보다는 본질적으로 한 사람이 자유로울 수 있는가에 관한 것이었지만, '자유'라는 점에서 공통점이 많다. 나는 자유가 사회와 개인에게 꼭 필요하고 매우 좋은 것이라고 생각한다.

그런데 '자유'는 흔히 쓰이는 쉬운 개념인 것 같지만 따지고 보면 애매하고 어려운 개념이다. 그 개념에 대해 사람마다, 역사적인 철학자들마다 생각이 다르다. 오해하고 있는 사람도 있고 잘못된 주장을 하고 있는 사람들도 있다. 자유에 관해서만이 아니라 유명한 철학자와 사상가들의 많은 주장들은 (나중에 알고 보면) 틀린 것들도 많다.

간단히 말해 자유가 더 커지길 바라는 입장을 자유주의라고 하는데, '자유주의'도 해석이 다를 수 있다. 나는 이번 장에서 '자유'와 '자유주의'에 대해 종종 가질 수 있는 오해를 해소하는 이야기를 하려고 한다. 그리고 '개인'과 '개인주의'도 다룰 것이다. 자유는 일반적으로 개인의 자유를 의미하므로, 개인, 개인주의와 깊이 관련되어 있다.

나는 그러면서 동양 문명과 서양 문명의 차이에 대해 많이 다룰 것이다. 왜냐하면 앞에서 말했던 자유, 자유주의, 개인, 개인주의에 대한 다양한 생각들과 통념, 오해는 문화적 편견이나 역사에 의해 생기는 부분이 많은데, 그 문제를 해결하는데 동서양 문명의 차이를 분석하고 도입하는 것이 필수적이기 때문이다. 예를 들어 서양에서는 먼 옛날부터 자유, 자유주의에 대해 많은 담론이 있었지만, 동양 고전이나 사극에서 '자유'라는 말은 찾아보기 어렵다. 문명이란 문화이기도 하고, 국지적 역사이기도 하고, 철학이기도 하다. 인간은 특정 문명의 영향으로 어떤 대상과 개념에 대해 오해를 하고 있을 수 있다. 동양인들은 서양 문명을 받아들이고 배우는 과정에서 서양 문명으로 인한 편견이나 오해를 그대로 받아들이기도 한다. 그저 서양식 해석이 주류이기 때문에 그것이 옳을 것이라고 믿는 것이다. 물론 그것은 진리를 찾는 올바른 자세가 아니다. 그런 자세는 언제나 (서양에 비해) 뒤처지고 가르침을 받는 입장에 머물 수밖에 없다.

특히 '자유주의'는 역사적으로 동양이 아닌 서양에서 발달한 개념/이념으로 알려져 있기 때문에, 동서양 문명의 차이에 대해 고려할 필요가 있다. 가장 흔하고 큰 문제가 될 법한 오해는 '자유주의가 서양 문화, 서양의 것'이라는 생각이다. 만약 그렇다면 동양 문화권인 우리가 자유주의를 택한다는 것은 동양의 전통적 문화를 버리고 서양 문화를 택하는 꼴이 된다. 어떤 사람은 그래도 괜찮다고 생각할 것이다. 서양 문화나 서양의 방식이 좋고 동양의 전통 문화는 버려도 된다고 생각하는 사람도 있을 것이다. 그에 반해 전통 문화를 지키자는 사람도 있다. 그래서 서로 싸움이 일어난다. 이것은 문화적 '정체성'의 문제이기도 하다.

나는 동양의 전통 문화를 버리고 서양 문화를 받아들이자고 주장하는 사람들이 한국/동양의 정체성을 모두 버리길 바란다고 믿지 않는다. 왜냐하면 정체성은 본능이기 때문이다. 자신이 이 지역에서 태어난 것, 이 모국어를 쓰는 것, 이 성별로 태어난 것은 정체성인데, 그것을 혐오하고 나쁘게 생각하는 사람은 자신을 혐오하는 것과 마찬가지다. 그들이 그런 주장을 하는 이유는 우리 문화에서 나쁜 부분을 없애고 외국 것이라도 좋은 부분을 받아들여야 한다고 생각하기 때문이다. 문화는 변하기 때문에 예를 들어 과거의 신분제도, 여성차별 같은 나쁜 관습까지 계속 유지할 필요는 없다.

문제는 '자유주의'가 서양의 것, 서양 문화이고 동양에는 없었던 것인가 하는 점이다. 앞에서 그것이 '오해'라고 언급했듯이, 그건 사실이 아니다. 동양에는 자유주의가 없었다는 생각은 앞에서 말했던 서양 문명을 그대로 받아들여 오해까지 받아들이는 예 중 하나이다. 다른 한편으로 어떤 이들은 자유주의에 반대하기 위해 자유주의가 동양의 문화에 맞지 않는다고 의도적으로 주장하기도 한다. 그들은 대체로 자유가 없는 권위주의, 전체주의, 사회주의를 은근히 바라는 사람들이다. 참고로 그런 체제는 통제력이 중앙으로 집중되므로 지도자에게 있어서 권력 증가라는 이익이 있다.

근대(18~20세기 초) 서양의 일반적 분위기는 동양 문화가 전제주의(왕의 일방적 지배)와 미개한 권위주의만 가지고 있다고 보고, 동양 문명은 역사적으로 자유에 대한 개념조차 없으며, 서양 문명이 자유를 추구하면서 절대적으로 발전해 왔다고 생각했다. 이것은 주로 당시 가장 권위 있던 철학자 헤겔(Hegel)의 생각이었다. 그것은 오만한 생각이고 착각인데, 그러한 경향을 우리가 그대로 받아들여서는 안 된다.

동양의 전통적 사상에서(그 원전에서) '자유'와 '자유주의'라는 용어 자체를 찾아보기 어렵다는 점을 들어 동양에서 자유를 전혀 추구하지 않았다는 생각이 들 수도 있다. 그러면, 동양에 '철학'은 있었을까? 물론 공자, 노자, 붓다 등 수 천 년 전부터 있었다. 하지만 '철학(哲學)'이라는 말은 없었다. '철학'이라는 용어는 19세기 일본 학자 니시 아마네가 영어 'philosophy'를 번역하면서 새로 만들어낸 말이다. 즉 그 용어가 없었다고 해서 그 개념과 활동이 없었던 것은 아니다. 자유와 자유주의도 그와 마찬가지다.

사실 서양에서 전통적으로 가지고 있는 자유와 자유주의의 개념에는 문제점이 있다. 그들도 그 올바른 개념을 갖지 못했다. 그리고 동양의 오래되고 유명한 사상에는 엄연히 자유와 자유주의가 있다. 이에 대해 살펴보기로 하자. 참고로 이번 장의 내용은 대부분 내가 2020년 12월에 펴낸 논문 〈동양의 문명과 철학에 담긴 자유주의: 신냉전과 문명 충돌의 위기에 대한 대응〉의 내용을 풀어 쓴 것이다.

Ø

'자유'의 상식적인 의미는 타인이나 외부의 간섭/통제가 없는 상태일 것이다. 그때 우리는 자유롭다고 느낀다. 그런데 서양에서 가지는 개념은 그것 이외에도 좀 독특한(이상한) 면이 있다. 서양인들은 매우 오래전부터 자유를 매우 소중하고 추구해야 할 것이라고 여겼다. 〈300〉이라는 영화를 보면 고대 스파르타인들이 자유를 외치는 것을 볼 수 있다. 당시 실제로 그랬는지는 모르겠으나, 서양인들의 뿌리 깊은 사고방식을 알수 있다. 반면에 한국의 전통 사극에서는 자유라는 단어를 찾아보기 어렵다. 그런데 서양인들이 자유를 매우 중요하게 여기면서 오히려 그 개념에 왜곡이 발생했다.

철학자 벌린(I. Berlin)은 '소극적 자유(negative liberty)'와 '적극적 자유(positive liberty)'가 있음을 설명했다. 소극적 자유는 앞에서 말한 것과 같은 타인의 간섭이 없는 상태이다. 그런데 적극적 자유는 애매하고, 우리 동양인이 쉽게 이해하지 못한다. 적극적 자유라고 하면 자유를 더 크게 만드는 것이어야 할 텐데, 서양인들이 생각하는 적극적 자유란 이익과 발전을 위해서 사회적인 어떤 통제력을 더 늘릴 수 있다는 개념이다. 그러면 개인의 (소극적) 자유가 오히려 더 줄어들 수 있다. 그래서 '자유'를 위해서 파시즘, 전체주의, 사회주의(공산주의)도 가능해진다. 실제로 20세기 유럽에서 이러한 경향이 일어났을 때 그 지도자들은 자유를 주장하고 그것을 명목으로 삼기도 했다. 적극적 자유가 오히려 자유를 줄일 수 있는 것이다. 그리고 최근까지도 자유를 주장하면서 실제로는 국가의 통제와 개입으로 자유가 줄어들게 되는 '뉴리버럴리즘' 이데올로기가 있어 왔다. 서양의 자유와 자유주의의 독특한 개념은 이러한 모순점을 안고 있다.

그런데 왜 서양의 자유의 '적극적 버전'은 그렇게 이상한 형태로 바뀔까? 그것은 서양인들이 르네상스와 근대적 발전의 과정에서 '신'이 가진 자유를 인간의 자유로 바꾸는 과정과 관련이 깊다. 서양인들이 오래전부터 자유를 갈망했던 이유는 그것이 단지 타인의 간섭이 적은 것을 넘어서서, '자기 마음대로 세상을 통제하기'가 곧 자유라고 생각했던 것에서 비롯된다. 그리고 신이 가장 자유로운 존재인데, 그 이유는 신이 간섭도 안 받을 뿐 아니라 가장 통제력이 크기 때문이라는 것이다. 신처럼 되고 싶은 것은 모든 사람의 꿈이고, 그것이 자유라고 생각했기 때문에 서양인들은 그리도 자유를 바랐다. 그리고 르네상스시기부터 서양인들은 인간이 신과 같은 전지전능자로 가는 과정에 있다고 생각하게 되었다. 그들은 그것이 자유의 증진이라고 생각했다. 이러한 역사와 자유의 발전 경향을 헤겔이 분석해서 설명했고, 당시 서양에서 커다란 지지를 얻었다.

그래서 서양의 '자유(liberty/freedom)'의 개념에는 신 같은 통제력으로 인한 이익 개념이 혼합된다. 그래서 서양의 '적극적 자유' 추구는 인간의 신 같은 통제력, 절대적 이익 증가의 목적이 될 수 있고, 어떤 사람이 개인적으로 자유롭게 하는 것보다 타인이 보았을 때 다른 방식이 통제력과 절대적 이익 증가에 확실히 더 낫다면, 타인이 개입해서 간섭하거나 개입하는 것이 가능하게 되는 것이다. 이렇게 서양의 적극적 자유는 상식적인(소극적) 개인의 자유를 능가하고 제한할 수 있는 명분이 될 수 있다.

그런데 이게 무슨 '자유'인가? 서양 전통에서는 자유라고 생각했겠지만, 중립적, 객관적으로 볼 때 그것은 서양 특유의 문화로 인한 '오해'이다. 동양에서 전통적으로 자유에 대한 담론이 표면적으로 없었어도 이렇게 자유 개념을 왜곡시키지는 않았다. 동양에서 관련 담론이 없었던 이유는 신 같은 통제력을 중요하게 보지 않았기 때문이다. 서양인들은 고대 그리스 시절부터 '자신의 의지에 따라 자연을 통제하고 싶은 욕구'가 컸다. 통제력과 자유를 혼동한 것이다. 심지어 지금도 서양에서는 자신이 신 같은 위치가 되어 사회와 자연을 디자인하고 컨트롤하는 시뮬레이션 게임을 많이 만든다. 예를 들어 파퓰러스, 심시티 같은 것들이다. 반면에 동양에서는 그런 식의 컴퓨터 게임을 거의 만들지 않고 있다.

동양 문화는 그러한 일방적 자연 통제보다는 '조화'를 중시했다(사실 인간의 통제력에 자신감이 적기도 했다). 동양에서는 통제의 이익이 아닌 조화를 통해 잘 살 수 있다고 보았다. 사실 이것도 후자가 더 합리적이다. 통제는 자신의 의지대로 그대로 이루어짐을 뜻한다. 그런데, 그 '의지'가 올바르고 정확하다는 근거는 어디에 있는가? 결과적으로 잘못될 가능성을 배제할 수 없다. 반면에 조화는 자신의 의지가 중요하다기 보다는 자연과 상호 호혜적인 관계를 포함하며, 단지 결과적인 이익을 추구할 뿐이다. 실용적 측면을 보면 통제보다 조화가 더 나을 수 있다.

자유가 '주체의 통제력이 늘어나는 것'이라는 생각은 서양적 사고방식이다. 서양 특유의 자유 개념은 인간의 통제력이 늘어난다는 명목으로 실제적인 자유를 줄일 수 있다. 한쪽의 통제력이 늘어나게 되면 다른 한쪽의 자유는 필연적으로 줄어들게 되는데, 통제력이 중요하다면 그러한 자유의 감소는 무시된다. 반면에 동양 철학의 중요한 개념 중에 '무(無)'가 있다. 이것은 통제와 상반되는 것이고, 통제할 수 없음을 가정한다. 무란 불교의 '공(空)' 사상처럼 실체가 없다는 뜻도 되지만, 가장 잘 설명하고 있는 것은 도가철학이다. 서양의 논리학은 '있는 것은 있는 것이고 없는 것은 없는 것'이므로 무가 중요하지 않지만, 동양철학에서는 유와 무가 서로 상생을 한다(유무상생). 그래서 무의 중요성이 매우 크다. 동양의 심벌은 태극도인데, 유와 무가 태극도처럼 관계하고 있다. 특히 도가철학에서는 '유가 무에서 나온다'라고 말한다.

노자 사상의 핵심은 무위자연(無爲自然)이다. '무위'란 인위적으로 하지 않음, 통제하지 않음을 뜻하고, '자연'은 '스스로 그러함'을 뜻한다. 미개발된 자연 상태나 'nature'와는 다른 뜻이다. 도가 고전에서 nature를 지칭하는 용어는 '자연'이 아니라 '물(物)'이다. 그래서 '무위자연'이란 '인위적으로 통제하지 말고 스스로 하도록(되도록) 놔두라'는 뜻이다. 이것이 '자유', '자유주의'가 아니면 무엇이겠는가? 그리고 장자는 이렇게 말했다. "무위는 팔짱끼고 가만히 있음을 말하는 것이 아니다. 단지 각기 그 스스로 함에 맡기기만 하면 성명(자연으로부터 부여받은 인성)이 편안할 것이다"(無爲者, 非拱默之謂也, 直各任其自爲, 則性命安矣.) 그런데 동양에 자유와 자유주의가 없었다고 하는 생각(통념)은 대체 어디에서 나왔는지 사뭇 궁금해진다. 아마도 서양의 편견 섞인 가르침의 영향이 컸을 것이다. 이러한 자유 개념이 서양의 이상한 적극적 자유 개념보다 더 합당하고 심지어 정상적으로 보인다.

사회에 전반적으로 통제가 늘어나면 자연히 자유는 줄어들게 된다. 반면에 '무'와 '무위'는 인위적으로 통제하거나 개입하지 않아서 사회는 (바깥에서 봤을 때) 질서가 흐트러지고 예측이 어려워지지만, 그것은 곧 자유의 증가를 가져온다. 예측하고 통제하려는 욕구가 자유를 줄인다. 서양은 그것을 위해 자연의 질서, 법칙을 찾았다. 반면 동양의 무와 무위는 그와 상반된다. 서양식의 자유는 엄밀히 따져보면 진정한 자유도 아니었다.

진정한 자유를 위해 동양의 '무위' 개념이 필요하다. 그것이 '진정한 적극적 자유'가 될 수 있다. 서양적 사고방식은 무란 없는 것이므로 그것이 적극적(positive)이 될 수 있다는 것을 이해하지 못하고, 통제불가능, 예측불가능이 손해만 될 뿐 이익이 된다는 생각을 못한다. 하지만 앞에서 도가철학을 다루면서 무위가 어떻게 이익을 낳는지를 설명하였다. 아직도 무위가 적극적일 수 있다는 말을 이해하기 어렵다면, 서양에서도 유명한 "자유는 공짜가 아니다"(freedom is not free)에서 실마리를 찾을 수도 있다.

하지만 여전히 동양의 문화에 자유와 자유주의가 부족했다는 느낌과 생각이 남아있을 것이다. 그 근원들에 대해 차근차근 따져보기로 하자.

앞에서 말했듯이 근대 서양은 동양이 '전제주의'가 팽배해있는 문화라고 생각했다. 전제주의란 왕 또는 소수의 최상류층이 국민과 국가를 철저하게(자의적으로) 지배하는 방식을 뜻한다. 그런데 사실 동양의 사상은 전제주의와는 거리가 멀다. 동아시아의 정치사상으로 가장 유명한 유교(유가)도 그렇다. 동양의 전통문화가 전제주의적이라고 낙인찍기 위해서는 동양 문화가 그것을 '지향'하는 경향이 있어야 한다. 즉 주요한 철학이 그것에 친화적이야 한다. 그러나 결코 동양 문화와 동양사상은 전제주의를 지향하지 않을 뿐만 아니라, 권위주의도 지향하지 않는다.

유가 사상(유교, 유학)은 오히려 전제주의를 방지하기 위한 강력한 목적이 있다. 유가는 백성이 근본이며 가장 중요하다는 '민본주의'를 전제로 삼는다. 유가는 왕이 자신의 이익이 아닌 백성을 위하는 덕치를 해야 함을 주장하고, 맹자는 덕이 없는 왕은 신하와 백성들이 폐위시킬 수도 있다고 했다. 정도전이 태조 이성계와 조선을 건국하면서 가장 중요하게 여겼던 것은 유교 이념을 통해 전제주의를 없애는 것이었다. 조선 시대 임금들은 주관적, 자의적으로 할 수 있는 일이 많지 않았다. 항상 법도와 규칙, 일정에 따라야 했으며, 왕의 의견에 신하들이 사사건건 반대를 많이 했다. 15~18세기 유럽의 절대왕정이 조선보다 전제주의가 더 심했다. 동양이 전제주의가 커 보인다는 인상은 고대 이집트와 중동, 중국 진시황의 이미지 때문일 것이다. 진시황은 유가를 싫어했고 분서갱유 등 심하게 탄압했다.

조선과 동양에서 유교의 권위가 높아지고 왕이 유학자들의 눈치를 보게 될수록 전제주의는 줄어들게 된다(북방 여진족이 세운 청나라는 유교를 받아들이긴 했지만 조선보다 전제주의가 컸을 수 있다). 그런데 '권위주의'의 문제가 남아있다. 우리는 특히 유교가 권위주의적이라고 생각하는데, 그 이유는 조선시대에 유교의 권위가 워낙 막강하고 그로 인한 사회적 제약이 컸기 때문이다. 그런데 엄밀히 따지면 유교 자체가 권위주의를 지향한다기보다는 당시 사회적 관습의 문제라고 할 수 있다. 예를 들어 중세 유럽에서 기독교의 권위가 엄청나게 크고 사회를 통제하는 수단이 되었다고 해서, 기독교가 권위주의적인가? 그와 마찬가지다. '권위주의'란 어떤 것에 굉장히 높은 권위를 부여하고 그것을 강요함을 뜻한다. 그 대상이 유교와 기독교였을 뿐, 그 사상이 권위주의를 내포한다고 볼 필요는 없다. 과거 권위주의적 사회가 있었어도, 동양 문명의 핵심이 권위주의를 지향하지는 않는다.

특히 도가(도교)는 사상적으로 권위주의와 상반된다. 유교가 권위주의를 띠게 된 데에는 특히 '예(禮)'를 중시하는 부분이 권력유지에 써먹기 좋게 작용했기 때문이다. 주로 이것을 지도층이 사회적으로 제도화시키면서 권위주의가 나타났다. 그런데 도가는 예를 나쁘게 본다. 공자가 예에 대해 노자에게 묻자, 노자는 "예는 진실과 신의가 엷어진 것이고 혼란의 근원이다"라고 하며 예를 중시하는 유학을 비판했다. 무위는 인위적 개입과 강요를 하지 않는 것이기 때문에 당연한 생각이다. 노자는 "윗사람들이 함부로 백성에게 이래라 저래라 강요하지 말고 백성이 하고자 하는 일을 막지 말라"고 말했다《도덕경》 제72장). 이것이 바로 '자유주의'다. 불교도 권위주의와 거리가 멀다. 사회적인 제도에 따르는 일에는 아예 관심이 없고, 개인의 해탈에 관심이 있다. 그것을 방해하는 사회적 제도는 나쁜 것이다. 그리고 다른 종교에 비해서 타 종교와 싸우거나 타 종교의 자유를 막지도 않는다. 권위주의가 되기 위해서는 자기만 옳고 다른 것은 틀리다면서 싸워야 하는데, 불교에는 그런 가르침이 유독 적다.

　동양 전통 문화는 유불선(儒佛仙: 유교, 불교, 도교)이 핵심이고 그것이 혼합되어 있다. 심지어 조선시대에 숭배한 '성리학'은 유교에 불교와 도교가 혼합되어 있어서 '신유학'으로 불린다. 유불선의 혼합이 전제주의와 권위주의를 지향한다고 결코 말할 수 없다. 중국과 한반도에서는 오래전부터 농민 봉기, 민란, 혁명 운동이 많이 있었고, 서양보다 결코 적다고 볼 수 없다. 그 움직임은 전제주의와 권위주의에 반하는 것일 텐데, 그 반란 세력이 '동양적이지 않은 사람들'은 아니다.

　그 밖에 동양 문화가 자유주의와 거리가 멀다는 논리의 근원으로 동양 특유의 '공동체주의'가 있다. 일반적으로 서양은 나 자신을 많이 고려하는 반면, 동양은 나뿐 아니라 타인들이나 집단을 많이 고려한다는 것이다. 이렇게 공동체주의와 유사해 보이는 것은 '개인의 자유'와 상반되는 것으로 보인다.

　이로 인해 동양 문화가 이익을 평등하게 배분하는 사상 혹은 사회주의에 친화적인 게 아닌가라는 생각이 있을 수도 있는데, 그렇지 않다. 동양인이 서양인에 비해 자신의 이익을 최대로 늘리려는 마음, 즉 이기주의가 적다고 할 수 있을까? 나는 그 차이를 딱히 모르겠다. 오히려 동양인들은 전통적으로 서양인에 비해 '현세적'이다. 즉 사후에 천국 가기보다는 현세의 복을 바라는 경향이 크다. 동양인들은 종교를 가지면서도 현세에서의 성공과 행복을 기원하는 기복신앙의 측면이 크다. 자신의 이익을 많이 바라기도 하고, 자기 가족의 이익을 많이 바라기도 한다. 적어도 가족 이기주의는 동양이 서양에 비해 클 것이다. 심지어 공자는 양을 훔친 자신의 아버지를 관가의 눈을 피해 숨겨주는 행위는 좋다고 했다. 사회적 관점에서는 굉장히 이기적인 태도다. 공자가 그렇게 말한 이유는 자기 가족을 우선하는 인간의 '본성'을 존중하기 때문이다. 유교는 인간의 본성을 긍정한다. 도가는 더욱 명백하다(불교는 해탈을 꿈꾸므로 애매하다).

사실 '사회주의'는 정말로 서양적인 사상이다. 사회주의는 계획경제 등 인간의 이성으로 모든 문제를 해결할 수 있다고 보며, 이성이 본능을 능가하고 초월하는 사상이다. 마르크스 사상은 서양 중심의 헤겔 사상에 유물론을 결합시켜 만들었다. 마르크스의 사상 뿐 아니라, 일반적인 사회주의 자체가 서양적이다. 왜냐하면 사회주의는 인간이 세상의 주인이 되고 계획을 통해 실현하는 궁극적 유토피아를 꿈꾸는데, 동양에서는 어떤 '유토피아' 같은 이념이 없었다. 인간의 계획대로 잘 이루어진다는 생각도 없고, 궁극적 정점 상태의 지속도 꿈꾸지 않는다. 서양과 헤겔의 생각은 현실(역사)이 직선적으로 나아간다고 보지만 동양은 순환적 또는 비선형적이라고 본다.

동양 특유의 공동체주의는 자산의 평등주의 같은 이익에 관한 공동체주의가 아니다. 만약 동양 문화가 그것을 지향한다면, '복지주의'를 동양이 서양보다 더욱 지향할 것이다. 그런데 세계에서 가장 공공복지가 발달한 곳은 스웨덴 등 북유럽이다. 그들이 동양적인가? 그보다는 그저 서양의 일부로 보인다. 복지주의와 평등주의는 동서양 특유의 문화와 관련이 없다고 보는 게 맞다. 보통 서양에서 '공동체주의'라고 하면 자기희생과 이익의 나눔 같은 것을 떠올리는데, 동양 특유의 공동체주의는 그런 것이 아니라 다른 분야이다. 이제부터 그 실체에 대해 살펴보기로 하자.

Ø

　이기주의와 이타주의, 이익 배분의 공동체주의 경향에 관해서는 동서양의 차이를 찾을 수 없지만, 어떤 공동체주의/개인주의에 관해서는 차이를 찾을 수 있는 부분이 있다.

　심리학 실험 결과, 동양인들은 한 개체의 속성을 그 주변 사물들, 맥락과 연관 지어 생각하는 경향을 보였다. 예를 들어 자신에 대해 설명하라고 했을 때 서양인들은 자신의 성격, 취향에 대해 말했지만 동양인들은 사회에서 자신의 소속과 위치, 타인과의 관계에 대해 많이 말했다. 한 그림에서 중앙에 있는 사람이 행복한 미소를 짓고 있는데 주변에 여러 명이 모두 찡그리고 있다. 중앙에 있는 사람이 행복한지를 물어봤을 때, 서양인들은 그가 행복하다고 대답하고, 동양인들은 그가 행복하지 않다고 말하는 경향이 있었다. 한 심리학 실험에서는 같은 물고기가 다양한 수조 환경에서 나타났는데, 서양인은 그 물고기가 동일하다고 생각하는 경향이 있지만 동양인은 배경이 바뀌면 다른 물고기라고 생각하는 경향이 강했다. 이를 통해 봤을 때, 동양인들은 한 개체가 맥락, 환경과 '연결'되어 있다고 생각하고, 서양인은 개체가 그것들과 '분리'되어 존재한다고 생각하는 경향이 강했다. 다만 심리학자들에 따르면 이것은 '문화'의 영향일 뿐이고 후천적 학습과 경험에 따라 바뀔 수 있는 것이다.

　현대의 이러한 조사 결과는 인문학적 배경의 차이를 근거로 한 추론과 일치한다. 서양 문명의 중요한 부분은 고대 그리스의 경향과 그것을 계승해 발전시킨 르네상스 이후 근대 서양의 정신이다. 고대 그리스 사상은 논리와 수학을 중시했으며 '원자론'을 떠올렸다. 사물이 그보다 작은 원자들로 분해될 수 있으며, 그 원자들의 합이 사물이 된다는 것이다. 그리고 사회도 원자와 같은 각 개인들의 합이 된다. 서양에서 '개인'은 'individual'이며 이 말은 나눠지지 않는 원자와 같다는 뜻이다. 그런데 이런 서양의 원자론은 한 개체가 다른 개체와 무관하게 독립적으로 존재한다는 의미까지 담게 된다. 원자들의 분해와 합을 마치 수학의 양적인 것처럼 보았던 것이다. 그리고 개체의 외부까지 고려해야 한다면 너무나 혼란스럽고 변화무쌍하기 때문에 개체를 정의하고 분석하기가 어렵다는 문제도 있었다. 반면에 동양에서는 한 개체가 외부와 영향을 계속 주고받고 있으며, 그러한 연결이 없으면 생존하거나 존재할 수 없다고 생각했다. 태극도의 음양처럼 한 쪽은 다른 한 쪽이 있음을 가정하고, 그래야만 그 한쪽도 존재할 수 있다고 보는 것이다. 그래서 서양은 개체의 독립성을 크게 가정하지만 동양은 외부 의존성이 존재하게 된다. 그래서 동양에서는 한 개체 입장에서 일방적 통제력보다 외부와의 조화가 그에게 더 이익이라고 보는 것이다.

서양이 개체들을 더 독립적으로 보면서 서양에서 동양보다 개인주의가 더 두드러지게 되었다. 그런데 '자유주의'는 일반적으로 개인의 자유를 의미하며, 앞에서 정립한 타인의 간섭이 없는 자유(소극적 자유)의 의미도 개인의 자유이다. 자유주의를 주장함은 개인주의를 함의(전제)한다고 볼 수 있다. 그런데 서양에서 발달한 개인주의가 동양의 문화적 정체성과 다르고, '어떤 부작용'까지 있어 보이기 때문에, 그것을 꺼리면서, 확장되어 자유주의까지 꺼림직스럽게 될 수 있다.

그러나 자유주의를 추구한다고 해서 '서양식 개인주의'를 받아들일 필요는 없다. 서양식 개인주의는 '개인'에 대한 진실이 아닌 왜곡된 형태이기 때문이다. 앞에서 보았듯이 서양의 '자유'가 왜곡되어 있고 동양에도 자유와 자유주의가 있었던 것처럼, 개인에 대해서도 마찬가지다.

　도가철학은 매우 개인주의적이다. 개인(자신)의 성공과 행복에 큰 가치를 두는 철학이기도 하고, 심지어 노자는 "자기 자신을 천하같이 귀하게 여기고 아끼는 사람에게 천하를 맡길 수 있다"(《도덕경》 제13장)라고 말하면서 자신을 사랑하기를 권했다. 도가철학자 중에 양주가 있는데, 맹자는 그를 다음과 같이 (과장스럽게) 평가했다. "양주는 자신만을 위하는 사상을 가지면서 털 한 올을 뽑아 천하가 이롭게 된다 해도 하지 않는다." 개인주의는 자신의 내면과 이익을 중요하게 여긴다는 의미이고, 그것은 이기주의가 아니라 사회적으로는 다양성을 긍정한다는 의미이다. 도가철학은 획일적 예법과 규제를 나쁘게 보고, 사회의 다양성을 강력하게 주장한다. 노자는 "세상 사람들이 모두 아름답다고 하는 것을 아름다운 것으로 알면, 이는 추하다(악하다)"(《도덕경》 제2장)라고 말했다. 전반적으로 동양철학이 개인의 내면을 중요하게 여긴다는 점은 명백하다. 도가는 물론이고 특히 불교는 모든 것이 자기 마음의 문제라는 일체유심조(一切唯心造)가 기본적 태도이고, "무소(코뿔소)의 뿔처럼 혼자서 가라"를 말하면서 혼자의 길이 중요하다고 말한다. 사실 유교가 꿈꾸는 이상향도 궁극적으로 사회체제나 법도라기보다는 개인의 성인군자로서의 이상향이다.

　사주팔자(명리학)는 점을 치는 미신처럼 보이지만 무당 같은 '점'과는 다르며, 과거 동양의 시간 개념과 운명학이 결합되어 일상생활의 일부였다. 그런데 사주팔자는 완전히 개인적이다. 한 개인이 타고난 사주팔자는 '그 사람'에게만 적용되고, 각 개인마다 각자의 사주팔자대로 살게 된다(다만 운명이 완전히 정해져 있다는 뜻은 아니다. 사주명리학에서 말하는 것은 추상적 경향성이다). 그래서 사주명리학은 각자의 인생을 개별적으로 다루며, 사주를 통해 길흉화복을 찾아보는 것은 결국 개개인의 길흉화복을 찾는 것이다.

이제까지 살펴본 것처럼 동양에는 분명히 '개인'이 있으며, '개인주의'도 있다. 한편 서양식 개인주의는 동양에 없는 문제를 일으킨다. 개인이 존재하면서 타인, 환경과 영향을 주고받으며 어떤 식으로든 연결되어 있다는 말은 '진실'이다. 그런데 그것을 끊어버리는 생각은 오히려 왜곡이다. 장 자크 루소는 《인간 불평등 기원론》에서 자연 상태의 인간을 추정하는데, 혼자서 떠돌아다니는 독립생활을 하면서 언어도, 사회적 관계도 필요 없었을 것이라고 주장한다. 이것은 서양적 사고의 전형이다. 그러나 진실은, 인간은 사회가 없으면 생존이 불가능하다. 인간은 다른 동물에 비해서 탄생 후 10년 이상, 매우 긴 시간 동안 타인들에 의존해서 성장해야 한다. 본능적인 언어 능력도 결국 사회생활을 위한 것이다. 현대 과학은 서양 특유의 개인 개념이 틀렸음을 밝혀냈다. 저명한 뇌과학자 가자니가(M. Gazzaniga)는 다른 동물과 다른 인간의 특징은 '뼛속까지 사회적'이라는 것이며, 인간의 두뇌가 발달한 이유는 사회적 문제를 다루기 위해서라고 말했다.

개인과 타인과의 연결을 무시하는 서양식 개인주의는 인간 소외, 외로움, 고독과 같은 문제를 발생시킨다. 그 문제의 부작용으로 인해, 근대에서 현대로 넘어가기 직전에 오히려 반대로 결집시키는 전체주의 열풍이 발생했다. 한나 아렌트와 에리히 프롬은 20세기 초 유럽의 전체주의 경향을 분석하면서 그 주요한 원인으로 '원자화된 개인'의 심리적 불안과 고독을 지적했다. 그러한 부작용이 생긴 이유는 인간의 본성과 충돌을 일으켰기 때문이다. 현대 과학으로 진실이 밝혀지고 서양식 개인주의에 따른 외로움의 고통이 부각되면서 서양의 개인 개념에도 점차 변화가 일어날 것이고, 일어나고 있다. 그들은 그런 점에서 동양을 참조하고 있다. 그리고 '자유'에 관해서도 동양, 특히 도가철학을 참조하게 될 것이다.

자유주의에 필요한 개인과 개인주의는 서양식의 원자화된 개인이 결코 아니다. 자유주의가 가정하는 개인주의는 개인 각자의 취향적인 이익을 존중하는 것이다. 그것이 바로 '자율성에 대한 존중'이다. 자율성과 주체성에는 서양식의 원자화된 개인이 필요하지 않다. 단지 자신의 흥미와 이익에 따라 스스로 움직이면 된다. 동양의 개인은 외부와 타인의 도움까지 고려해서 개인의 이익을 챙긴다. 결과적으로 그것이 자신에게 좋기 때문에 고려하고 조화를 이루려는 것이지, 타인과 공동체의 이익을 나보다 우선하기 때문이 아니다. 오히려 서양식의 원자화된 개인은 그 자신에게 해로울 수 있다. 서양에서 조사한 '행복'에 대한 연구 결과, 행복을 만드는 가장 중요한 것은 '좋은 사회적 관계'였다.

따라서 진정으로 자율적인 사람은 서양처럼 타인과 관계를 끊으려 하지 않고, 동양에서처럼 적절히 타인들과 연결되고, 의존하는 관계에서도 이익을 얻으려 할 것이다. 다만 너무 타인들과의 관계에 매몰된다면 자신의 자유와 이익이 침해되므로, 그것도 적절히 조절할 것이다. 동양철학은 '중용'이 좋다고 본다(서양의 아리스토텔레스도 그랬다). 마지막으로, 이번 장의 결론을 내리겠다. 동양의 정체성을 지키면서 자유주의를 얼마든지 가질 수 있다. 자유주의는 동양 고유의 문화와 결코 상충되지 않는다.

매너리즘: 보이지 않는 구속

~~~~~~~~~~~~~

이제껏 수년 간 몇 권의 책과 논문을 쓸 때 대부분 나는 커피를 파는 카페에서 노트북으로 작업했다. 적당한 소음은 방해가 되지 않으며 오히려 창의적인 작업에 도움이 될 수도 있었고, 커피를 마시면서 편안한 분위기에서 작업할 수 있었다. 개인 연구실이나 사무실이 없었기 때문에 경제적이기도 했다. 물론 카페에서 너무 오래 자리를 차지하고 있으면 업주에 피해를 끼친다는 것을 알고 있다. 그래서 평소에 손님이 적고 자리는 많이 남는 카페만을 골라서 최대 5시간 내로 작업했고, 그런 카페를 몇 군데 정해놓고 번갈아가며 방문했다. 특히 북카페는 나처럼 개인적인 일을 하는 사람들이 많아서 눈치가 덜 보였다.

이 책을 쓰기 시작했을 즈음인 2020년 11월 말 코로나19 위기 단계 상향으로 모든 카페의 이용이 금지되었고 테이크아웃만 가능해졌다. 그때부터 나의 고난은 시작되었다. 대학 도서관을 가려고 했는데 심지어 그곳도 문을 닫았다. 내가 갈만한 곳은 스터디카페와 PC방이었다. 그 두

군데를 번갈아 가봤는데, 스터디카페는 도서관과 마찬가지로 소음에 매우 민감하기 때문에 무척 조심스러워야 했으며, PC방은 반대로 너무 시끄러워서 문제였다. 둘 다 경제적 비용이 카페에 비해서 많이 들었다.

그렇게 약 50일 정도 고생을 하면서 문득 깨달은 점이 있었다. 내가 그동안 카페에서 작업했던 것은 편했지만 거기에 안주, 도취되어 있었고, 그것은 어쩌면 '매너리즘'과 같지 않을까라는 것이다. 한가한 카페의 분위기는 이용자에게 편리한 환경을 제공한다. 그동안 나는 거기에 익숙해져서 당연하다고까지 생각했던 것 같다. 그 자리는 나의 전용 공간이 아니지만, 나도 모르게 그것에 '의존'하는 상태였다는 생각이 들었다.

같은 시기에 나는 또 다른 매너리즘에 빠졌다 벗어나는 경험을 했다. 나는 이 책을 쓸 계획을 하기 전에 원래 다른 책을 쓰려고 했었다. 나는 작년(2020) 4월까지 2년간 한국연구재단의 지원으로 권력, 권위등 사회적 위계와 관련한 연구를 했고, 그 지원 기간이 끝났지만 그 연구를 연장하고 확장시켜서 학술적인 책을 쓸 계획을 했다. 그러던 중 작년 겨울에 생각이 바뀌었고, 이 책을 쓰게 되었다. 그 연구를 계속 하는 일은 (잠시 일 수 있지만) 뒤로 미뤘다. 나는 그 즈음 과거에 하던 일을 계속 연장해 나가는 것도 매너리즘이라는 생각이 들었다. 기존의 습관과 패턴에서 벗어나지 못하는 것이다. 나는 그 연구 지원을 받기 이전으로 되돌아가, 근본적으로 다시 생각해봤다. 한동안 잊고 있었던, 내가 그전부터 하고 싶었던 일, 어느 정도 대중적이면서도 많은 사람들의 다양하고 심각한 고민을 해소하는데 도움이 되는 책을 쓰고 싶다는 생각이 되살아났고, 그 목표로 다시 돌아갔다. 도미노처럼 자동적으로 일어나는 연쇄에서 벗어난 것 같았다.

우리는 어떤 것에 의존하면서 구속을 받고 있다는 것을 모르고 있을 수 있다. 그런 상태에서 우리가 불편함을 못 느끼고 바꾸려는 의지가 없다면 매너리즘의 상태가 된다. 매너리즘의 무서움은 '고인 물'이 되어 서서히 썩어가면서 자신의 자유가 점점 줄어드는 데도 스스로 눈치 채지 못하고 속수무책의 상태가 되고 있는 것이다. 그런데 주변의 상황은 계속 변화하고, 경쟁은 여전히 치열하다. 그래서 멈춰 있는 것이 아니라 퇴보의 상태가 된다. 그 자리에 있는 것, 멈춰 있는 것이 편하다고 생각할지는 모르나, 매너리즘은 사실 그것이 퇴보하고 쇠퇴하고 있다는 것을 모르도록 만든다. 결국 불행해진다. 그리고 자기객관화에도 문제가 생기게 된다.

헤겔은 주인이 생산 활동을 노예에게 맡기고 그런 상태가 지속되면 결국 주인은 노예에게 의존하게 되고, 결국 주인의 정신이 오히려 노예에게 종속되면서 자유가 줄어들게 된다고 설명했다. 이것이 매너리즘과 마찬가지다. 자신이 주인과 같은 편하고 만족스러운 상태라고 해서 그것에 의존하게 되면 정신이 속박되고 점차 자유가 줄어들어 결국 위기에 처하게 된다.

Ø

'매너리즘'은 흔하게 쓰이는 쉬운 용어는 아닌 것으로 보인다. 서양에서 근대에 미술 분야에서부터 쓰이기 시작했고, 약간 전문용어 수준의 느낌이다. 미술 분야에서 처음 그 용어는 '독창성이 없는 경향'이라는 의미로 쓰였다. 나도 처음부터 매너리즘이라는 말이 쉽게 떠오른 것은 아니었다. 삶에서 자유와 활력, 발전을 저해하는 '보이지 않는 구속'이 존재한다는 생각이 한참 전에 떠올랐고, 나중에 그것을 매너리즘으로 표현할 수 있겠다는 생각이 들었다.

왜 매너리즘이 '구속'이 되고, 해로운지를 더 살펴보자. 주로 과도한 의존이 문제를 낳는다. 다만 자연스럽게 우리는 많은 타자에 의존해서 살아가고 있다. 우리는 자급자족해서 살아가는 것이 아니라 생활에 필요한 모든 것들을 돈을 주고 구입하는데, 그것도 일종의 의존이라 할 수 있다. 우리가 먹는 쌀밥은 농부가 생산한 것이므로 우리는 농부에게 의존하고 있다고 볼 수 있다. 옷도 옷 생산자에게 의존한다. 이렇게 많은 것들을 타자에 의존하는 것은 당연하므로, 우리는 의존이 당연하다고 생각할 수 있다.

그런데 그 당연한 의존을 너무 확장시키면 의존하지 않아도 될 것까지 과하게 의존하게 되고, 그것은 자신에게 손해를 일으키는 게으름이 된다. 문제는 그러한 게으름 자체를 인지하지 못하고 당연하게 생각한다는 것이다. 그것이 매너리즘이 된다.

그 예로 '마마보이'가 있다. 마마보이는 어머니가 자신에게 관심을 가지고 챙겨주는 습성에서 벗어나지 못하고 성인이 될 때까지 그것을 당연하게 생각한다. 그래서 마마보이는 어머니에게 종속되고 구속된 상태가 되는데, 스스로 그것이 구속이라는 것을 잘 인지하지 못한 채 어머니의 생각에 따른 삶을 살게 된다. 그 보이지 않는 구속은 현실에 대한 부적응으로 나타나게 되어 불행해진다.

현실에 잘 적응하기 위해서는 현실에 대한 올바른(정확한) 인식과 자신에 대한 객관화도 잘해야 한다. 그것을 활용해야 발전과 성공이 수월하고 결과적으로 행복해지기 쉽다. 그런데 앞에서 말한 매너리즘으로 인해 타인이나 타자에 보이지 않게 구속, 종속되면, 자신이 처한 현실 파악과 자신에 대한 객관화가 잘 되지 않는다. 왜냐하면 자신(X)이 의존하는 타인(Y)은 자신(X)의 상황을 잘 모르기 때문이다. 어머니가 자신이 처한 환경에서 어떻게 해야 할지를 정확히 파악하고 큰일부터 사소한 일까지 일일이 알려줄 수는 없다. 그것은 자신이 직접 해야 한다.

그런데 어머니와 사이좋게 지내는 것, 효도하는 것과 마마보이의 표면적 경계는 애매할 수 있다. 그래서 혹시 자신이 마마보이가 아닐까 불안해하는 사람도 있을지 모르는데, 간단하게 이렇게 따져보자. 어머니의 인정을 받는 것보다 반대를 겪더라도 나만의 길을 갈 수 있다고 한다면 마마보이는 아닐 것이다. 물론 나만의 길을 가더라도 어머니를 사랑할 수 있다.

앞에서 말한 내가 카페에 의존하는 예, 기존의 연구 방식을 계속 연장하려는 예는 어떠할까? 카페의 예는 어찌 보면 별 것 아닐 수도 있다. 스트레스를 덜 받는 이점이 있을 수도 있다. 그러나 내가 카페에 무의식적 의존 상태에 이르면, 그것이 아닌 다른 형태, 대체재에 대한 생각을 못하게 될 것이고, 그 상태에 계속 머물게 될 것이다. 사무실이나 연구실 등 다른 형태가 여러 가지 측면에서 더 나을 수 있고, 그런 계획이 필요할 수 있는데 그러한 생각의 변화를 이루지 못하게 될 것이다. 더구나 그 의존으로 인해 내 인식의 어딘가에서 분명히 현실에 대한 파악과 활용의 부족이 일어날 것이다. 기존에 연구하던 방식을 별 생각 없이 계속 연장하는 것도 현실의 기회포착력이 부족하고 잠재력을 방치하는 일이 될 수 있다.

Ø

매너리즘이 어떻게 활력을 줄이는지를 살펴보자. 활력이란 삶의 에너지이다. 그 에너지가 줄어들 때 육체와 그 기능이 쇠퇴하고 약해지고 고장이 잘난다. 그것은 '늙음'과 같다. 늙음이란 점차 죽음에 가까워지는 것으로서, 생물에서 무생물로 가는 과정이다. 생물은 활력, 즉 삶의 에너지가 있는 것이고 무생물은 활력이 없는 것이다. 인간은 나이가 많아지면 자연스럽게 늙게 되는데, 그 이유는 태어났을 때 잠재되어 있던 활력이 시간이 지남에 따라 소진될 수밖에 없기 때문이다. 활력은 '태어남'으로 인해 만들어진다. '산다'는 말과 '태어남'이 모두 생(生)이라는 말을 쓰는 것은 삶의 에너지와 탄생이 깊은 관련이 있기 때문이다.

그런데 늙음은 단지 시간적인 개념이 아니다. '나이는 숫자일 뿐'이라는 말처럼, 같은 나이의 노인이라도 어떤 사람은 더 늙을 수 있고, 어떤 사람은 젊을 수 있다. 그래서 건강 상태에 차이가 생기고, 수명과도 큰 관련이 있다. 유전적인 부분 이외에, 후천적으로 어떤 생활을 했는가에 따라 늙음에 큰 차이가 있다.

삶의 에너지가 '태어남'에서 나온다고 했으므로, 늙음을 방지하고 활력을 높이는 방법은 '태어남'을 계속하는 것이다. 물론 우리는 아기로 다시 태어날 수는 없다. 육체적인 태어남을 할 수 없다면 정신적인 태어남이 적어도 정신의 늙음을 방지할 것이다. 정신의 늙음을 방지하는 것도 매우 중요하다. 정신도 육체처럼 늙고 쇠퇴하는 경향이 있다. 물론 그러면 인지능력도 떨어지고, 무감각해지고, 주관적으로 느끼는 활력과 삶의 질이 떨어진다. 정신의 쇠퇴가 행동의 쇠퇴로도 이어지고, 육체의 쇠퇴도 가속화된다.

살아가는 동안 정신적인 태어남의 한 가지 방법은 매너리즘을 깨는 것이다. 매너리즘은 기존의 것에 머물러 있고 그것이 그저 유지되기만 할 뿐이다. 그리고 변하지 않으려 한다. 그러면 시간이 지날수록 쇠퇴만 일어나게 된다. 태어난다는 것은 어떤 도약적인 변화이다. 그리고 없었던 것이 새로 생기는 것이다. 그것은 고통을 수반하기도 한다. 보통 매너리즘은 기존의 것에 편안함을 느끼기 때문에 생기므로, 그것을 깨는 것은 대개 고통스럽고, 스트레스가 생기기도 한다. 그러나 그것이 두려워서 매너리즘에 빠지면 서서히 늙게 되고 죽음이 더욱 빨리 가까워진다. 마치 따뜻한 물 속에 있는 개구리가 온도를 계속 높여도 가만히 있다가 삶아져서 죽는 것처럼(삶은 개구리 증후군), 매너리즘은 우리로 하여금 위험의 점진적 증가를 인지하지 못한 채 서서히 무기력해지다가 결국 불행해지게 만든다.

공무원들은 매너리즘에 빠지기 쉽다는 말이 있다. 사기업이나 프리랜서와 달리 공무원은 직업이 너무나 안정적이고 정년이 보장되어 있고 성과에 따른 인센티브가 대체로 적기 때문이다. 다만 성과에 따른 어떤 큰 보상과 승진을 꿈꾸는 공무원의 경우에 매너리즘이 적을 수 있고, '공무원 사회에 활력을 불어 넣겠다'는 노력으로 인해 과거에 비해 구조가 약간 달라졌을 수 있다. 사기업이든 프리랜서든 고정된 연공서열이나 자기계발과 변화의 노력이 부족하다면 매너리즘에 빠지기 쉽다.

매너리즘에 빠진 공무원의 사례로, 나는 중, 고등학교 때 고령의 선생님들에게서 그런 모습을 보았다. 내가 겪은 60대 초반 연세의 선생님들은 대부분 가르치는데 의욕이 없었고, 우리가 배울 수 있는 것도 별로 없었다. 그들은 삶과 직업, 보수가 이미 정해져 있었으므로 변화를 일으킬 필요나 노력도 없었다. 그들은 기력이 없고 육체적으로도 좋지 않아보였다. 60대였지만 마치 7~80대처럼 보였다.

육체적인 쇠퇴와 늙음도 매너리즘 같은 정신적 상태의 영향을 받는다. 겉으로 보이는 인상에서도 나타난다. 신기하게도 30년 전 사람들보다 지금 사람들이 같은 나이에 더 젊어 보인다. 나는 과거 사람들의 모습을 보여주면서 그러한 비교를 하는 유튜브 영상을 본 적이 있다. 중장년층 뿐 아니라 20~30대도 과거 사람들이 더 나이 들어 보인다. 그 원인은 미용 등 여러 가지가 있을 수 있겠지만, 나는 그 한 가지 원인으로 과거 사람들은 삶의 궤적이 지금보다 훨씬 '고정적'이었다는 점을 들고 싶다. 과거에는 대개 20대에 일찍 취직과 결혼을 하고, 회사에서 연공서열에 따라 보수를 받고 정년에 퇴직하는 것으로 정해져 있었다. 직업의 종류도 적고 직업과 직장의 유연성이 거의 없었다. 그런 사회에서는 중간에 급격한 변화가 요구되지 않으며, 새로 태어나는 것 같은 변화가 잘 일어나지 않는다. 그래서 빨리 늙어간다. 정확히 말해 늙음을 방지하는 계기가 없다는 말이다.

우리나라는 평균수명은 늘어가는 데 출산율은 너무나 낮아서 초고령화사회에 가까이 가고 있다. 가장 큰 문제 중 하나는 연금 등 노년층을 부양해야 할 젊은층이 줄어들어 사회적 갈등이 커지며 경제의 활력이 줄어든다는 점이다. 그래서 점차 나이가 많은 사람들도 경제활동을 통해 스스로를 책임지고 돌봐야 한다. 그때가 되면 노년층의 사회보장 혜택은 더 늦춰지고 줄어들 것이다. 그래서 정년 이후에 새로운 직장이나 직업을 갖는 인생 2모작 또는 3모작이 필요해졌다. 이제 매너리즘에 빠져서는 안 되는 이유가 더 커졌다. 어쩌면 그러한 환경의 변화가 매너리즘에 빠지지 않도록 우리를 다그치고 있는지도 모른다. 그래서 현재 우리가 과거보다 안 늙고 있는지도 모른다. 그러나 그러한 환경의 변화를 인식하지 못하면 매너리즘에 빠져 도태되고 만다. 나이 들어서도 쓸모 있는 사람이 되어야 한다. 그것이 자신에게 유익하다. 자신이 쓸모가 없을 것이라는 생각이 들게 되면 급격히 늙게 되고 죽음에 가까워진다.

Ø

늙는다는 생각을 하면 괜히 슬퍼지므로 이제 그 주제에서 벗어나, 일상에 활력을 주며 삶을 개선하거나 발전하게 하는 방법에 주목해보자. 사실 늙음을 방지하는 방안으로 매너리즘 타파는 일부의 역할일 뿐이고, 다른 방법들이 있을 것이다. 매너리즘 타파의 보다 큰 역할은 현실에 대한 올바른 인식, 잠재성 개발, 기회 포착, 그리고 창조성 증가이다.

매너리즘이 애초에 미술에서 독창적이지 않고 기존의 것을 답습하는 경향에서 비롯되었듯이, 매너리즘은 창조성을 가로막는다. 지금은 창의적이고 독창적인 것이 성공하는 시대이다. 창조적 예술에서 신선함과 감동을 느끼는 것처럼 우리가 그러한 것을 좋아하거나 바람직하게 보는 경향은 본능의 일종일 수 있는데, 그것의 장점은 그러한 새로운 것이 우리의 보이지 않는 내면 구조에서 매너리즘을 깨는 작용을 한다는 것이다. 다시 말해, 우리의 내면에 '활기'를 불러일으킨다. 독특한 것이 사회에 필요한 이유 중 하나가 이것이다. 그래서 그것을 보고 불편한 느낌이 들더라도 완전히 제거시키거나 원천 봉쇄시키려 하는 것은 좋지 않다.

어떻게 하면 매너리즘을 깰 수 있을까? 어떤 지점에서 과거와의 단절, 과감한 끊어내기가 필요하다. 매너리즘은 과거의 유혹이다. 과거가 계속 그대로 머무르라고 말한다. 그 유혹은 익숙함에 따르라는 것이고, 어쩌면 과거에 대한 향수일 수도 있다. 그런데 거기에 머무르면서 점차 그 익숙함과 편안함에 의존하는 상태가 된다. 자신이 무엇에 의존하고 있는지를 새로운 관점에서 따져보아야 한다.

매너리즘의 문제는 주로 (자기도 모르게 생긴) 의존에서 기인한다. 어떤 대상에 닻을 내리고 거기에 얽매여 의존하게 됨으로써 세상의 변화와 현실을 잘 인식하지 못하게 된다. 자신이 '세뇌'되어 있는 상태도 일종의 매너리즘이다. 현실에서 반대되는 증거들이 있더라도 세뇌된 상태에서 깨어나지 못하는 이유 중 커다란 부분은 스스로 그 상태에서 벗어나기 싫어하기 때문이다. 왜 벗어나기 싫을까? 자신의 많은 부분을 이미 '의존'하고 있기 때문이다. 그것이 결국 자신에게 불행을 일으킨다는 것을 깨달아야 한다.

매너리즘을 깨기 어려운 이유는, 익숙함과 편안함에서 벗어나면 불편하고 불안하고 스트레스가 생기기 때문이다. 그것은 꽤나 큰 고통이 될 수 있다. 하지만 고통은 좋은 역할을 하기도 한다. 우리에게 아픔을 느끼는 통각이 없다면 어떻게 될까? 어떤 사람이 고통을 겪기 싫다는 이유로 자신의 통각을 모두 제거해버렸다. 그 후에 그는 다치거나 병에 걸렸을 때에 아무런 느낌이 생기지 않았고, 위험 상황을 잘 인지하지 못해 더 자주 다치거나 병에 걸려 빨리 죽게 되었다. 통각은 우리에게 위험을 알려주는 신호이고, 건강과 안전을 위해 매우 중요한 역할을 한다. 암이 그토록 악명이 높은 주된 이유는 초기에 통증이 없기 때문이다. 통증이 늦게 나타나는 종류의 암일수록 사망률이 높다. 고통을 겪기 싫다는 이유로 스스로 매너리즘에 빠져있는 사람은 자신의 통각을 제거시킨 사람과도 같다. 그러한 익숙함과 편안함만을 추구하고 있다가 서서히 암이 자라나는 것을 인지하지 못하고, 결국 커다란 위험에 처하게 된다.

매너리즘을 깨는 것은 자신의 통각을 예민하게 만들고 반응하는 일이다. 그래서 고통스럽지만 참아내야 한다. 단지 고통을 겪기 싫다고 고집하면 의존하게 되고, 구속받게 되고, 세뇌에 빠져있는 상태가 된다. 현실에 대한 뚜렷하고 냉정한 인식에서 수반되는 고통은 거기서 벗어나고 싶은 욕구를 낳고, 현실적인 해결 방안을 찾거나 노력하게 만든다.

다만 그 과정에서 겪게 되는 고통과 스트레스가 너무 크다면, 그것 자체가 불행이 될 수 있다는 문제가 있다. 고생도 약이 된다는 말, 젊어서 고생은 사서도 한다는 말도 있지만, 어찌 보면 너무 고생하면서 살 필요가 없기도 하다. 그 적절한 중용의 길은 자신이 찾아야 한다. 인위적으로 너무 변화와 발전만을 추구하면서 고통스럽게 살 필요도 없고, 편하고 싶을 때는 편해도 된다. 다만 매너리즘의 위험이 있지 않은지를 종종 생각해 볼 필요가 있다. 그 방법은, 자신이 익숙한 것에 의존하면서 더 큰 그림을 보지 못하고 있는지를 검토해보는 것이다.

새로운 변화가 불안할 수 있지만, 어쩌면 매너리즘을 깸으로 인해서 그 불안이 줄어들 수 있다. 왜냐하면 익숙하고 편하긴 하지만 어딘지 모르게 찜찜한 구석이 느껴질 수 있고, 그것이 불안일 수 있기 때문이다. 그렇게 잘 인지되지는 않지만 위험한 상태에 있을지 모른다는 찜찜함이 어쩌면 진짜 불안일 수 있다. 어쩌면 그런 불안 상태에 있지만 매너리즘으로 그것에 조차 익숙해져 있는지도 모른다. 마치 비염 상태이지만 그것에 익숙해져 있는 것과 마찬가지다. 매너리즘을 깨고 새로운 관점에서 현실과 실재를 알게 되면, 그러한 불안이 해소될 수 있다.

매너리즘으로 빠지게 만드는 한 가지 위험 요소는 '타인의 호응'이다. 우리는 자신의 행동과 상태에 대해 타인이 긍정적으로 반응해주면 자신이 잘하고 있다고 생각하고 계속 그렇게 할 수 있다. 그런데 몇몇 타인의 호응이 정말로 자신에게 최선의 길을 제시해주는 것은 아니다. 마마보이는 어머니의 호응에 반응하여 계속 마마보이 상태로 남아있게 될 것이다.

인공지능(AI)에 대한 기대감과 두려움

컴퓨터의 창시자 중 한명인 앨런 튜링(Alan Turing)은 1950년에 컴퓨터가 인간처럼 생각할 수 있다고 주장했다. 당시에는 '기계가 생각할 수 있다'라고 표현했는데, 그는 기계가 인간과 다를 바 없이 생각한다는 것을 판단하는 기준으로 '모방게임'을 제안했다. 이것은 앨런 튜링의 이야기를 다룬 영화 〈이미테이션 게임〉의 제목이 되었다. 다만 그 영화에서는 그에 대한 이야기는 거의 안 나오고 2차 대전 때 독일군 암호해석 이야기만 나온다. 모방게임(튜링테스트)은 장막 뒤에 컴퓨터와 인간이 있고, 우리가 그들과 각각 대화를 나눠본 뒤에 어느 쪽이 컴퓨터인지 구분하기 어렵다면 그 컴퓨터는 인간처럼 생각한다고 볼 수 있다는 이론이다. 이 제안은 대체로 받아들일 만하다. 사실 장막도 필요 없다. 어떤 형태이든지 간에 사람처럼 말한다면 사람처럼 생각한다고 볼 수 있다. 애니메이션에 등장하는 동물들, 스폰지밥과 둘리는 인간처럼 말한다. 우리가 그를 실제로 만난다면 '인간이 아니라 할지라도' 인간처럼 생각한다고 볼 수 있을 것이다. 그것이 인간인지 아닌지, 인간 대접을 해줘야 할지는 논외의 사항이다.

튜링이 그와 함께 컴퓨터의 기본 원리를 설명한 그 즈음부터 인간처럼 생각하는 기계가 곧 나타날 수 있다는 기대와 공포가 생겨났다. 한편으로 써얼(J. Searle) 등 몇몇 철학자는 인간처럼 생각하는 것은 아니라는 주장을 하기도 했다. 그는 기계는 그 내면에서 인간과 같은 '의미'를 가질 수 없다는 점에서 그 차이를 찾았다. 그런데 써얼의 문제 제기는 튜링테스트를 통과한 것, 즉 겉보기에 인간과 같은 방식으로 말하고 표현하고 문제를 해결하는 기계가 나타났을 때를 가정한 것이다. 그 전에, 그것이 정말로 실현가능할지를 따져 볼 필요가 있다.

튜링은 컴퓨터가 어떤 지적 문제를 해결하고, 심지어 인간도 풀기 힘든 문제를 푸는 어떤 '지능'이 있다는 것을 알고, 그 지능의 논리 회로를 잘 만들고 기술이 발전하면 인간 같은 지능이 되는 것은 시간문제라고 생각했다. 하지만 그것은 성급한 추측이다. 인공지능도 어떤 '지능'으로 볼 수 있지만, 그저 이름 붙였을 뿐이다. 인간의 지능이란 매우 복합적인 것이고, 한 두 가지만 일치한다고 해서 인간과 같은 생각이나 행동을 할 수 있는 것은 아니다. 지금도, 과거에도 인간과 부분적으로 유사한 기계는 많이 있었다. 공장의 자동화 로봇도 그렇고, 센서가 달린 기계, 계산이 느린 계산기는 인간과 부분적으로 유사했다.

겉보기에 말과 행동에서 구분을 못할 정도라면, 즉 튜링테스트를 통과할 정도라면 다양한 상황에서 인간과 같이 행동해야 한다. 한두 가지 능력이나 상황만 처리하면 잠깐의 눈속임으로 통과할 수 있겠지만, 계속 통과하려면 인간처럼 다양한 문제를 해결할 수 있어야 하는데 그러기 위해서는 인공일반지능(범용인공지능, Artificial General Intelligence)이 실현되어야 한다. 좀 더 엄격하게 따져서 의식 또는 자유의지까지 가진다고 볼 수 있는 것이라면 '강한 인공지능'(strong AI)이라 부르기도 한다.

튜링은 인공일반지능, 강한 인공지능 같은 것을 너무 쉽게 보았다. 실제로 우리가 만들고 있는 것은 인공일반지능과 강한 인공지능과 대비되는 '좁은 인공지능', '약한 인공지능'이다. 단지 한 가지 특화된 부분만 잘 하는 인공지능이다. 그것은 튜링테스트를 통과할 수 없고(물론 허술하게 테스트하면 통과한다), 그러면 인간처럼 생각한다고 할 수 없다.

그런데 문제는 이제부터가 시작이다. 기술이 발전하면 어쩌면 가능하다는 생각이 있을 수가 있다. 지금 나는 현재의 기술만 가지고 미래의 가능성을 과소평가하고 있는 것은 아닐까? 그리고, 인간과 정확히 같은 방식이 아니더라도 컴퓨터가 언젠가는 어떤 의식과 자유의지를 가질 수 있는 게 아닌가? 예를 들어 생체 구조가 인간과 다른 외계인이 인간과 똑같은 방식이 아니더라도 어떤 고등 의식과 자유의지를 가지고 있고, 인간을 공격할 수도 있을 것이다. 인공지능이 그런 외계인의 정신과 같다고 볼 수 있을지 모른다. 이런 생각을 가질 수 있기 때문에, 미래에 인간처럼 생각하는 AI, 로봇이 등장할 수 있고, 자유의지도 가질 수 있고, 인간을 공격하거나 반란을 일으킬 수 있다는 시나리오들이 있다. 이에 대한 고민과 함께 지금 시점에서 사회적 논의가 필요할 수 있다.

결론을 먼저 말하면, 미래에도 '인간처럼' 생각하는 강한(보편) 인공지능 로봇은 나타나기 힘들 것이다. 여기에는 어떤 원리적인 차원의 벽이 있다. 그래서 인간처럼 생각하는 로봇에 의한 공포를 가질 필요는 없다. 그런데 인간과 다르게 생각하는 인공지능이 나쁜 문제를 일으킬 수는 있다. 하지만 우리가 상상하는 의식이나 자유의지에 의한 것은 아니다. 그래서 그 공포도 제한적이다. 이것은 매우 섬세하고 엄밀한 설명이 필요한 문제이다. 여기까지 내 생각을 믿지 않고 비판적인 사람도 물론 있을 것이다. 그러면 인공지능에 대해 우리가 기대할 수 있는 것이 무엇이고, 어느 정도로 우려해야 할지에 대해 이제부터 살펴보기로 하자.

Ø

2010년대 중반부터 인공지능이 사회적 관심사로 급격히 떠올랐다. 2016년에 알파고가 이세돌을 바둑으로 이긴 일이 세계적인 화제가 되었고, 그 즈음부터 '4차 산업혁명'의 중심에 인공지능이 있다고 널리 알려졌다. 원래 그보다 약간 전부터 4차 산업혁명이라는 말이 회자되었다. 사물인터넷, 핀테크, 가상현실(VR), 드론, 웨어러블, 인공지능, 바이오헬스 등 다양한 신기술의 '융합'이 핵심이라고 했는데, 최근에는 인공지능만 부각되고 있는 모양새다. 참고로 '4차 산업혁명'이라는 구호에는 정치적인 부분도 작용하고 있다. 원래 다보스 포럼에 모인 고위급의 호사가들이 만든 말이다. 과학 기술 현장이나 학술에서 쓰이는 용어는 아니다.

다만 인공지능이 최근에 급격히 발달해왔고, 앞으로도 많은 잠재력이 있다는 점은 사실이다. 왜 인공지능이 최근에 급격히 발달하고 갑자기 기대가 커지게 되었는지를 살펴보자. 그 중심에는 '딥 러닝'이 있다.

컴퓨터의 인공지능 개념은 20세기 중반부터 있었고, '인공신경망' 개념도 그즈음부터 있었다. 딥 러닝이란 인공신경망의 계층(레이어)을 매우 많이 늘려서 '딥(deep)'하게 만든 것이다. 간단하게 설명하면, 딥 러닝은 머신러닝의 일종인데, 머신러닝은 기계가 어떤 능력을 스스로 학습

한다는 것을 의미한다. 딥 러닝은 인공신경망을 통해 수많은 데이터를 기초 자료로 해서 판단 능력을 점차 개선시켜간다. 예를 들어 고양이 사진 수 만 장을 보여주면서 이것이 고양이라고 알려주면 인공신경망 내부에서는 그 특징을 판단하는 세부적인 기제들이 시행착오를 통해 계속 개선되어 가면서 판단 능력을 높여가게 된다. 그러면 나중에는 기계(AI)가 전에 보지 못한 새로운 고양이 사진을 보았을 때 그것이 고양이라고 인식하게 된다. 개와 고양이를 구별하는 것이 초기에 이루어진 유명한 작업이었다. 이러한 딥 러닝의 능력은 손 글씨를 인식하기, 사물 인식하기, 말소리 인식하기 등 다양한 기술로 발전했다. 알파고가 엄청나게 바둑을 잘 둘 수 있는 이유는 수많은 실제 바둑 데이터(고수들의 데이터)로 인공신경망을 훈련시켜서 바둑을 두는 능력을 향상시켰기 때문이다.

2010년대부터 딥 러닝 기술이 급격히 발달하고 그로 인해 인공지능의 발달과 기대가 커진 이유는, 그 시기부터 '막대한 데이터'를 모을 수 있었고, 동시에 그것을 저장하고 빠르게 처리할 수 있는 하드웨어와 소프트웨어가 생겼기 때문이다. 구글 같은 회사에서 인터넷을 통해 엄청난 데이터를 축적하게 되었고, 관련 기술의 발달로 딥 러닝이 실제로 좋은 성과를 낼 수 있었다. 이렇게 현재 인공지능의 정수인 딥 러닝이 발달하려면 몇 장의 사진, 바둑 몇 판 같은 적은 데이터로는 안 된다. 신기하게도 어린아이에게는 개 몇 마리, 고양이 몇 마리를 보여주고 개와 고양이라고 알려주면 금방 개와 고양이를 인식하고 구분하게 되지만, 인공지능이 쓸 만할 정도의 능력을 가지려면 엄청난 양의 자료로 학습시켜야 한다. 그리고 각각의 자료에 이것이 개고 이것이 고양이라고 꼬리표를 붙여서 알려주거나, 혹은 인간이 나중에 개입해서 개와 고양이라고 올바르게 판단하도록 조정시켜줘야 한다.

그런데 단지 양의 차이일 뿐, 이러한 학습 방법은 인간의 방식과 기본적으로 크게 다를 바 없어 보인다. 인간도 단어를 익힐 때 어른이 '이것이 탁자고 저것은 침대다' 이렇게 알려주게 되고 그러한 사례와 결과 값의 입력을 통해 학습하기는 마찬가지다. 필요한 양의 차이를 빠르게 모으고 처리하는 기술로 극복한다면 인간처럼 학습하는 것과 다를 바 없어 보이고, 그리고 기술이 더 발달한다면 알파고처럼 인간보다 더 뛰어난 어떤 능력을 가지게 될 것이다. 다양한 분야에서 인간보다 더 뛰어나고 인간을 대체하는 능력을 가지게 될 것이라는 생각에, 곧 인공지능이 인간 직업의 대부분을 대체할 것이라는 예상도 나온다. 인공지능의 발달로 줄어드는 직장도 있을 것이고, 영향이 거의 없는 직장, 직업도 있다. 그러면 인공지능이 할 수 있는 일이란 무엇인지 살펴보자.

사실 인공지능은 '추측기계'이다. 여기서 추측이란 불확실성을 안고 있는 것으로서, '예측'과 비슷한 의미이다. 단순한 전자계산기가 인간보다 계산을 더 잘해도 '인공지능'으로 불리지 않는 이유는, 그 계산이 불확실성의 추측이 아니라 너무 확실하기 때문이다. '추측', '예측'은 그보다 더 고차원적이고 어려운 능력이다. 그런데 우리는 어떤 추측을 매우 잘하기도 한다. 우리가 처음 보는 한 동물을 '개'라고 생각하는 것은 사실 추측이다. 타인의 말을 듣고 이해하는 것도 추측이고, 외국어로 번역하는 것도 추측이고, 운전을 하는 것도 추측이다. 인공지능이 발달한다는 것은 추측능력을 높이는 것이다. 인공지능은 추측하는 기술이기 때문에 '확률적인' 결과 값을 내놓는다. 그 맞추는 확률을 높이는 것이 핵심이다.

과거의 수많은 데이터를 토대로 앞으로의 날씨가 어떻게 바뀔지를 예측하는 기계는 인공지능을 가지고 있다. 그처럼 우리는 인공지능의 추측 능력의 도움을 받을 수 있고, 지금 실제로 많이 이루어지고 있다. 유튜브에서 추천 동영상 목록이 뜨는 것도 인공지능의 추측이다.

미래에 만약 인간의 직장과 직업에서 인공지능에 의해 밀려나는 부분이 있다면, 그것은 인간의 추측 능력이 인공지능에 비해 떨어지거나 다를 바 없는 분야일 것이다. 그것은 무엇일까? 전자계산기가 계산원의 도구로 이용되는 것처럼 먼저 인공지능은 보조적 수단으로 추가되어 사용될 것이다. 그런데 사실 현재 대부분의 사람들은 직장에서 단지 한 가지 추측 작업만 하고 있지 않다. 사람들은 단지 '일'을 하고 있는데 그것을 뜯어보면 수많은 추측 작업이 함께 이루어지고 있다. 그래서 계산기처럼 일부의 일을 대신해주고 덜어주기는 하겠지만, 한 사람이 수행하는 다양한 작업을 모두 대신해주는 인공지능이 나타나는 것은 매우 어려운 일이다.

인공지능과 기계는 인간이 어려운 어떤 일은 쉽게 할 수 있는 반면, 쉽게 하는 일은 어렵다. 특히 막대한 계산처럼 인간이 엄두를 내지 못하는 일은 비교적 쉽게 할 수 있다.

어려운 추측이 가능할 수 있다는 점으로 인해, 인공지능의 추측 능력을 높여서 주식 투자 예측을 잘 하는 것도 가능할지 모른다. 실제로 지금도 어느 정도 활용되고 있다. 더 나아가 인공지능의 능력이 극도로 발달한다면, 어쩌면 자신이 현 상황에서 어떻게 하는 것이 현명할지를 사소한 일부터 큰일까지 물어볼 수 있는 '궁극적 AI 현자'를 상상해 볼 수 있다. 그러나 이러한 추측들은 결과 값까지 포함한 막대한 데이터가 딥 러닝에 입력되어야 한다. 문제는 우리가 바라는 것은 '바로 이 상황'에서 가장 좋은 결정을 하는 것인데, 바로 이 상황과 비슷한 상황(환경 포함)의 예는 너무나 적다는 것이다. 어쩌면 처음 있는 상황인지도 모른다. 그에 비해 날씨 상태는 조건들이 뚜렷하고 오히려 훨씬 단순하고, 데이터 축적도 많이 되어 있다.

지금도 인공지능이 노래를 작곡할 수 있고 소설도 쓸 수 있지만, 중요한 것은 그것이 훌륭한 작품이 될 것이라는 '추측'(예측)을 잘 했는가이다. 훌륭한 작품이 아니라면 쓸모가 없다. 어쩌면 그러한 추측능력이 있는 인공지능이 나타날지도 모른다. 하지만 결론적으로, 인공지능은 보조적 도구이다.

Ø

인간 같은 기계, 인간 같은 인공지능이 불가능하다고 말하면, 사람들은 한편으로 아쉬워하기도 하면서 화를 낼 수도 있다. 우리는 은근히 그런 것이 나타나기를 원하기도 한다. 그러한 꿈은 일을 대신해주는 노예 같은 것이 있으면 편할 것이라는 욕구의 연장선상에 있다. 이제는 인간이 다른 인간을 노예로 부릴 수 없지만, 인간의 역할을 똑같이 하는 '기계 노예'가 대량으로 생기면 인간은 편하게 놀고먹기만 할 수 있다고 생각할 수 있다. 자율주행자동차가 생기면 좋은 이유는 불평 하나 없이 쉴 새 없이 일하는 운전기사를 두는 것과 같은 효과이기 때문이다. 그런데 만약 인간 같은 인공지능이 나타난다면, 영화에서 보는 것처럼 분명히 언젠가는 그들이 노예의 신분에 불만을 가지고 반란을 일으킬 것이다. 그리고 〈터미네이터〉 영화처럼 인류는 멸망에 근접하는 커다란 불행에 직면하게 될 것이다. 그런데 다행히도, 그런 인공지능은 나타나지 않는다. 내가 이번 장에서 전하는 내용은 기쁜 소식이다.

일단, 기계가 인간의 사고방식과 행동방식을 똑같이 하기 위해서는 물질이 다르다고 할지라도 내부의 '기능적인 시스템'이 같아질 수 있어야 한다. 그런데 엄밀히 따져보면 그것이 불가능하다. 간단히 말해서, 컴퓨터는 '디지털 시스템'으로 작동하는 반면에, 인간의 뇌는 '화학적 시스템'으로 작동한다. 앨런 튜링 등 초기의 컴퓨터 과학자들은 컴퓨터의 작동 방식이 재질과 상관없이 '기능'을 구현하는 데 있다는데 착안하여 인간의 사고의 모든 기능을 똑같이 구현할 수 있을 것이라고 예상했다. 그런데 뇌의 화학적 시스템과 컴퓨터는 단지 재질의 차이가 아니다. 구현할 수 없는 기능적 차이다. 어떤 입력이 들어왔을 때 어떤 타이밍에 어떤 출력이 나타날지의 방식을 똑같이 만들 수 없다.

그런데 추상적으로 봐서 인간 정신의 실체를 '정보'와 같은 것으로 볼 수도 있고, 정보는 모두 디지털화 시킬 수 있고, 디지털 기기에서 구현할 수 있으므로, 디지털 기기, 즉 컴퓨터가 발달하면 인간의 정신과 똑같은 것을 만드는 것도 가능하다는 생각할 수도 있다.

그러나 인간의 정신이 실체적으로 정보와 다를 바 없다는 생각은, 시간적 변화 양상을 제외한 상태 즉 '정지된 상태'를 가정한 것이다. 살아있는 인간의 정신은 정지된 상태가 아니다. 정지된 인간/정지된 나는, 인간/나와 같은 것이 아니다. 그래서 필요한 것은 '동역학'을 동일하게 구현한다는 일인데, 여기서 문제는 '디지털의 동역학이 살아있는 생물, 뇌의 동역학과 같을 수 있을까?'하는 의문이다.

뇌의 뉴런(뇌세포)들이 연결되는 시냅스 부위는 완전히 붙어서 연결된 것이 아니라, 작은 틈이 있다. 그 사이로 여러 가지 신경전달물질이 분비되어 떠다니다가 다른 뉴런과 결합하여 신호를 전달하는데, 이 과정은 화학적이다. 이 과정의 동역학에 카오스와 양자역학에 따른 비결정성이 있는데 반해, 디지털은 결정론적이다. 그 뿐 아니라, 뇌는 열역학 원리에 의해 '비가역성'(과거 상태로 되돌아갈 수 없음)을 가지는 반면에, 디지털 정보 시스템은 단지 수학적 계산에 따르므로 가역적이다. 인간의 정신은 이러한 화학적 시스템으로 인해 생겨나고, 인공지능은 디지털 시스템으로 인해 생겨난다. 딥 러닝이 아무리 '인공신경망'이라는 이름으로 불린다고 해도 실제 동역학은 디지털이다.

여기서 우리가 알 수 있는 것은, '정신의 컴퓨터로의 업로드'가 불가능하다는 것이다. 영화 〈트랜센던스〉를 보면 한 사람의 정신이 컴퓨터에 업로드되어 살아가는 장면이 나온다. 그러한 상상 속에서는 우리가 정신을 컴퓨터에 업로드하면 인간의 뇌와 달리 그 정신은 썩지 않으므로 죽지 않고 영생하는 것도 가능할 것 같다. 그러나 그것은 불가능하다. 앞에서 말한 것처럼 정신을 정지시켜 한 순간의 정신은 어쩌면 모두 정보로 만들 수 있고 그것을 디지털화 시켜서 업로드 시키는 것은 가능할지 모른다. 그러나 그것은 단지 나의 사진(X레이 등)을 찍어서 보관하는 것과 다를 바 없을 뿐, 그것과 우리의 정신이 컴퓨터에서 정상적으로 작동하는 것은 전혀 다른 이야기이다. 우리의 정신은 뇌의 화학적 시스템에서 정상적으로 작동하기 때문이다. 요약하면, 정신이 한 순간에 정보와 같더라도 정보가 이후에 다른 정보로 이행되는 방식이 컴퓨터와 다르다.

다음으로, 인간과 다르다 할지라도, '외계인' 비유처럼 어떤 독자적 의식 같은 것을 가지고 인간에 반항할 수 있지 않는가 하는 문제다.

인공지능은 위험을 낳을 수 있다. 종종 버그를 일으키기기도 하고, 살인 로봇을 만들어서 전쟁에 투입할 수도 있다. 사실 전투 로봇의 오남용과 버그는 지금도 일어나고 있는 문제다. 그런데 아마 우리가 크게 걱정하는 것은 그런 차원이 아니라 인공지능이 어떤 독자적인 의식을 가지고 반란을 일으키는 경우로 보인다. 그런데 결론적으로 그것은 불필요한 두려움이다. 다만 버그와 컴퓨터바이러스, 인공지능의 오남용만 주의하면 된다.

왜냐하면 인공지능은 '욕구'가 없기 때문이다. 인공지능이 스스로 어떤 것을 지향하고, 어떤 것을 바란다고 (스피커를 통해) 말할 수도 있다. 그런데 그것은 어떤 독자적 욕구가 있기 때문이 아니라, 인간이 인위적으로 만든 것이다. 가정용 로봇청소기는 배터리가 거의 바닥에 이르면 스스로 충전 장소로 가서 배터리를 충전시킨다. 그것은 로봇청소기의 욕구일까? '욕구'라는 것은 언어적 개념이고 다양하게 해석될 수 있기 때문에 욕구라고 보는 사람도 있을 것이다. 그러나 사실은 로봇청소기의 욕구가 아니라, 그것을 만든 사람의 욕구이다. 로봇청소기를 만든 사람이 배터리를 스스로 충전하는 게 좋겠다고 의도하고 그렇게 만든 것뿐이다.

진정으로 욕구를 가지는 개체가 되려면, 인간과 동물처럼 원래 주어진 것, 원래 존재하는 욕구가 있어야 한다. 적어도 그것이 있어야 그것이 확장, 변형되어 다른 욕구도 나타난다. 그런데 인공지능은 생물이 아니고 원래 아무것도 없었다. 컴퓨터가 개와 고양이를 구분하기 위해서는 엄청난 노력을 해야 하지만 사람은 쉽게 구분할 수 있는 이유는, 사람은 원래부터 어떤 완성된 체계를 DNA로 물려받아 태어나기 때문이다. 거기에 욕구도 포함되어 있다. 반면에 인공지능은 말 그대로 처음부터 근본적으로 '인공'이다. 이것이 우리가 만들지 않은 외계인과의 차이이다. 인공지능과 달리 외계인은 원래 욕구가 있었다. 그러므로 외계인에 비유할 수 없다.

인간은 이미 그렇게 있는 것이기 때문에 우리는 한 아이가 커서 코끼리로 변할지, 눈에서 레이저빔이 나오지 않을지 걱정하지 않는다. 반면에 인공지능은 무한대로 다양한 것이 가능하지만, 인간이 처음에 의도적으로 세팅한 것이다. 무한대가 가능한 이유는 '무'였기 때문이다. 무에서 유를 만들어야 하기 때문에 인공지능을 쓸모 있게 만드는 게 어려운 일이다. 추측기계인 인공지능이 현실에 맞게 추측(예측)한다는 것은 모두 인위적이다. 현실에 맞게 추측하지 못하는 것은 수준 낮은 엉터리이므로 인공지능 축에도 못 낀다. 그래서 인공지능의 지향적 행동은 설령 관찰자가 예상하지 못한 것이라고 하더라도 인공지능의 욕구가 아니라 인간의 욕구의 확장이거나 버그일 뿐이다.

그런데 우리는 종종 어떤 인공지능을 사람처럼 대하거나 그러한 감정을 느낄 수도 있다. 영화 〈Her〉에서는 여성 목소리의 인공지능을 사랑하게 되는 남성이 등장한다. 그런 '느낌'을 가질 수 있다는 점으로 인해, 인공지능이 어떤 독자적인 의식의 행위자라고 볼 필요는 전혀 없다. 그러한 감정은 마치 인간이 정교하게 그려진 그림을 보고 실재 같다고 느끼는 것처럼 일종의 착각이다. 그것이 착각임을 알면서도 그런 감정을 가질 수도 있다. 그림의 떡을 보고 군침을 흘릴 수 있지만, 그것이 실제 떡은 아니다. 어떤 사람(오타쿠)은 한 애니메이션 여성 캐릭터를 너무 좋아해서 그 캐릭터가 그려진 대형 베개를 애인처럼 안고 다니고, 심지어

230

그 캐릭터와 실제 결혼식을 올리기도 했다. 그처럼 종종 우리는 별것 아닌 것도 마치 생물이나 인간처럼 대할 수 있다. 몇몇이 그렇게 한다고 해서 그것을 생물이나 의식적 행위자의 대열로 공식적으로 인정해야 하는 것은 아니다. 그리고 그들도 그것이 아님을 알 수 있을 것이다.

Ø

인공지능 분야 뿐 아니라 철학의 오래된 주제, 자유의지(free will)의 문제에 대해 살펴보자. 나는 박사학위 논문을 이 주제로 썼기 때문에 이 분야가 세부적으로 진짜 나의 전공에 가깝다. 다만 인공지능에 관한 문제라기보다는 주로 인간에게 자유의지가 존재하는지, 어떻게 작동하는지의 주제였다. 자유의지는 운명론과 관련이 많아서 꽤 많은 사람들이 관심 있는 주제이기 때문에 이 책을 계획하면서 하나의 장으로 쓰려고 했는데, 너무 학술적인 이야기가 나올 것 같아서 인공지능과 연계시켜서 짧게 보충하기로 변경했다(그래도 어렵다고 느낄지 염려된다).

철학과 인지과학에서 자유의지의 문제는 크게 두 가지 항목으로 구성되어 있다. 첫째는 동일한 과거 조건에서 '다른 생각이나 행동'이 가능한가이고, 둘째는 '도덕적 책임'을 가지는가이다.

첫 번째를 조금 더 설명하면, 만약 과거 조건이 동일할 때 다른 것이 나올 수 없고, 한 가지만 나온다면 그것은 다르게 할 자유가 없는 것이고, 인생이 하나로 고정되어 버린 것이다. 그러면 미래도 정해져 있는, 완전한 운명론이 된다. 내가 의도한 대로 이루어지더라도 그것도 사실 정해져 있던 것이다. 진정한 자유의지가 있으려면 그것이 아니고 운명론을 깨야 한다. 다만 그러한 '궁극적 자유'까지는 필요 없고 의도대로 이루어질 수 있다면 자유의지가 있다고 볼 수 있다는 주장도 있다.

두 번째도 매우 중요하다. 어쩌면 실제적 사회 문제와 관련해서는 더 중요하다. 만약 다르게 할 수 없고 이미 정해져 있는 것이라면, 과연 그 사람에게 도덕적 책임을 물을 수 있는가가 의문시된다. 이에 대해서는 다르게 할 수 있기 때문에 도덕적 책임이 있다는 주장과 다르게 할 수 없기 때문에 도덕적 책임이 없다(혹은 매우 약하다)는 주장, 그리고 다르게 할 수 없어도 도덕적 책임이 있다는 주장이 있다. 그런데 대체로 가장 많이 지지받는 것은 세 번째 주장이다. 즉, 다르게 할 수 있는지 없는지는 확실치 않지만 설령 운명으로 인해 다르게 할 수 없어도 잘못한 일이 있으면 도덕적 책임을 지는 것이 자연스럽다는 것이다. 운명이 있다면 잘못한 일에 비난과 처벌을 받는 것도 운명에 속할 것이다. 그런데 사실 운명이 없고 다르게 할 수 있다고 주장하는 사람들도 이 입장에는 찬성할 수 있고, 그래서 가장 많은 사람들이 지지한다.

그러면 인공지능은 자유의지를 가질 수 있을지를 생각해보자. 먼저 첫 번째 조건을 따져보자. 이것은 동일한 과거 조건에서 미래가 '결정되어 있는지'가 먼저 해결되어야 한다. 그런데 인간 뇌의 화학적 시스템에서는 앞에서 보았듯이 카오스와 양자역학으로 인해 비결정성이 개입한다. 즉 동일한 조건이라고 해도 미래가 어떻게 될지는 본질적으로 확률일 뿐 결코 완전히 알 수 없다. 이에 대해 어떤 이들은 단지 '우연' 같은 달라짐이 어떻게 자유 의지의 작용으로 볼 수 있는지 의문스럽다고 할 것이다. 그러나 일정부분 큰 틀에서 의식적인 제약을 두는 등 어떤 시스템에서는 의지와 우연의 융합이 가능하다. 그에 대해서는 여기서 자세히 다루지 않겠다. 그런데 인공지능의 디지털 시스템은 비결정적인 것이 아니라 결정론적이다. 그렇다면 동일한 과거 조건에서 다르게 할 수 있는 자유 의지는 없다고 보아야 할 것이다.

이것은 나의 초기 생각이었는데, 나중에 생각이 약간 바뀌었다. 디지털 시스템은 결정론적이라도, 인공지능에 양자역학 같은 우연적 작용을 부가해서 개입시키는 것은 가능하다. 화학적인 우연한 결과에서 정보를 얻어 활용하는 컴퓨터를 만들 수 있다. 게다가 양자역학을 이용한 양자컴퓨터도 있기 때문에, 우연이 개입하는(비결정론적인) 컴퓨터와 인공지능을 만들 수 있다. 뇌의 화학적 작용을 똑같이 하기는 어려워도 우연을 활용하는 것은 가능하고, 외부의 통제에서 벗어난 어떤 자율성을 가진 기계도 만들 수 있다.

사실 '자율성'(autonomy)을 가졌다고 하는 기계는 지금도 있다. 외부의 명령과 별개로 스스로 움직일수록 자율성이 있다고 하는데, 아마도 대부분 결정론적 시스템일 테지만, 만약 진정한 우연을 정밀하게 심어놓으면 정말로 자율성을 가진 기계가 나올 수도 있다. 그런데 기계 속에 작은 물리적 주사위를 던져서 인간에게 도움을 줄지 인간을 해칠지를 결정하는 기계가 있다면, 그 기계가 인간을 해칠 때 도덕적 책임은 누구에게 있는가? 그래도 도덕적 책임은 기계에게 물을 수 없다. 왜냐하면 그 기계를 그렇게 세팅해 놓은 것도 사람의 책임이고, 버그나 실수로 그렇게 되었더라도 사람의 책임이기 때문이다. 지금도 컴퓨터 바이러스와 전투 로봇은 인간에게 해를 끼친다.

자연스럽게 도덕적 책임의 문제로 넘어오게 되었다. 인간을 해치는 기계와 프로그램이 나온다면 그것은 모두 사람의 책임이지, 인공지능의 책임이 아니다. 그것은 개나 돼지에게 도덕적 책임을 잘 묻지 않는 것과도 같다. 과거 유럽에서는 한 때 동물에게도 인간처럼 책임을 물어 재판에 세우는 일도 있었다고 하는데, 지금은 상식적으로 동물이 사람을 물더라도 가두거나 도살할 뿐 '도덕적 책임'과는 무관해 보인다. 높은 위치로 가면 책임이 커지듯이(이걸 모르는 나쁜 고위급도 종종 있지만), 도덕적 책임을 가지려면 동물보다 높은 가치 혹은 지위가 있어야 한다. 하물며 생명도 아닌 인공지능이 도덕적 책임이 있을 리 만무하다.

설령 인공지능에 어떤 우연발생기까지 장착한다고 해도, 그것을 만드는 프로그램 설계도가 있고, 그것은 인간이 만든 것이다. 소프트웨어의 복제가 가능한 것처럼 인공지능은 복제가 가능한데, 그렇게 복제가 손쉬운 프로그램 상태인 것은 생명이 아니다. 마치 게임 안에 등장하는 캐릭터와 같다. 게임 안의 캐릭터는 생명이 아니기 때문에 우리가 죽여도 살인자가 되지 않고 죄책감도 느끼지 않는다. 그리고 게임 안의 캐릭터가 어떤 이상한 오류를 일으켜서 실제 인간에게 해를 끼치게 만들어도 그 캐릭터의 잘못이 아니다. 우리는 그러한 인공지능과 기계를 폐기할 것인데, 도덕적 책임에 따른 처벌이 아니다. 그 도덕적 책임은 만든 사람 혹은 관리한 사람에게 있다. 인공지능을 제거한다고 해서 죄책감을 느낀다면, 복제된 인공지능에게도 감사의 인사를 받아야 하는가? 세계에는 몇 명의 마리오와 쿠파(슈퍼마리오 게임의 악당)가 존재할까? 그처럼 인공지능은 개별적인 정체성이 없다. 그래서 생명이 아니고 도덕적 책임이 없다.

앞에서 보았듯이 인간은 설령 완전한 자율성을 갖지 못해도 도덕적 책임을 지게 된다. 그것이 사법부를 비롯한 주류의 생각이다. 그런데 흥미롭게도 인공지능은 완전한 자율성을 갖더라도 도덕적 책임이 없다.

다만 '자율성'을 이해하는 방식은 다를 수 있다. 자율성이 도덕적 책임이 있음을 함의하는 개념이라면, 혹은 개별적 정체성이 필요한 개념이라면, 그 개념에서 인공지능은 완전한 자율성을 결코 갖지 못할 것이다.

그리고 '자유의지'도 도덕적 책임과 개별적 정체성을 전제로 하는 개념일 수 있다. 인간이 그런 특징을 갖기 때문에 많은 이들은 자유의지를 그렇게 가정한다. 그렇다면 인공지능은 자유의지를 갖지 못할 것이다. 다만 그것이 '자유롭게' 행동할 수도 있지만(지금도 있을 수 있다) 개별적 정체성이 없고 타고난 근본적 욕구도 없으므로, 자유롭게 행동한다고 해서 인간이나 생명체 같은 자유의지를 가진다고 보기는 어렵다. 그래서 인간이 의도하지 않은 자유로운 행동이 나타나면 단지 '버그'로 보게 되는 것이다.

K씨는 이제까지 여러 차례의 사업에서 모두 실패했다. 그동안 그가 아이디어를 내고 계획을 세워서 사업을 시작할 때마다 이 사업은 분명히 성공할 것이라고 생각했지만, 결과는 모두 뜻대로 되지 않았다. 실패가 늘어갈수록 K씨는 자신의 생각에 대한 의심을 더 많이 해봐야겠다고 생각했다. 그리고 계속 자신의 생각을 스스로 비판하고 의심하는 횟수가 늘어갔다.

이러한 태도에 대해 생각해보자. 흥미롭게도 '자신에 대해 스스로 비판하기에 대한 비판하기'다. 사업 뿐 아니라 사소한 일들까지 많은 실패 사례로 이런 생각이 커지게 된다. 흔히 우리는 자신의 생각이 틀릴 수 있기 때문에 스스로 비판하고 의심하는 것이 좋다고 생각한다. 나는 앞에서 매너리즘을 깨기 위해서 익숙한 것을 의심해보라고 제안하기도 했다. 그리고 특히 서양 근대 철학에서는 의심과 회의가 매우 중요하다. 데카르트는 자신이 알고 있는 모든 것을 의심하고 나서 정말 확실한 것은

'내가 생각 한다'는 것밖에 없다고 말하기도 했다. 의심과 회의는 미신과 헛소문을 타파하고 과학 등 학문 발전의 원동력이 되어왔다.

그래서 스스로에 대한 의심이 장려되고 좋다고 할 수 있지만, 이제는 거기에만 매몰되어서는 안 된다. 자신에 대한 의심과 비판은 꼬리에 꼬리를 물고 이어지고, 어쩌면 신경쇠약과 분열적 상태에 이를 수 있다.

자신에 대해 의심하기가 좋다는 말이 절대적 진리는 아니다. 의심이 필요하기도 하지만, 자신의 생각을 믿을 필요도 있다. 그러면 어떻게 하라는 말인가? 이것은 어느 한 쪽이 진리가 아니다. 진리를 따라야 하는 문제가 아니라 '주체성'의 문제다.

재미있게도 (타인의 말과) 자신의 생각을 최대한 의심해보는 태도를 근대 서양에서는 '주체적'이라고 보기도 하고 반대로 자신의 생각을 믿고 밀어붙이는 태도를 '주체적'이라고 보기도 한다. 그래서 서양에서는 나르시시즘 혹은 자존감이 발달하기 좋은 문화가 있다. 둘 다 주체적인데, 둘은 모순적이다.

결론적으로 이 두 가지 태도를 선택하고 활용함이 '주체적'이 되어야 한다. 자신이 어떤 생각을 믿을지 의심할지를 결정해야 한다. 믿기만 하는 것이 진리가 아니듯 의심하기만 하는 것도 진리가 아니다. 어떻게 해야 한다는 진리적 규정이 없다. 자신이 어떤 생각을 믿었을 때 나중에 착각이었음이 밝혀질 수 있겠지만, 그렇더라도 믿음을 모두 없애서는 안 된다. 어떤 것은 믿어야 한다. 모든 것을 믿지 않으면 자아가 파괴될 것이다. 자아의 주체성은 자신이 어떤 것을 믿고 어떤 것은 의심할지를 자기 마음대로 결정할 수 있음으로 인해 확보된다. 우리는 그럴 자유가 있고, 그것은 주체성의 권리이기도 하다.

극단적 상대주의나 극단적 해체주의처럼 진리가 존재하지 않아서 마음대로 해도 된다는 게 아니다. 진리가 존재해도 본인의 생각은 본인이 선택한다. 다시 말해, 진리를 주관적으로 없애거나 바꿀 수 있다는 뜻이 아니라 '자신의 생각'을 자신의 권리에 의해 스스로 선택하고 믿을 뿐이다. 여기에는 나의 생각이 진리와 일치하지 않는다는 가정이 담겨있다. 그래도 나는 (확실치 않아도) 믿을 수 있다는 점이 중요하다.

그러면 "당신은 잘못된 것을 믿고 있어"라고 말하는 목소리에는 어떻게 반응해야 하나? 물론 당신이 알아서 할 일이다. 당신이 올바른 믿음을 가지고 싶다면 혹시나 하는 마음에 귀를 기울일 수 있을 것이다. 올바른 믿음은 당신에게 유익하다. 그렇다고 해서 의심만 하는 것도 바보이자 인생을 낭비하는 일이다. 모든 것을 의심한다면 마지막 희망까지 사라질 수 있다.

Ø

제목이 "매력이란 무엇인가"인데, 그와 관련이 적어보이는 이야기를 해서 아리송했을지도 모르겠다. 원래 나는 이 책의 마지막 장으로 자투리처럼 남은 몇 가지 다양한 소재를 모아서 쓰고, 제목을 "자유로운 마무리"처럼 지으려고 했다. 그런데 쓰다 보니, 자투리들 중에서 특히 강조하고 싶은 한 가지가 매력에 관한 것이었고, 제목을 이와 같이 바꾸게 되었다. 앞으로 제목과 관련 없어 보이는 내용이 또 나올 수 있다.

그런데 사실 앞에서 다룬 내용도 매력과 관련이 있다. 매력이 목적이라기보다는 그저 자신의 건강함과 주체성을 위한 내용이었지만, 정신적으로 어느 한쪽에 너무 편향되면 건강하지 못하기 때문에 매력도 떨어진다. 매력은 매우 다양한 요인들로 인해 발생하고, 매우 폭넓은 범위와 관련이 있다. 그래서 내가 이러한 제목을 넣어도 괜찮을 것이라고 생각했다. 여기서 말하는 매력은 이성을 끌어당기는 능력도 되지만, 성적인 것과 무관하게 폭넓은 타인들의 호감과 인기를 포함한다.

정신적으로 건강해지고 활력이 생기면 매력이 높아진다. 뿐만 아니라 지식을 많이 아는 것도 '뇌섹남'이라는 신조어에서 보듯이 매력을 높인다. 그래서 어찌 보면 이 책에 담긴 모든 내용이 매력을 높이는 법이라 볼 수도 있다. 그 뿐일까, 지식이 담겨있는 많은 책들, 어려운 책들도 독자의 매력을 높인다. 어려운 책, 전문 서적도 잘 이해하는 사람은 매력적이다. 자기개발서가 효과가 있다면 물론 매력을 높인다. 인공지능을 만드는 목적이 추측기계를 만드는 것으로 갈음할 수 있는 것처럼, 책을 쓰는 목적은 독자를 매력 있는 사람으로 만드는 것으로 봐도 된다. 다른 목적으로 쓸 수도 있겠지만, 책을 쓸 때 뭘 쓸지 모르겠으면 독자의 매력을 높이기 위한 목적을 가지면 좋을 것이다. 대충 다 맞아 떨어진다.

독서가 매력을 높이는 좋은 방법이라는 점은 잘 알려져 있기도 하고 그렇지 않기도 하다. 잘 알려져 있다고 보는 이유는, 과거부터 지금까지도 책 읽는 모습을 보여주면 그 자체로 약간 멋있어 보인다. 과거 조선시대부터 집에 책이 많음을 일부러 자랑하기도 하고, 심지어 많은 책이 그려진 병풍을 방 안에 펼쳐 놓기도 했다. 수십 년 전에도 그렇고 지금도 책을 들고 다닌다거나 독서가 취미라고 하면 멋있게 느껴지는 면이 있다. 왜 그런지 자세한 사항은 연구 대상이지만, 이것은 독서가 취미라거나 책을 좋아한다는 '행동'을 보여준 것이다. 즉 껍데기 같은 것이다. 껍데기가 나쁘다거나 없애야하는 건 아니다. 원래 '인기'는 포장과 껍데기에

239

서 많이 나온다. 껍데기는 포장뿐 아니라 음식에 쓰는 양념, 향신료에 비유할 수 있다. 포장과 내용이 다를 수 있다는 점이 문제이지, 포장은 내용물까지 안내하는 중요한 역할을 하기도 한다.

이러한 껍데기 방식을 제외하고 독서가 매력을 높이는 원리에 대해서는 잘 알려져 있지 않다. 아마도 '장기적으로', '느리게' 작용하기 때문일 것이다. 독서가 사고력을 높이고, 지적인 사람으로 만들고, 어려운 책도 이해할 수 있게 만들면 매력이 높아진다. 시, 소설 같은 경우는 특히 표현력 증가에 도움이 된다. 그리고 장기적으로 성공에 도움이 될 수 있으므로 성공으로 인한 매력도 증가할 것이다. 이것은 껍데기가 아니라 내용의 측면에서 작용한다. 요즘 사람들은 특히 인기와 매력에 관심이 많아졌다. 독서가 보여주기 같은 껍데기 뿐 아니라 내용적으로도 한 사람의 매력의 증가와 연관된다는 것을 사람들이 많이 알게 된다면 독서가 더 늘어날 것이다. 쉬운 책 뿐 아니라 어려운 책들도 더 많이 읽게 될 것이다. 다만 책은 너무 많아서 효율을 위해 어떤 책이 좋은지가 문제이다. 그래서 얼마 전부터 책 읽는 법, 책 고르는 법에 대한 책도 많이 나오는 것 같다.

독서 뿐 아니라 다방면의 공부나 내면의 실력 키우기도 마찬가지다. 최근에 신세대들 사이에서 '힘숨찐'이라는 말이 유행하고 있다. '힘을 숨긴 찐따'의 줄임말인데, 겉보기에 얼핏 매력 없어 보여도 내면에 숨겨진 강력한 힘과 매력이 있다는 뜻이다. 벌써 신세대들은 겉보기 매력을 넘어서 내면적 잠재력의 중요성까지 점차 감지하고 있는듯하다.

Ø

매력 있는 사람이란 다음과 같은 사람이다. 만약 그가 없어진다면, 단지 눈앞에서 사라진다기보다는 그가 없는 세상을 상상(사고실험)해 본다면, 사람들이 허전함과 아쉬움을 느끼게 될 것이다. 반면에 매력이 없는 사람은 그가 없어도 사람들이 별다른 감정이 생기지 않거나 오히려 개운해진다. 다만 매력은 성격처럼 깊이 담겨있고 변화가 어려운 성향이라기보다는 좀 더 표면적 부분에 있다. 그래서 환경과 시절에 따라 달라질 수 있고 만들어낼 수 있다.

이 책의 곳곳에서 매력에 대해 어느 정도 다루었는데, 그 부분을 더 추가하고 확장해보자. 1장에서는 독특함이 매력이 될 수 있음을 설명했다. 우리는 본능적으로 독특함에서 매력을 느낄 수 있다. 하지만 독특함의 내용은 무한대로 다양하기 때문에, 어떤 독특함을 가지느냐가 문제이다. 쉽게 생각하면, 타인에게 불쾌감을 주는 독특함은 가지지 않는 게 좋다고 생각할 수 있다. 그러나 이것도 애매하고 정답은 아니다. 독특한 것의 상당수는 어떤 사람들에게 불쾌감을 주기도 하고, 그 불쾌감이 시대 상황에 따라 바뀌기도 한다. 오타쿠는 불쾌감을 줄 수 있지만, 이제는 키덜트나 오타쿠, 덕질을 드러내도 괜찮은 시대가 되었다. 그래서 불쾌감/호감 같은 기준은 애매하고 함부로 예단하기 어렵다.

한 가지 특징으로 제안할 수 있는 것은, 타인을 따라하는 것이 아닌 '주체적인 것' 혹은 '개성 있는 것'이 좋다는 것이다. 독특한 것도 타인을 따라서 할 수 있는데, 차라리 표면적 부분을 잠시 따라하는 것은 괜찮다. 그리고 따라함을 '편집'해서 재창조할 수도 있다. 문제는 주체성이 없어서 계속 따라 하기만 하고, 따라하는 대상이 계속 바뀐다는 것이다.

그것은 개성이 없는 것이다. 한마디로 독특함에는 개성이 있으면 좋은데, 개성은 어떤 자신만의 고집, 취향에서 나온다.

최근에 내가 한 독특한 일을 하나 소개해보겠다. 작년 가을에《자유와 시장》이라는 학회지에서 나에게 논문을 투고해달라는 제안이 왔다. 그 학회는 '자유주의'에 친화적인 이념을 가지고 있는데, 정치적 이유도 작용했는지 모르겠지만 논문 투고가 적었고, 논문 심사도 엄격하지 않아서 등재지에 올라가지 못했다. 등재지가 아닌 곳에 실린 논문은 교수 임용이나 임용 연장, 박사학위 취득에 필요한 실적이 되는 크레딧(credit)을 받지 못한다. 그러한 이득이 없기 때문에 상식적으로 논문 투고가 생기기가 어렵다. 그런데 나는 굉장히 열심히 제대로 된 형식으로 논문을 써서 보냈다. 제목은 〈동양의 문명과 철학에 담긴 자유주의〉였다. 나는 교수가 되는 것이 중요하지 않으므로 크레딧은 별로 상관이 없었다. 중요한 것은 그 논문을 누군가가 읽을 것이고, 그 내용이 알려지는 것이다. 그래서 최대한 훌륭하게 써야 한다고 생각했다. 유명하지 않은 저널에 좋은 논문이 없으라는 법은 없다.

앞서 '마음의 문을 여는 법'에서는 마음의 문이 열리면 매력이 증가함을 설명했었다. 마음의 문을 여는 법은 간단히 말해, 타인이 마음대로 나에게 접근할 수 있음을 인정하는 것이다. 그것은 타인의 자유를 인정하는 것이다. 이렇게 타인이 자유로워도 된다는 자세를 취하면 타인이 자신에 대한 호감을 느끼게 되고, 그것은 매력이 된다.

매력은 대체로 자신보다 높은 상대에게서 느껴지는 것도 아니고 자신보다 낮은 상대에게서 느껴지는 것도 아니다. 주로 매력은 자신과 동등한 상대, 친구로 삼을 수 있는 상대에게서 느껴진다. 자신보다 높다면 조심스럽고 어렵게 느껴지고, 낮다면 무시할 수 있게 되어서 별다른 감흥이 느껴지지 않는다. 다만 여성이 남성에게 성적인 매력을 느끼는 경우에는 자신보다 높은 상대에게서 큰 매력을 느끼기도 하는데(진화심리학의 조사 결과), 그것은 남성의 사회적 성취 때문이지, 자신에게 직접적으로 높은 태도를 취하는 것과는 거의 관련이 없다.

타인에게 자유를 주면 타인의 지위가 상승하게 되고 상대적으로 나의 지위에 손상을 입는다는 생각이 있을지 모르는데, 그렇지 않다. 그것은 높은 지위를 가진 사람일수록 자유가 많을 것이라는 생각에서 비롯되었을 텐데, 그것은 단지 지위에 따른 파생적 이익일 뿐이고 지위가 높아지면 제약도 많아진다. 오히려 권력에 관한 장에서 설명했듯이 '타인이 뭘 해도 상관없다'는 생각이 타인의 권력을 줄인다. 즉 타인의 자유를 허락하는 태도가 타인을 나보다 권력적으로 높은 지위에서 내려오게 함으로써 자신과 동등해지게 만드는 것이다.

그런데 요즘은 매력과 인기가 권력과 지위를 만드는 중요한 요인이 되고 있다. 그런 측면에서 높은 지위를 얻기 위해서 동등해지는 것이 좋다는, 이상한 말 같지만 이해할 수 있는 원리가 있다. 그것은 실제 정치 현장에서 사용되고 있다. 예를 들어 유권자들을 '동무', '동지'라고 불러보라.

매력의 한 가지 독특한 특징은 의외로 첫인상이나 초기 조건이 중요하지 않다는 것이다. 그보다는 '지속력'이 더 중요하다. 처음에는 이상하거나 불쾌하게 느껴졌던 상대가 나중에 계속 생각나고 끌리게 되는 경우가 있는데, 이것은 매력이라고 부를 수밖에 없다. 이러한 매력을 형상으로 구현하면 '갈고리(hook)'와 같다. '후크송'은 처음에는 이상하게 들릴지 몰라도 계속 생각나는 매력을 지닌 노래다. 옷이나 신발에 있는 벨크로는 작은 갈고리들이 있어서 잘 떨어지지 않는다. 그처럼 쉽게 떨어지지 않도록 갈고리로 걸어서 지속력을 가지면 매력이 증가한다. 물론 그러한 후크를 어떻게 만들지는 별개의 과제다. 흔히 매력이 처음부터 자석처럼 끌리는 것이라고 생각하기 쉬운데, 초기의 끌어들임보다 이후의 떨어지지 않음이 더 중요할 수 있다.

Ø

소크라테스는 "너 자신을 알라"라는 명언을 남긴 사람으로 유명하다. 사실 소크라테스가 정확히 이 말을 한 장본인은 아니고, 그 전부터 고대 그리스 아폴론 신전의 기둥에 적혀 있던 말이었다. 다만 소크라테스의 행적과 철학으로 비추어보아 이 말의 의미가 적용되어도 무리는 없다. 소크라테스는 대화를 통해 상대방이 얼마나 무지한지를 스스로 깨닫게 해줬다. 즉 잘못 알고 있는 것을 잘 알고 있다고 하는 착각에서 깨어나게 해 주었다.

'너 자신을 알라'는 '나는 누구인가'라는 질문과 유사해 보인다. 이것은 철학적으로 매우 중요한 질문이자 흔한 고민거리 중 하나이다. 다만 소크라테스의 활약이 주로 지식과 진리에 관련된 오해를 푸는 것이었다면, 그것 이외에 남아있는 '실존하는 나 자신'에 대해 아는 문제가 있다. 나에 대해 잘 알지 못하면 세상에 잘 적응하기 어렵고, 허황된 생각에 빠지기 쉬울 것이다. 나에 대해 잘 안다면 세상에 적응하고 미래의 계획을 세우기에 유리할 것이다.

나 자신에 대해 알기 쉬운 부분이 있고, 알기 어려운 부분이 있다.

비교적 잘 알 수 있는 부분은 나의 사회적 위치, 소속, 재산, 외모, 그리고 나의 취미, 취향, 성격(MBTI 등), IQ, 운동 능력 같은 것들이다. 그것도 변화하고 측정의 오류나 방식의 문제가 있을 수 있지만, 비교적 쉽게 알 수 있는 것들이다. 그것만으로는 부족하다. 더 많이 자신을 알면 좋을 것이다. 앞에서 다룬 자기객관화도 자신을 아는 방법의 일종인데, 그것은 동시대 사람들의 인식에 기반을 두므로 일부분에 불과하다.

자신의 능력이나 재능은 나의 중요한 부분이지만, 잠재적이기 때문에 잘 알기 어려운 점이 많다. 능력과 재능은 자신이 뭘 잘하고 뭘 못하는지를 알려주므로, 그것을 아는 것은 잘 살아가는데 큰 도움이 된다. 그중에서도 어떤 것들은 알기 쉽다. 내가 운동 능력이 얼마나 되는지는 운동장과 헬스장에서 운동을 해보면 쉽게 알 수 있다. 노래 실력이 얼마나 되는지도 노래를 불러보면 비교적 쉽게 알 수 있다. 공부 능력도 비교적 알기 쉽다. 그런데 흔히 잘 알지 못하는 부분이 있고, 그로 인해 삶의 고뇌가 커진다.

내가 취미로 사주를 공부하면서 흥미로운 교훈 하나를 얻었다. 사주명리학에 따르면, 사람은 자신에게 결핍된 부분을 오히려 심리적으로 더 바라는 경향이 있다고 한다. 사주에서 오행(五行)의 결핍으로 표현되는 부분은 현실에서 어떤 것을 이루거나 소유할 수 있는 능력, 재능의 결핍이 된다. 결핍된 능력으로 인해 실제로 이루기 어렵지만, 오히려 더 강렬하게 이루기를 바란다. 그런데 강렬하게 이루기를 바란다고 해서 이룰 수 있는 것은 아니다. 능력과 재능이 다른 사람에 비해서 부족하기 때문이다.

나는 실제로도 그러할 것이라고 생각했다. 결핍될수록 더 강렬하게 원하는 경우는 흔하게 볼 수 있다. 우리가 햄버거와 짜장면에 대한 판타지와 같은 강렬한 욕망을 갖지 않는 이유는 언제든지 쉽게 먹을 수 있다고 생각하기 때문이다. 그러나 영화 〈김씨표류기〉에서처럼 무인도에 갇혀서 먹기 힘든 상태(능력)일 때는 그에 대한 판타지를 갖게 된다. 여기서 우리는 그 능력에 환경적 조건까지도 포함됨을 알 수 있다. 우리는 내적 능력 뿐 아니라 환경적 조건(외적 능력)이 어떤지도 잘 모를 수 있다.

흔히 우리는 어떤 능력이 자신에게 없다면 그 분야를 포기하고 다른 능력에 관한 일을 찾게 될 것이라고 생각한다. 예를 들어 운동능력, 노래 실력, 공부하는 능력이나 재능이 부족하면 그것에 집착하지 않고 다른 일을 찾게 된다. 그런데 그런 것들은 쉽게 알 수 있는 능력과 재능이다. 그렇게 간단 명확하고 빠르게 판명되는 능력이 아닌 경우에, 우리는 그 능력과 재능의 부족을 잘 인지하지 못한다. 그래서 우리는 타인이 이루는 것을 보고 '나도 할 수 있다'라고 생각할 수 있다. 그래서 계획하고 시도했는데 능력 부족으로 이루기 어렵게 되었다면 우리는 어떻게 반응할까. 때로는 포기하는 것이 아니라 더 강렬하게 바라게 되기도 한다. 그것은 성적 판타지, 돈의 판타지, 지위의 판타지 등 다양한 판타지 같은 상상의 욕구로 나타난다.

그래서 거꾸로 추론해볼 수 있다. 어떤 것을 매우 강렬하게 원한다면, 오히려 그것을 이룰 '능력'이 다른 사람들에 비해 부족한 상태일 수 있다. 강렬하게 바라는 데 오히려 이루어질 확률은 적으니, 야속한 현실이다. 이것이 자신을 아는 한 가지 방법이다.

그러나 개선할 수 있는 방법도 있다. 쓸데없는 강렬한 욕망을 다스려 줄이고, 자신의 그에 관한 '능력'을 개발하는 것이다. 엄밀히 말해 '그 상태에서' 능력이 부족한 것이다. 그리고 능력은 개발될 수 있다. 예를 들어 짜릿한 연애를 하고 싶다는 판타지가 강하다면, 그 연애에 필요한 자신의 능력의 부족을 점검하고 키워야 한다. 강렬한 욕망을 줄이고 능력을 키우는 것이 현실적으로 유익하다.

맺음말

이제 여정을 마무리 지을 때다. 여러 주제들이 옴니버스식으로 구성되어 있었던 이유는 오랜 기간에 걸쳐 모아놓았던 다양한 관심사의 메모들을 정리하고 독자들과 나누고 싶었기 때문이다. 그런데 매 장을 쓸 때마다 새로 시작하는 기분으로 써야 했기 때문에 이제까지 썼던 어떠한 책보다도 집필하기 까다로웠다는 소감이 든다.

우리가 독특함에 호감을 가지는 본능이 있음을 뒷받침하는 최근의 연구 하나를 소개해 본다. 2020년에 발표된 한 생물학 논문은 집단과 다르게 개별적 행동을 보이는 '외톨이'(loner)가 필요한 이유에 대해 설명함으로써 여러 미디어에 소개되기도 했다. 페르난도 로신(Fernando Rossine) 등의 연구자들은 흔히 집단으로 뭉치는 어떤 곰팡이류에서 언제나 따로 떨어져 생활하는 몇몇 개체들이 나타난다는 것을 발견했는데, 그 외톨이들은 경쟁에서 밀린 것이 아니며, 개체의 경쟁력에서는 전혀 문제가 없었다.

외톨이의 존재는 전체 그룹에서 적어도 미래를 대비한 분산투자로 작용한다. 그 논문은 생물군에서 외톨이가 생기는 이유는 진화과정에서 집단의 생존과 번성에 더 도움이 되기 때문이고, 그것은 오히려 '집단적으로 바라는 일'이라고 보았다. 그런데 이 연구 내용을 이렇게 책의 마지막 구석으로 중요하지 않다는 듯이 넣은 이유는, 진화상의 이점이라든지 집단의 생존과 번성 같은 개인의 실존에서 너무 떨어진 이야기는 가급적 줄이고 싶었기 때문이다.

나는 주로 자기 자신이 현재 처한 상황을 개선하거나 고민을 해결해주는 이야기를 하려고 했다. 이 책이 누군가에게는 치유의 계기가 되면 좋겠다.

본문에서 자유의지와 사주명리학을 언급했기 때문에, 누군가는 이런 질문을 하게 될 것이다. 과연 정해진 미래, 즉 '운명은 있는가'의 문제이다. 나는 오랫동안 단호하게 '운명은 없다'고 생각해왔는데, 이제는 '있는지 없는지 알 수 없다'로 미묘하게 바뀌었다. 그것은 결코 누구도 알 수 없을 것이라고 생각한다. 다시 말해, 있을 수도 있지만 만약 있더라도 '있는지 조차' 알아낼 수 없도록 세상과 인간은 세팅되어 있다. 과학적으로는 양자역학의 불확정성이 그것을 뒷받침한다.

정해진 운명이 없다고 생각하면 더 자유로워질 수도 있고, 어쩌면 있다고 믿음으로써 개인적으로 심적인 도움이 될 수도 있다. 예를 들어 그것은 종종 과도한 불안을 줄이는데 도움이 될 수도 있다. 다만 미래는 알 수 없고, 나의 의지와 노력에 따라 바뀐다. '운'(luck)은 단지 우연일 수도 있고 정해져 있는 것일 수도 있다.

운을 두려워한다면
아무 일도 하지 못할 것이다.

우리는 이미 세계에 영향을 미치고 있고
그에 따라 운이 바뀐다.

2021년 가을
여의도의 한 카페에서

독특한건 매력이지 잘못된게 아니에요   초판 1쇄 발행   2021.09.10

지은이   모기룡
펴낸이   최대석
편집   김진영, 이선아
디자인1   이수연
디자인2   박정현, FC LABS

              펴낸곳   행복우물
              등록번호   제307-2007-14호
              등록일   2006년 10월 27일
              주소   경기도 가평군 가평읍 경반안로 115
              전화   031)581-0491
              팩스   031)581-0492
              홈페이지   www.happypress.co.kr
              이메일   contents@happypress.co.kr
              ISBN   979-11-91384-12-3   03180
              정가   13,500원

꾸준히 사랑받는

☆ ──── 여행 에세이 - 여행과 쉼표 시리즈

1. 겁 없이 살아 본 미국 - 박민경
2. 삶의 쉼표가 필요할 때 _ 꼬맹이여행자
3. 낙타의 관절은 두 번 꺾인다 _ 에피
4. 길은 여전히 꿈을 꾼다 _ 정수현
5. 내 인생의 거품을 위하여 _ 이승예
6. 이 여행이 더 늦기전에 _ 새벽보배
7. 길을 가려거든 길이 되어라 _ 김기홍

☾ ──── 감성 에세이 - 연 시리즈

1. 옷을 입었으나 갈 곳이 없다 _ 이제
2. 아날로그를 그리다 _ 유림
3. 여백을 채우는 사랑_ 윤소희
4. 슬픔이 너에게 닿지 않게 _ 영민
5. 당신의 어제가 나의 오늘을 만들고 _ 김보민

──────────────────────── 콜렉션

낙타의 관절은 두 번 꺾인다
옷을 입었으나 갈 곳이 없다
삶의 쉼표가 필요할 때

꾸준히 사랑받는 행복우물의 여행에세이/에세이 시리즈.

암과 싸우며 세계를 누비는 유쾌한 여행 〈낙타의 관절은 두 번 꺾인다〉

아름다운 문장으로 호평받는 이제 작가의 〈옷을 입었으나 갈 곳이 없다〉

베스트셀러 작가가 되어버렸다! 금감원 퇴사 후 428일 간의 세계일주 –

꼬맹이여행자의 이야기를 담은 〈삶의 쉼표가 필요할 때〉

일상에서 쉼표가 필요한 당신에게 필요한 잔잔한 울림들.

"손가락 사이로 미끄러지는 빛은 우리의 마음을 헤쳐 놓기에 충분했고,

하얗게 비치는 당신의 눈을 보며 나는, 얼룩같은 다짐을 했었다"

_이제, 〈옷을 입었으나 갈 곳이 없다〉 중에서

에세이 여행

행복우물출판사 도서 안내

● NEW & HOT
○ 뉴욕, 사진, 갤러리/ 최다운
"세계적 사진가들의 이미지와 이야기들, 이들이 전해 주는 영감을 만나다!"
존 시르, 마쿠스 브루네티, 위도 웜스, 제프리 밀스테인, 머레이 프레데릭스 등
라이선스를 통해 가져온 세계적 거장들의 사진을 감상하다.

○ 레몬 블루 몰타 / 김우진
지금껏 숨겨져 있던 뜨는 여행지, 지중해의 보석, 몰타! 레몬과 블루로
채색된 몰타는 아름답다. 중세 시대의 레몬 컬러가 지금까지도 머무는 듯한
고대와 현대가 공존하는 몰타로 아름다운 사진과 함께 랜선 여행을 떠나보자.

● BOOK LIST
○ 옷을 입었으나 갈 곳이 없다 / 이제 ○ 음식에서 삶을 짓다 /
윤현희 ○ 삶의 쉼표가 필요할 때 / 꼬맹이여행자 ○ 벌거벗은
겨울나무 / 김애라 ○ 청춘서간 / 이경교 ○ 가짜세상 가짜
뉴스 / 유성식 ○ 야 너도 대표 될 수 있어 / 박석훈 외 ○
아날로그를 그리다 / 유림 ○ 자본의 방식 / 유기선 ○ 겁없이
살아 본 미국 / 박민경 ○ 한 권으로 백 권 읽기 / 다니엘 최 ○
흉부외과 의사는 고독한 예술가다 / 김응수 ○ 나는 조선의
처녀다 / 다니엘 최 ○ 하나님의 선물―성탄의 기쁨 / 김호식,
김창주 ○ 해외투자 전문가 따라하기 / 황우성 외 ○ 꿈, 땀, 힘
/ 박인규 ○ 바람과 술래잡기하는 아이들 / 류현주 외 ○ 어서와
주식투자는 처음이지 / 김태경 외 ○ 신의 속삭임 / 하용성 ○
바디 밸런스 / 윤홍일 외 ○ 일은 삶이다 / 임영호 ○ 일본의
침략근성 / 이승만 ○ 뇌의 혁명 / 김일식 ○ 멀어질 때 빛나는:
인도에서 / 유림

행복우물 출판사는 재능있는 작가들의 원고투고를
기다립니다
(원고투고) contents@happypress.co.kr